武汉科技学院·人文社科文库

战后美国新闻
与大众传播教育研究

◆张晓静　著

湖北长江出版集团
湖北人民出版社

鄂新登字 01 号

图书在版编目（CIP）数据

战后美国新闻与大众传播教育研究/张晓静著.
武汉：湖北人民出版社，2009.4

ISBN 978 - 7 - 216 - 05916 - 9

Ⅰ. 战…

Ⅱ. 张…

Ⅲ. ①新闻工作：教育工作—研究—美国—现代
②大众传播—教育—研究—美国—现代

Ⅳ. G219.712

中国版本图书馆 CIP 数据核字（2009）第 018044 号

武汉科技学院·人文社科文库

战后美国新闻与大众传播教育研究 　　　　　　张晓静 著

出版发行：湖北长江出版集团 　　　　湖北人民出版社	地址：武汉市雄楚大街 268 号 邮编：430070
印刷：武汉市洪林印务有限公司	印张：16
开本：787 毫米×1092 毫米 1/16	插页：1
版次：2009 年 4 月第 1 版	印次：2009 年 4 月第 1 次印刷
字数：212 千字	定价：32.00 元
书号：ISBN 978 - 7 - 216 - 05916 - 9	

本社网址：http://www.hbpp.com.cn

总　序

在高等学校的学科建设中，人文社会学科的建设具有十分重要的意义。对于一所以工科为主的高校来说，人文社会学科的建设则具有特殊的意义。人文社会科学具有积累知识、传承文明、创新理论、服务社会的功能，能为科技、经济和社会的发展提供指导，调节各种社会关系和社会生产要素的优化组合以及根据社会生产、社会生活的运行机制提供程序系统。自然科学技术只有与人文社会科学结合起来，才能在现代社会发挥整体的强大功能。因此，人文社会学科的发展是高校特别是以工科为主的高校不断提升办学水平的一个重要条件。

武汉科技学院是一所以工科为主，多学科协调发展，特色鲜明、优势突出的普通高等学校。在过去五十年的办学历程中，形成了鲜明的纺织服装特色与优势。在新的历史时期，围绕现有特色与优势，促进学科交叉，形成多学科相互支撑、协调发展的学科建设格局，是进一步壮大特色与优势，促进特色的高水平发展的必然选择。我校人文社会学科的发展虽然起步较晚，但是经过近十年的发展，已拥有了一支具有较强实力的学科队伍，承担了一批高层次的科研项目，产出了一批具有较高水平的科研成果。人文社会学科建设突出了学科交叉，围绕学校的特色形成自身优势，取得了良好的效果，为彰显学校的办学特色发挥了重要的作用。

以丛书形式出版"人文社科文库"，旨在展示我校青年学者的研究成果，进一步促进人文社会科学的发展。文库的选题涉及哲学、政治学、文学、教育学、管理学、法学等多个学科领域。关注社会现实，跟踪学术前沿，追求学术创新，是这套文库的一个重要特点。文库的作者都是我校人文社科学院近年来引进和培养的博士。他们朝气蓬勃,思想活跃,潜心于学术,敢于迎接挑战,在各自的研究领域敢于创新,既有理论上的突破,又有方法上的创新,如引进数学模型阐述理论、运用经济学分析论证哲学问题等,显示出扎实的学术功底,学术成果具有较高的理论价值和现实意义,反映了我校人文社科学院的研究实力。必须指出的是,文库大多是在作者博士论文的基础上进一步研究、修改而成的,虽有名师指导,历经反复推敲修改,达到了一定的学术水平,但其中也难免学术视野、学术方法、学术经验等方面的局限性。因此,这套文库的出版重在为进行人文社会科学研究的青年学者提供一个交流和展示研究成果的平台。

学校高度重视文库的出版,并提供了政策支持和全额资助。但文库的出版只是一个出发点,希望这套文库的出版能够在学校人文社会学科建设中发挥积极的作用,促进人文社会科学研究水平的不断提高,使人文社会科学在学校的发展中发挥更大的作用。

武汉科技学院院长　张建钢

2009 年 3 月

目　录

序　言 ……………………………………………………………… 1

摘　要 ……………………………………………………………… 1

Abstract …………………………………………………………… 1

绪　论 ……………………………………………………………… 1

　　一、问题的提出及其意义 …………………………………… 1

　　二、研究综述 ………………………………………………… 4

　　三、研究方法与范围 ………………………………………… 12

第一章　历史视野中的美国新闻与大众传播教育 ……………… 14

　第一节　二战前的美国新闻教育综述 ………………………… 14

　　一、美国新闻与大众传播教育的历史渊源 ………………… 14

　　二、二战以前的美国新闻与大众传播教育 ………………… 16

　　三、新闻教育组织的兴起和课程标准的制定 ……………… 18

　　四、布莱尔的新闻教育模式 ………………………………… 20

　第二节　二战中和战后初期美国的新闻与大众传播教育 …… 22

　　一、二战和新闻与大众传播研究 …………………………… 22

　　二、战后初期美国高等教育的发展 ………………………… 24

　　三、20世纪40年代的美国新闻与大众传播教育 …………… 26

　第三节　50—70年代——新闻与大众传播教育的螺旋式发展阶段 … 32

　　一、与高等教育相关法律的颁布 …………………………… 32

　　二、50年代:冷战氛围笼罩下的新闻与大众传播教育 …… 33

　　三、20世纪六七十年代美国的新闻与大众传播教育 ……… 38

第四节　20世纪八九十年代：新科技革命影响下的新闻与大众
　　　　传播教育 ……………………………………………… 40

　一、20世纪80年代美国新闻与大众传播教育面临的困难 ……… 40

　二、20世纪90年代互联网对新闻与大众传播教学的影响 ……… 41

　三、变与不变 …………………………………………………… 43

　四、新闻与大众传播教育中的公共关系和广告专业 …………… 46

　五、影响美国新闻与大众传播教育发展的其他因素 …………… 49

第五节　新世纪美国的新闻与大众传播教育 …………………… 50

　一、美国新闻与大众传播教育发展的方向——以哥伦比亚大学
　　　新闻学院为例 …………………………………………… 51

　二、新的发展计划 ……………………………………………… 54

　三、美国的公共新闻运动与新闻与大众传播教育 ……………… 55

第六节　本章小结 ……………………………………………… 59

第二章　美国新闻与大众传播教育的教学主体——教师与学生 … 61

第一节　"绿眼罩人"与"卡方人"之争 ……………………… 61

　一、"绿卡"之争的源起与发展 ………………………………… 61

　二、争论的热点问题 …………………………………………… 66

　三、"绿卡之争"的原因 ………………………………………… 72

第二节　教育者与业界的争论——聋子的对话 ………………… 74

　一、业界与教育界深厚的历史渊源 …………………………… 74

　二、教育界和业界争论的主要问题 …………………………… 75

　三、教师构成比例 ……………………………………………… 77

　四、从业者受教育的情况 ……………………………………… 79

　五、新闻传播业与社会 ………………………………………… 80

　六、教育界与业界分歧的原因 ………………………………… 86

　七、对策与出路 ………………………………………………… 87

第三节　对美国新闻与大众传播教育者的问卷调查 …………… 88

一、样本选择 …………………………………………… 88

二、实施过程 …………………………………………… 90

三、调查结果 …………………………………………… 90

四、结论 ………………………………………………… 94

第四节 美国新闻与大众传播院系学生入学与毕业生情况分析

　　　——以 2004－2005 学年为例 …………………… 95

一、总体情况 …………………………………………… 95

二、2004—2005 学年学生入学与学位授予情况分析 ………… 97

三、学生的专业选择 …………………………………… 98

四、学位授予与毕业生就业情况 ……………………… 100

第五节 学生实习情况 ………………………………… 102

一、经验学习理论 ……………………………………… 102

二、新闻与大众传播院系学生的实习 ………………… 103

第六节 本章小结 ……………………………………… 106

第三章 课程设置与教学评估 ………………………… 107

第一节 美国新闻与大众传播院系课程设置研究 ……… 107

一、研究课程设置的意义 ……………………………… 107

二、美国新闻与大众传播院系课程设置类型 ………… 108

第二节 新闻与大众传播专业核心课程 ……………… 119

一、核心课程 …………………………………………… 119

二、美国新闻与大众传播教育的核心课程 …………… 120

第三节 美国新闻与大众传播院系课程设置的启示 …… 122

第四节 课堂教学 ……………………………………… 125

第五节 考核方式 ……………………………………… 126

一、美国新闻与大众传播院系的考核方式 …………… 126

二、对我国新闻与传播教育的启示 …………………… 128

第六节 美国新闻与大众传播教育的协会式评估体系 ……… 129

一、评估模式和过程 …………………………………………… 129

二、评估的价值和作用 ………………………………………… 133

三、对我国新闻传播教育的启示 …………………………… 135

第七节 本章小结 ………………………………………………… 137

第四章 战后美国新闻与大众传播教育与学术研究的互动 ……… 139

第一节 影响美国新闻与大众传播教育与学术研究发展的

教育哲学 ……………………………………………… 139

一、实用主义 …………………………………………………… 140

二、永恒主义 …………………………………………………… 141

第二节 战后新闻与大众传播研究的主要发展 ……………… 143

一、发展历程 …………………………………………………… 143

二、主要理论成果 ……………………………………………… 146

三、战后新闻与大众传播学术研究的特点 ………………… 155

第三节 专业协会与主要学术刊物：新闻与大众传播教育的

学术交流平台 ………………………………………… 157

第四节 研究者采用的研究方法 ……………………………… 161

第五节 社会机构对新闻与大众传播教学和科研的资助 …… 163

第六节 新闻与大众传播教育与学术研究的互动 …………… 164

一、学术研究推动新闻与大众传播教育不断发展 ………… 164

二、新闻与大众传播教育为学术研究的开展提供了有力

支持 …………………………………………………… 167

第七节 本章小结 ………………………………………………… 170

第五章 当前美国新闻学与大众传播学的学科发展 ……………… 172

第一节 美国新闻学与大众传播学的学科分类 ……………… 172

第二节 新闻学与大众传播学的学科关系 …………………… 173

一、大众传播学学科合法性的建构与施拉姆的贡献 ……… 173

二、新闻学与大众传播学的差异性 ………………………… 177

第三节　美国新闻学与大众传播学学科发展的现状 …………… 181

　　一、当前面临的困境 ……………………………………… 181

　　二、困境的本质 …………………………………………… 183

第四节　学科发展的建议 ………………………………………… 185

第五节　本章小结 ………………………………………………… 189

第六章　媒介融合与新闻和大众传播教育 …………………………… 190

第一节　媒介融合对新闻传播业的影响 ………………………… 191

　　一、宏观层面 ……………………………………………… 191

　　二、微观层面 ……………………………………………… 194

第二节　媒介融合趋势下的新闻与大众传播教育 ……………… 202

第三节　媒介融合教育与数字化技术的应用 …………………… 206

　　一、数字化技术应用的意义 ……………………………… 206

　　二、在媒介融合教育中如何发挥数字化技术的作用 ………… 208

　　三、数字化应用中应该注意的问题 ……………………… 212

第四节　本章小结 ………………………………………………… 213

结　语 …………………………………………………………………… 214

第一节　对战后美国新闻与大众传播教育的评价 ……………… 214

第二节　美国经验对世界新闻与大众传播教育的启示 ………… 216

第三节　余论：21世纪世界新闻与大众传播教育应处理好的

　　　　三种关系 …………………………………………………… 218

参考文献 ………………………………………………………………… 221

附　录 …………………………………………………………………… 233

后　记 …………………………………………………………………… 237

序　言

在信息化时代，世界变得越来越小，地球的物理空间日趋紧缩，可人们之间的心理距离却日渐拉开，彼此间的疏离感日益强烈。于是交流成了人类生存与发展的第一需要。只有借助于交流，才能维系人类生活的共同体，才能在与自然界的互动之中延续人类的种群。由此，信息媒介也越来越深入地渗透进人们的社会生活。以不同的方式接触媒介、消费媒介提供的各种资讯，在信息与情感上实现与他人的互动，已经成为人们的生活方式中的不可分割的重要组成部分。信息媒介及其从业者在社会演进的过程中扮演着越来越重要的角色，乃是不容否认的客观事实。

信息媒介及其从业者怎样履行自己的社会责任，不仅直接影响到媒介机能的发挥和受众信息需求的满足，而且还直接关系到社会的和谐与稳定。所以，无论是社会主义国家还是自由主义国家，无论是专制时代还是自由主义时代，社会对于媒介从业者的品格和专业素养都有高度的期待，正如对于医生、法官角色的认定。虽然信息传播作为一种社会职业，对整个社会是完全敞开的，但并不是所有的人都适应于从事新闻传播工作，就像法官、医生对从业者的特别要求一样。信息传播职业要求从业者不仅具备必要的专业技能，熟悉基本的传播业务，而且还要拥有强烈的社会责任感、历史使命感、高尚的职业道德和人文情怀。所有这些，显然不是普通人都能具备的。要进入信息传播业界，作为新闻传播工作者，担负社会和历史赋予的特别责任，在正常的情况下，都须经过正规的学校教育或职业教育。近代报业产生以来，特别是广播电视出现以来，随着社会对新闻传播人才需求的增长，新闻传播教育也迅速发展起来。

从世界教育史的演进过程来看,最早的高等新闻教育开始于美国。1908 年,美国密苏里大学成立新闻学院,开创了人类新闻传播教育的先河。以密苏里大学新闻学院为代表的美国新闻教育,理论联系实际,以能力培养为重点,注重学界与业界的互动,在世界新闻传播教育界独树一帜。美国新闻从业者基本上以专业新闻学院的毕业生为主体,高等院校专业新闻传播教育对美国新闻传播界具有举足轻重的影响力。在西方新闻传播发达的国家,还有一种特别的新闻教育模式,如日本、英国。在这些国家虽然也有一些学校设有新闻传播类专业,但这些学校基本上都是一般性大学,相当于中国的高职高专层次。新闻业界从业人员的主体,并非来自这些学校,而是来自重点大学其他专业的毕业生。不过这些非新闻专业的毕业生进入媒体单位后,必须经过一个系统的职业培训过程,以弥补其专业意识和业务能力的不足。这两种不同的新闻传播教育模式成为当今世界新闻传播教育的两个重要的参照系。

中国新闻传播教育的历史开始得并不晚。美国密苏里大学新闻学院成立后的第 10 年,北京大学就成立了新闻学研究会;1924 年,燕京大学成立新闻专业;1929 年,复旦大学正式创立了新闻系。经过近 90 年的发展,如今中国新闻传播教育已经蔚为大观。截至 2007 年底,全国已经有 367 所大学设立 877 个新闻传播类本科专业,其各类各级在校学生数量在 15 万以上。新闻传播教育不仅有本科、硕士,而且还有十多所高校能够培养新闻传播专业的博士研究生。仅以数量规模论,中国新闻传播教育绝对立于世界各国的前列。但是,最近几年来,随着教育界超常规发展,新闻传播教育也出现了一些问题:如教育界整体的无序性,缺乏宏观的管理与监督;过分注重外延扩张,忽略了内涵的提升;超常规发展造成了人才市场的供大于求;有些院系课程设置不合理,与业界存在着很大的差距;新闻专业精神在新闻教育中迷失;高层次人才培养质量下降等等。

要解决中国新闻教育界目前存在的问题,必须从历史、从他国的经验中吸取智慧。在这方面,美国新闻传播教育的历史传统和成功经验无疑能成为我们重要的借鉴。因为,中国目前的新闻传播教育模式与美国高校的新闻传播教育十分类似,特别是在目标定位、培养环节的安排方面,中国的新闻院系深受美国的影响。在这个意义上,美国新闻传播教育的它山之石,就可以攻中国新闻传播教育之玉了。近年来,国内出版、发表了不少研究美国新闻传播教育的论著,这些论著多从宏观全局着眼,致力于描述美国新闻教育的产生发展的全过程,给我们提供了不少资料,开阔了中国新闻教育工作者的眼界。

张晓静博士近年来也一直在研究美国的新闻传播教育,这本专著既是她的博士论文,也是她近年来在这方面的研究成果的总汇。本书不同于同类著作的重要特点,在于它是一本断代史著作,以第二次世界大战结束以来美国新闻传播教育的演变为研究对象。她的研究表明,以第二次世界大战为界,美国的新闻传播教育可以明显地划分为两个阶段。前期,美国新闻传播院系坚守重视人文学科基础和专业技能训练并重的传统模式。此后,随着传播学的兴起,美国新闻传播教育逐步发展成为以社会科学为主要基础、吸纳多学科知识和研究方法,学科领域和教学内容不断拓展,既重视专业训练又重视学术研究的新型教育模式。简而言之,战后美国新闻传播教育的基本特点,就是专业性和学术性的统一发展。张晓静在专著中集中探讨了三个议题:从战后美国新闻传播教育的历史、现状和未来趋势展现美国新闻传播教育在专业训练和学术养成的对立统一关系;分别从教育者、学生与课程、教学与评估以及学术研究和学科发展等方面评价战后美国新闻传播教育的成就和不足;探讨美国新闻传播教育对全球新闻与传播教育的有益经验。

在对大量第一手资料深入分析的基础上,张晓静博士认为,战后美国新闻传播教育的发展为全球新闻传播教育提供了宝贵的经验和启示,这主要体现在:(1)新闻传播教育既要重视人文科学的基础作用,又要融入社会科学乃至自然科学的研究方法;既要注重专业技能训练,又要提高学生的学术素养;(2)大学新闻传播院系除专业教育之外,还应承担一定的媒介素养教育、通识教育和业界人士继续教育的责任;(3)新闻学与大众传播学有必要提高其在大学中的学科地位。这些启示对于中国当前的新闻教育界,有着特别的现实意义。

张晓静博士这本专著的可贵之处,不仅在于对美国战后新闻传播教育理念及教学模式变革的深入探索,观照中国当下的新闻传播教育,并提出了自己独创的观点,更可贵的是,它还给我们提供了不少的第一手资料,特别需要指出的是,作者针对美国新闻传播教育界专业人士的问卷调查,直接掌握了美国新闻传播教育思想新的脉动。当然,作为一本学术专著,本书也存在一些有待完善的地方。如书中引述了不少外文第一手资料,但对资料的解释稍显不足;作者全面介绍了战后美国新闻传播教育的演变,有分析有见解,如果再有一些批判精神,绝对会提高本书的学术水平。好在张晓静博士还是一个刚刚出道的青年学者,来日方长,我相信她在将来的研究工作中,一定会再接再厉,发挥自己的优势,为社会奉献更多更好的学术论著。

张 昆
2008 年 12 月 30 日于武汉

摘　　要

美国的新闻与大众传播教育一直以来都是全球新闻与传播教育的典范之一,为世界新闻与传播教育的健康发展提供了诸多宝贵的经验。第二次世界大战以后(以下简称战后),美国新闻与大众传播教育的最主要的特征是专业性和学术性的统一发展。

美国新闻与大众传播教育从最初只重视人文学科基础和专业技能训练的传统模式,逐步发展成为以社会科学为主要基础、吸纳多学科知识和研究方法,学科领域和教学内容不断拓展,既重视专业训练又重视学术研究的新型教育模式。

本书研究的问题包括:从战后美国新闻与大众传播教育的历史、现状和未来趋势展现美国新闻与大众传播教育在专业训练和学术养成的对立统一关系;分别从教育者、学生与课程、教学与评估以及学术研究和学科发展等方面评价战后美国新闻与大众传播教育的成就和不足;探讨美国新闻与大众传播教育对全球新闻与传播教育的有益经验。

通过多角度的研究,本书认为战后美国新闻与大众传播教育为全球新闻与传播教育提供了宝贵的经验,主要体现在以下方面:(1)既重视人文科学的基础作用,又融入社会科学研究方法;既注重专业训练,又倡导学术研究的教育模式。(2)大学专业教育应承担起一定的媒介素养教育、通识教育和业界人士继续教育的责任。(3)新闻学与大众传播学有必要提高其在大学中的学科地位。

本研究共分为八个部分,分别从历史、现实的诸多因素、未来趋势以及学科建构、媒介融合对新闻和大众传播教育影响等角度来阐述战后美国新闻与大众传播教育发展的规律和特点。绪论部分概述了本选题要研究的问题、选题的意义、研究综述、方法和思路等等。第一章在历史的视野里梳理了美国新闻与大众传播教育发展历程,特别是战后的发展。论文的第二、第三部分分别从教学主体、教学内容、教学评估等方面探讨专业性和学术性在战后美国新闻与大众传播教育中的集中体现。第二章探讨了美国新闻与大众传播教育的主体——教师和学生,分别从教育者内部的绿眼罩人与卡方人、教育者与业界人士之间的理念冲突、对当前美国新闻与大众传播院系教师的抽样调查情况以及美国新闻与大众传播院系学生的情况分析等四个角度来讨论。第三章主要研究美国新闻与大众传播教育的课程设置与教学评估状况。第四章分析战后美国新闻与大众传播教育与学术研究的互动关系。第五章讨论了当前新闻学与大众传播学学科地位的情况。第六章研究媒介融合的趋势对新闻与大众传播教育的影响。文章最后对美国新闻与大众传播教育作出整体评价,并揭示未来世界新闻与传播教育需要处理好的三种关系。

关键词:美国新闻与大众传播教育;专业训练;学术研究;学科发展

Abstract

Journalism & mass communication education in US is a classic model in the world that provides beneficial experience for the healthy development of global journalism & mass communication education. The most obvious character of journalism & mass communication education in US after World War II is the unity of opposites between the professional training and academic research.

The journalism & mass communication education in US has the tradition of emphasizing the liberal arts basis and professional skill training, blends social science afterwards; it also absorbs other disciplines knowledge and research methods. And now it forms the educational model of emplacing both professional training and academic research.

The major research issues in the dissertation include: exploring the relationship between professional training and academic research in the American journalism & mass communication education from the following aspects, such as the history perspective, the current situation and the future trend; evaluating the achievement and weakness of journalism & mass communication education in US from the point of view of educator, student, curriculum, teaching process, accreditation, academic research and discipline development, and summarizing the American experience to the global journalism& mass communication education.

From my point of view, the profitable experience of journalism &

战后美国新闻与大众传播教育研究

mass communication education in US after World War II can be summed up: (1) it has a solid liberal arts basis and meaningful science research methods, and there is a advantageous model that attach importance to professional training and academic research; (2) the university journalism& mass communication education should undertake the responsibility of media literacy education, liberal arts education and life—long education of practitioners; (3) the academic status of journalism& mass communication must be improved.

The dissertation is divided into 8 parts. The preface introduces the research purpose, meaning, issue, background, innovation and research method. Chapter 1 is the historical literature review of journalism& mass communication in US, especially the period after WWII. Chaper 2 explores the educator and student, and mainly from the following aspects as the concept conflict between Green eyeshades and Chi — squares, educators and practitioners, the survey to the teachers of journalism& mass communication program in US and a analysis of current student. Chapter 3 discusses the teaching process and the accreditation. The relationship between the journalism& mass communication education and academic research is analyzed in Charper 4. Part 5 focuses on the discipline status. Chapter 6 outlines the influence of the media convergence to the journalism& mass communication education Finally, based on the rethinking, it draws up the evaluation of journalism& mass communication education in US after WWII and the influence to global journalism& mass communication education.

Key words: American journalism & mass communication education; professional training; academic research; discipline development

绪　论

一、问题的提出及其意义

世界各国的新闻传播教育的历史各不相同,但是各种历史其实都处在两种传统之中。当前西方发达国家新闻与大众传播教育模式主要有三种:美国模式、西欧模式、日本模式。西欧和日本模式沿袭"学徒式"的传统,它和正式的教育不同,它不是由通常意义上的大学教育体系提供的,而是一种职业培训。这种学习模式中,那些致力于成为新闻传播工作者的人士置身于真实的新闻采集环境中,通过对有经验的新闻传播工作者的观察和学习来积累职业技能;学习内容是由新闻传播机构和有经验的新闻传播工作者决定的。另一种模式就是专业学习模式,它以正规的大学教育为主。这种学习模式是通过对真实的新闻传播环境的模拟和交互式活动提供给学生真实的环境感,让他们能够得到循序渐进的训练,获得成为新闻传播工作者的各方面的必要能力。大学新闻传播专业教育目前是世界各国新闻传播教育最主要的模式。

美国的新闻与大众传播教育在大学教育阶段是最为成熟和规范的。美国模式有以下特点:一是以新闻和传播实务为基础,重视实际业务技能的培养,新闻采访、写作、编辑、评论、广告写作、媒介经营管理等基础业务类课程非常齐全;二是以人文关怀为目标,大多数新闻与大众传播院系都设有新闻伦理、新闻道德等课程,以树立未来新闻与传播工作者的职业道德,提高其自身修养,使其能够在未来的工作中实现对社会的监督作用;三是以社会科学为依托,重视社会科学理论和方法的学习。新闻与大众传播院系普遍都开设了与社会学、历史学、经济学、政治学等学科相关的课程。

本书研究的问题包括:(1)从战后美国新闻与大众传播教育的历史、现状和发展趋势展示美国新闻与大众传播教育的专业训练和学术养成的关系。(2)分别从教育者、学生与课程、教学与评估以及学术研究和学科发展等方面评价二战以后美国新闻与大众传播教育的成就和不足。(3)探讨美国新闻与大众传播教育对全球新闻与传播教育的有益经验。

近代意义上新闻与传播事业的发展首先是从西方国家开始的,特别是美国等发达国家。而各国的新闻与传播事业的发展进程又与其高等院校中的新闻与大众传播教育密切相关。研究美国的新闻与大众传播教育的发展历程及其规律,对建立完整的美国新闻传播史乃至世界新闻历史体系具有重要的理论意义,同时也对我国新闻与大众传播教育体系的完善具有重要的参考价值。

1.梳理世界新闻与传播教育发展脉络的重要意义

这一意义具体体现在以下三方面:(1)史料的收集和整理。新闻与大众传播教育的历史涉及新闻学、传播学、教育学以及历史学等学科,但是有关这一方面的史料和研究成果一直都比较少。对这些资料的收集和整理过程本身就带有填补空白的性质。(2)对史料的考据和甄别。关于美国新闻与大众传播教育的史料,不同的人、不同的团体由于其教育立场、教育理念和教育方法不尽相同,其作出的选择及解读难免有一定的局限性和偏差。因此,对这些史料进行甄别和遴选,对各家之言进行理性的分析,尽量客观地反映各个历史时期美国新闻与大众传播教育的脉络就显得非常重要了。(3)对史料的系统、合理利用。美国的新闻与大众传播教育相对于其他国家来说是发展比较完善的。随着社会的日益进步和新闻与大众传播事业不断发展,新闻与大众传播教育的内容也更加充实,研究视野也更加广阔,教学手段也越来越先进。通过对史料的研究不难发现,二战以后的美国新闻与大众传播教育既充满了开拓精神和争议性,又孕育着新的希望。这个过程既是美国新闻与大众传播教育的历史见证,又可作为供其他各国新闻与大众传播教育发展借鉴的历史依据。通过这一课题的研究,可以总结新闻与大众传播教育的发展规律,弄清二战以后美国新闻与大众传播教育发展的基本脉络,进行正反两方面的经验教训总结,从而推动新闻传播事业不断向前发展。

2. 推进我国新闻与大众传播教育良性发展的现实需要

中国的新闻与大众传播教育与美国有着深厚的渊源。1918 年,北京大学新闻学研究会成立,这是中国第一个新闻学术研究团体,也是中国第一个新闻教育机构。这个研究会由曾在美国密歇根大学学习的徐宝璜等人担任教师。1920 年,上海圣约翰大学设立新闻系,聘请了一些美国日报的驻华记者为教师,课程设置也大致与当时的美国大学新闻院系相同。此后,中国的新闻与传播教育一度学习美国的新闻与传播教育的模式。

1990 年国务院学位委员会第九次会议通过的《授予博士、硕士学位和培养研究生学科、专业目录》中,将新闻学列入文学门类一级学科中国语言文学之内,与中国现当代文学、中国古代文学、现代汉语等并列为二级学科。1997 年,国家教育部正式将新闻传播学列为国家一级学科,下设新闻学、传播学两个二级学科。国内高校新闻与传播教育的发展极为迅速,新闻学、传播学的硕士点、博士点也不断增加。中国新闻传播教育界与其他国家学术交流活动也日益频繁,包括翻译学术著作、互派访问学者、共同培养研究生、参与国际研讨会、国外学者来华访问、毕业于国外新闻与大众传播院系的中国留学生回国任教等。中国的新闻与传播教育也愈加趋向国际化,学习发达国家先进的教学经验和理论、使用双语教学等已经很常见。历史发展到今天,全球化的浪潮已经势不可当,地球越来越变成了一个小小的村落,国际间的交流与合作日趋频繁。一个国家的新闻与大众传播教育不是也不可能是孤立的、静止的、封闭的系统,而是一个联系的、变化的、开放的整体;中国与美国及其他国家的新闻与大众传播教育在发展历程中自然会有相当的联系、交流与沟通,它们彼此都可以从对方国家新闻与大众传播教育的发展中汲取宝贵的经验和教训。

二、研究综述

1.国内研究状况

欲了解一个研究领域的沿革与发展,针对该领域的主要期刊、著述或相关媒介内容进行内容分析,应该是最宏观、最精确,也最能反映该领域面貌的方法。[1] 美国现代新闻与大众传播教育史的研究是新闻史研究中比较薄弱的一部分。国内有关这方面的研究大多散落在新闻传播史或者是中西新闻比较著作的一些章节中。例如童兵的《中西新闻比较论纲》中的第六章《中西新闻教育比较》中的第一节,展江主译的《美国新闻史》中也有一些章节涉及到美国新闻与大众传播教育,台湾郑贞铭的《中外新闻传播教育》。相对独立、系统的专著有陈昌凤的《中美新闻教育:传承与流变》。专门涉及这一主题的综合性论文却比较少,近年来代表性的论文有华中科技大学黄鹂的博士论文《论美国新闻教育的职业化》。

《中美新闻教育:传承与流变》是从中国新闻教育的源流与发展同美

---

[1] Riffe D. & Freitag A., A content analysis of content analyses: Twenty—five years of Journalism Quarterly, *Journalism & Mass Communication Quarterly*, 74(4), 1997, p. 873.

国新闻教育的传承与变迁这一角度,通过历史的纵向论述、中美关照式的横向比较,研究世界主流新闻教育潮流对中国的影响,以及中国新闻教育自身的演变、现状和发展规律。黄鹂的《论美国新闻教育的职业化》以新闻教育中的职业化特征为切入点,阐述了新闻教育职业化的思想、成因及表现,讨论了当前新闻教育职业化的现状并对此作出评价。

由于国内专门以美国新闻与大众传播教育为研究对象的学术论文少之又少,以下将通过对 2000 年到 2006 年 6 月发表在《新闻大学》、《国际新闻界》、《新闻与传播研究》以及《现代传播》四种专业学术期刊上有关新闻与传播教育的论文进行内容分析,概述近年来我国及美国的新闻与大众传播教育研究发展状况、主要特点以及所表现出来的问题。

本书统计的数据按照以下标准:首先,通过阅读四种杂志从 2000 年 1 月—2006 年 6 月所有文章的内容摘要、关键词并浏览全文进行判断取舍,这里所说的论文不包括卷首语、报道式消息、文摘、书讯、总目录、索引以及漫画和读者来信以及摘选文章段落。这一工作全部通过阅读期刊文本进行,不单独利用互联网关键词或者全文检索。另需说明的是,对于仅仅在内容或内容摘要中提到了新闻与大众传播教育,但正文并未就此有所论述的论文不计入内。

通过统计得出如下数据:从 2000 年 1 月年到 2006 年 6 月,这四种期刊共出刊 133 期,发表文章 3099 篇,其中涉及新闻与大众教育内容的文章 69 篇,约占文章总篇数的 2.2%。其中《新闻与传播研究》共刊出 26 期,发表文章总数为 364 篇,其中涉及新闻与大众传播教育的文章共 2 篇,约占文章总篇目的 0.5%,平均每年为 0.31 篇左右。这两篇文章分别发表在 2002 年和 2003 年,占当年发表文章总篇数的 1.96% 和 2.1%。《国际新闻界》共刊出 42 期,发表文章总数为 644 篇,其中涉及新闻与大众传播教育的文章共 25 篇,约占文章总篇目的 3.9%,平均每年为 3.85 篇左右。《新闻大学》共刊出 26 期,发表文章总数为 647 篇,其中涉及新闻与大众传播教育的文章共 14 篇,约占文章总篇目的 2.2%,平均每年为 2.15 篇左右。《现代传播》共刊出 39 期,发表文章总数为 1444 篇,其中涉及新闻与大众传播教育的文章共 28 篇,约占文章总篇目的 1.9%,平均每年为 4.31 篇左右。

就整体而言,2000 年初到 2006 年上半年,这四种刊物发表有关新闻与大众传播教育的研究论文在数量上明显呈起伏趋势,特别是 2002—2004 年在国内掀起了一股研究新闻与传播教育的小高潮。这四本杂志中,《新闻与传播研究》发表的有关新闻与大众传播教育方面的文章数量最少,连续几年数量都为零。《国际新闻界》发表的有关这个方面的文章数量最多,在总篇数中所占比例也比较高。四种刊物发表的相关论文各年度比例差距比较大。

其中 2002—2004 这三年间集中地发表了一些有关这个论题的文章,众多研究成果都以美国新闻与大众传播教育为研究对象或者是参照系。以《国际新闻界》杂志为例,在这一阶段发表了《新世纪美国新闻学教育面临的挑战》(2001 年第五期)、《美国的传播学研究生教育》(2002 年第一期)、《新闻教育错在哪里》和《媒体更新与新闻教育》(2002 年第三期)、《新闻≠传播≠媒体——对〈新闻教育错在哪里〉一文的思考和回应》(2002 年第五期)、《美国:新闻学与传播学界限模糊——专访美国新闻与大众传播教育学会会长乔·福特》(2002 年第 6 期)、《新闻学教育新视野》和《新闻传播人才培养模式观察与思考》(2003 年第 1 期)等等。

从内容上看,以上文章的内容主要涉及以下几类:(1)介绍类,包括对国内外的新闻与大众传播教育情况的介绍、对国外相关学者相关论文的译文以及对国外相关学者的访谈等;(2)教学方法探讨类,例如对课程教学过程具体的问题提出自己的看法;(3)关注科技发展与教育的关系,这一类文章主要包括那些探讨互联网影响下的教育、网络时代的新闻与传播教育发展趋势等等。(4)针对教育中存在的问题与面临的挑战提出看法和建议。

对网络时代新闻传播教育发展的关注也是近年来国内研究新闻与传

播教育的热点之一,以上四种刊物都陆续发表了有关这方面的文章。《新闻与传播研究》发表的两篇和新闻与大众传播教育相关的文章中有一篇就是《网络时代的新闻教育》(2002 年第 1 期);《新闻大学》2005 年春季号发表《网络传播教育的态势与思考》;《国际新闻界》2004 年第 2 期发表《互联网、全球化、传媒变革——网络时代的传媒发展与新闻教育》;《现代传播》2001 年第 2 期发表《网络新闻传播教育的"视角观"探析》、2003 年第 6 期发表《拆除教育的围墙——对我国新闻教育网络发展态势的思考》等等。

以上四种期刊中发表以美国新闻与传播教育为主题的文章以《国际新闻界》杂志最多,总计 10 篇。其中介绍类的文章有 2000 年第 5 期的《美国传播教育的发展、目标与结构》、2002 年第 1 期的《美国传播学研究生教育》、2005 年第 5 期的《美国新闻教育改革的经典个案(上)——对美国哥伦比亚大学新闻学院的调研报告》和 2005 年第 6 期的《美国新闻教育改革的经典个案(下)——对美国哥伦比亚大学新闻学院的调研报告》。问题讨论类的文章有 2001 年第 5 期的《新世纪美国新闻学教育面临的挑战》、2002 年第 3 期的《新闻教育错在哪里》、2002 年第 5 期的《新闻≠传播≠媒体——对〈新闻教育错在哪里〉一文的思考与回应》、2006 年第 4 期的《新闻与传播之别——解读凯里〈新闻教育错在哪里〉》。访谈调研类文章有 2002 年第 6 期的《美国:新闻与传播学界限模糊——专访美国新闻与大众传播教育学会乔·福特》、2006 年第 4 期的《新闻传播教育的若干核心问题——对国外 20 所新闻传播院系的调研报告》。

笔者认为,国内学界有关美国新闻与大众传播教育的研究有如下特点:

第一,多数研究成果重在描述和介绍,往往是对美国现代新闻与大众传播教育的发展进行阶段性的勾勒,对其发展源流和变迁则缺少总体关照;研究内容大多为讨论代表人物和代表学术研究成果;对发展过程遇到的一些具体问题分析不够深入、系统和全面。

第二,在微观研究层面上,美国现代新闻与大众传播教育的某些个案研究有相当的理论深度。

第三,在研究方法上,大多数研究都采用定性分析,而定量研究比较少。

第四,第一手的资料掌握得比较少,对资料的研究和甄别还不够到位。

第五,对教育过程中多项因素的研究明显不足,较少涉及教学的主体(教师和学生)、对教学的评估认证以及教学经费来源等等。

2.美国新闻与大众传播教育研究综述

美国有关新闻与大众传播教育的研究从总体上说是比较完善的,研究范围也比较广泛,研究成果主要集中在一些学术论文中,专著较少。美国新闻与大众传播教育研究相关的协会主要有两个:美国新闻与大众传播协会教育协会(AEJMC)和新闻教育协会(JEA)。美国新闻与大众传播协会教育协会(AEJMC)出版的《新闻与大众传播教育者》(Journalism & Mass Communication Educator)和新闻教育协会(JEA)出版的《传播:今日新闻教育》(Communication:Journalism Education Today)是美国专门研究新闻与大众传播教育的两份杂志。《新闻与大众传播教育者》发表的文章议题包括大专院校新闻与大众教育学习、教学、课程设置以及相关的问题,侧重理论探讨;而《传播:今日新闻教育》则比较侧重实践方面,近年来较多关注美国高中的新闻教育。此外,在《哥伦比亚新闻学评论》(Columbia Journalism Review)、《新闻学季刊》(Journalism Quarterly)、《新闻学专论》(Journalism Monographs)等杂志上间或也会刊登一些有关新闻与大众传播教育的文章。近年来重要的研究成果有自由论坛组织发起的调查研究,由 Betty Medsger 在 1996 年撰写的研究报告 Winds of change:challengers confronting journalism education;新闻与大众传播协会教育协会（AEJMC）发表的研究报告 Journalism & Mass Communication Education：2001 and Beyond；宾西法尼亚大学新闻学院的有关计算机在新闻与大众传播教育应用的集体研究成果 A Literature review of computers and pedagogy for journalism and mass communication education(Journalism & Mass Communication Educator，Winter2002，Vol. 57，Iss. 4)等等。近年来活跃在新闻与大众传播教育研究领域的学者主要有 Thomas Dickson，Betty Medsger，Wanda Brandon，Paul V. Peterson，Lee B. Becker，James w. Tankard，Richard R. Cole 等等。

美国国内专门研究新闻与大众传播教育的专著不多，近年来涉及到这一主题的专著有 Thomas Dickson 写的 Mass Media Education in Transition：preparing for the 21 century 和 Journalism Education in Europe and North America：an international comparison 中的一章等。Mass Media Education in Transition：preparing for the 21 century 分别从新闻教育的开端、新闻教育的扩展、传播研究的发展、媒介教育的未来以及面向 21 世纪的大众媒介教育所面临的问题等方面展开论述。本书涉及的内容广泛，引述了许多过去研究者的观点和看法；然而本书的不足也就在于在引述别人观点的同时作者自己的看法比较少，例如第九章是大众媒介教育所面临的问题，每个问题之后只有一小段话，作为这个问题的简要解释，既没有讲这个问题是怎么样提出的，也没有讲解决问题可能的途径。Journalism Education in Europe and North America：an international comparison 中有一章的内容研究美国的新闻教育，因为篇幅所限，也是概述性的内容居多，而且对大众传播教育的研究还不够深入。

历年来由新闻与大众传播协会教育协会（AEJMC）组织的有关新闻与大众传播教育的调查研究成果有着重要的参考价值。例如发表在 Journalism Educator1989 年春季号上的《新闻与大众传播教育面临的挑战和机遇》(Challenges & Opportunities in Journalism & Mass Communication Education (A report of the task force on the future of journalism & mass communication educator)),首先对人文课程在新闻与大众传播教育中的角色和地位进行了探讨,对教育者在以后的人文课程教学中提出了一些希望:(1)不主张在新闻与大众传播教育中淡化人文课程,但是反对以课程名义或者以行政单位名义来划分人文课程和其他课程,(2)推动一些有关传播技巧方面课程的发展,(3)明确教学的范畴、目标等;此外还对新闻与大众传播教育过程中的有关广告、广播、杂志、公关、视觉传播等的课程设置提出了一些具体的希望。再如 AEJMC 发表的研究报告 Journalism & Mass Communication Education:2001 and Beyond,主要为美国的新闻与大众传播教育者和从业人员提供了一个应对新世纪的挑战和迎接新机遇的既有价值又有实际操作意义的指导文本。这一报告开篇就是《新千年职业任务和使命》,提出了在科技飞速发展的今天新闻与大众传播业界如何适应新媒体和多样化的挑战,同时学界也需要重新审视传统的教学模式。之后,教育战略与科技变化分课题组的研究报告继续深入探讨了建立在信息科技变化之上的新闻与大众传播教育的未来。本报告对许多具体问题提出了建议,例如怎样面对各专业相互融合的问题,建议重新界定和组织各专业的课程体系以适应跨媒体的新闻与大众传播教育的需要,此外还归纳了新闻与大众传播教师可以利用的网络教学资源。

美国国内有关新闻与大众传播教育的研究主题可以归纳为以下几点:

第一,有关美国新闻与大众传播教育历史的研究。主要是对美国新闻与大众传播教育的历史发展、代表人物和新闻院系的发展等方面的研究;但是研究成果多集中在对早期历史的研究,例如 O'Dell 1935 出版的 The History of Journalism Education in the United States,主要描述了 1869 年到 1902 年的美国早期新闻教育历史;Rogers 的 A history of communication study——A biographical approach(有殷晓蓉的中译本)是以人物传记式的体例描述传播学的历史,主线即为传播学的欧洲起源、三个学派、四个先驱者和集大成者施拉姆,特别是对施拉姆对大众传播教育的贡献和成就给予了极大的关注。

第二,有关美国新闻与大众传播教育理念发展的研究。这类研究多数集中在"老爸"布莱尔、施拉姆等人的教育理念的研究,以讨论新闻教育到底应该是职业教育还是通识教育、新闻学与传播学的关系应该是怎样的、新闻与大众传播教育的国际化和全球化等问题。例如:Willard G. Bleyer and the relevance of journalism education(Journalism & Mass Communication Monographs,Jun1998),Wilbur Schramm:definer if a field(Journalism Educator,Autumn1988,Vol. 43,Iss. 3)等等。

第三,美国新闻与大众传播教育教学内容和方法手段的研究。这类研究主要包括对新闻与大众传播教育的课程设置、课堂教学方法(特别是20世纪80年代以来计算机等设备广泛应用于新闻与大众传播教学以来);例如 Computer aids instruction in photojournalism ethics(Journalism Educator,Summer1989,Vol. 44,Iss. 2),A literature review of computers and pedagogy for journalism and mass communication education(Journalism & Mass Communication Educator,Winter2002,Vol. 57,Iss. 4)等等。

第四,美国新闻与大众传播教育体制研究。教育体制研究包括学生的入学、实习、就业、考试、学分制度以及教师的资格认证、薪资、聘用等等,广义上还包括新闻与大众传播教育系统与新闻业以及社会大系统的关系;例如 Journalism and mass communication enrollment leveled off in '87(Journalism Educator,Spring1988,Vol. 43,Iss. 1),Faculty salaries increase,but still lag behind overall average(Journalism Educator,Spring1989,Vol. 44,Iss. 1)等等。

综观近年来美国国内有关新闻与大众传播教育的研究,研究视角多元化,既有实务研究又有理论研究,既有横向研究也有纵向研究。研究范畴广泛化,对当前形势下出现的新问题关注比较紧密。研究方法多样化,既有问卷调查、民意测验、实地调查、资料统计,又有文献综述等。不足之处在于:这些研究中以微观层面居多,偏重量化研究,宏观研究较少;对当前出现的新问题、新情况关注居多,历史性研究较少;而且多散落于杂志和报纸,专著比较少,概念界定不明晰,缺乏理论性和系统性。

三、研究方法与范围

本研究将美国战后的新闻与大众传播学教育的发展历程及其特点和规律从美国新闻事业史的研究中剥离出来,将美国新闻与大众传播学教育作为独立的、专门的、特定的研究对象加以考察,再现美国新闻与大众传播学教育自身的、内在的规律。

本书将美国的新闻与大众传播学教育作为一种文化和历史现象加以考察,描述、归纳了美国新闻与大众传播学教育兴起、建立、发展的全过程。论文在对美国战后新闻与大众传播学教育进行历时态考察的基础上,通过对其发展过程中的教育理念冲突、教学过程、学术研究等方面的分析,实现对美国新闻与大众传播学教育不同时期的共时横向分析,从而做到历时态考察与共时态分析的有机结合。论文突破以代表人物、有代表性的大学院系的发展历程作为行文线索的研究格局,而代以专题研究的形式,实现对美国战后新闻与大众传播学教育的多角度、立体化透视。

本书以传统的历史文献分析法作为主要的研究方法,通过对美国新闻学、传播学者著作的文本解读,分析美国战后新闻与大众传播学教育的发展历程及其主要特点和发展规律,考察美国新闻与大众传播学教育遇到的问题及其发展趋势。论文适当采用了社会科学研究中的量化统计方法,对美国部分新闻院系的教师就美国新闻与大众传播学教育现状和未来进行问卷调查,对问卷结果进行量化分析;此外还就当前美国新闻与大众传播教育中的课程设置、教师构成等情况统计分析,做到定性研究和定量研究的有机结合。本书采用宏观概括与微观分析、综合研究和个案研究相结合的方法,既勾勒了美国现代新闻与大众传播学教育发展的全貌,又研究具体发展过程中的典型事件和典型人物,从而做到新闻与大众传播教育史研究的"点""面"结合。

本书所指的新闻与大众传播教育包括传统意义上的新闻学、大众传播学、广告学、公共关系学等,不包括语艺传播、人际传播和组织传播。本书中的新闻与大众传播教育指大学教育,不包括在职培训、大众普及教育、媒介素养教育。

严格意义上,新闻学与大众传播学是两个不同的学科。这两个学科的逻辑起点不同。新闻学以新闻为逻辑起点,它关注的重点是新闻的采集、新闻作品的写作、新闻产品的加工和新闻媒介的内部运作,包括媒介的功能、特点、新闻工作的原则等等,这就决定了新闻学更加重视操作层面。大众传播学以人类社会的传播现象为逻辑起点,它关注的重点是媒介与社会的互动,即社会对媒介的作用,媒介对社会的影响,尤其是把研究的重点放在受众和效果上。学科逻辑起点不同也决定了两个学科采用的主要研究方法的差异。新闻学多采用定性方法,大众传播学多采用定量研究方法。然而,在本书的研究中没有将新闻教育与大众传播学教育强行区别划分,主要是基于以下两方面的考虑:第一,大众传播学是在新闻学内部产生的,它们从一开始就有着千丝万缕的联系。第二,随着科技的发展,媒介融合已是大势所趋,大学教育中也出现了融合的趋势,新闻学与传播学教育界限越来越模糊。文中采用的"新闻教育"、"新闻传播教育"以及"传播教育"的词语采用的是约定俗成的说法,是广义上的用法。

第一章 历史视野中的美国新闻与大众传播教育

第一节 二战前的美国新闻教育综述

一、美国新闻与大众传播教育的历史渊源

美国新闻与大众传播教育的渊源大致可以归纳为三种：(1)源于业界自身的追求，以哥伦比亚大学新闻学院为代表；(2)源自于社会改革思潮和由此激发的运用社会学研究方法的教学科研模式，以芝加哥大学、哈佛大学为代表；(3)在经济和科技的发展的基础上兴起的新闻与大众传播教育，以威斯康星大学等中西部州立大学为代表。

哥伦比亚大学新闻学院是由美国报业大亨普利策捐赠建立的。该院实行研究生培养模式，没有本科生教育。它的招生对象是已经取得学士学位者，这些人进入哥伦比亚大学新闻学院学习，修满规定的学分后，授予硕士学位。

以哥伦比亚大学新闻学院为代表的新闻教育模式从创办之初就以新闻界的需求为标准制定了教育的培养目标；同时也为新闻教育界与业界之后长期冲突埋下了伏笔。新闻教育开始于业界的驱动，长期受业界要求的推动；这样的状况在一定程度上割裂了新闻教育与人文科学研究、社

会科学研究的联系,造成了新闻与大众传播教育缺乏深厚的学理基础和人文底蕴的客观事实。

芝加哥大学、哈佛大学没有设立专门的新闻与大众传播学院,与新闻与大众传播教育最接近的就是广播新闻电视工作者本顿奖学金项目、尼曼基金项目。但是芝加哥和哈佛等大学深受人文社会研究传统影响,新闻与大众传播教育在这里发展成为了另一种场景,成为了以人文为取向的社会科学,找到了其进入大学教育的另一种发展路径。

在芝加哥大学的发展历程中曾经出现了著名的芝加哥学派,为社会科学研究提供了一种经验的研究方法。在新闻与大众传播研究方面,以杜威、米德、帕克等为代表的学者构成了一个以人类传播为中心的人格社会化的理论体系;他们建立了符号交互理论,构建了以媒介效果为重点的大众传播研究的最初模型。

美国的新闻与大众传播教育的第三种模式是中西部州立大学模式。这些大学大多数是赠地学院①,这些大学建立的初衷就是为本州的发展而服务。

在这些州立大学里,将新闻与大众传播教育从英语系剥离出来的推动者往往是各州的报业协会和州里的中小媒体,他们也试图通过兴办教育来提升自己所处行业的声誉。在这些媒体里,员工不多,很多时候难免要"一人兼多职";新闻采编与广告、经营管理、公关部门的关系是互补的。因此,在他们所推动的新闻与大众传播教育中,新闻、广告、公关等各个专业课程往往都同时开设,新闻传播类各种技能的课程在这些州立大学都受到欢迎。而后,当新闻与大众传播教育试图在学术环境中争得一席之地,又自然地与历史、法律和伦理等人文学科结合起来。

20世纪40年代,在战时的特殊环境里,新闻与大众传播学与社会科学的发展产生了联系,大学教学和学术研究与社会、政府、军队的关系也越来越紧密。这一时期,中西部州立大学的新闻与大众传播院系在与政

---

①1862年,美国联邦政府颁布实施了《莫里尔法案》,把土地赠给各州创办农工学院,凡是州政府利用该法案创办或接受资助的院校都被称为"赠地学院"(Land—grant college)。

府、军队等的合作中得到了迅速的发展。

二、二战以前的美国新闻与大众传播教育

美国新闻教育的开创可以追溯到 1869 年,前内战将军罗伯特 E. 李在弗吉尼亚的华盛顿大学开设了印刷工及编辑训练课程。李将军开设新闻教育方面的课程的主要原因有两方面:一是他对报纸写作编辑方面的课程比较感兴趣,二是他将新闻教育作为帮助战争破坏后的美国南方地区重建的一种方法,通过这样的新闻训练为许多退伍老兵和他们的家庭培养一门实用技能。1893 年 3 月,华盛顿大学校董事会通过了有关李将军在以后几年提供 50 个新闻教育方面的资助名额的决议,其中还包括与新闻教育配套的实验室建设计划。遗憾的是,华盛顿大学(后来的华盛顿－李大学)在 1926 年终止了新闻教育。但是李将军和他的支持者为开创新闻教育所作的贡献,意义是非常深远的。

19 世纪后半叶在美国高等教育系统形成之初,报纸和杂志的编辑记者以及新闻教育者也就新闻教育的一些问题开始了讨论。例如新闻能否像法律、医学等专业在大专院校开展起来,编辑部是不是最理想的新闻工作的学习环境等。在那个时候,普利策、怀特等报业大亨的观点在社会上有很大的影响力,他们认为新闻业是一种主要的社会和政治力量,是值得在大学进行专业人才培养的。这种对新闻教育的认可给新生的新闻教育注入了活力。

1876 年,怀特在康奈尔大学开设了美国第一个新闻教育专业。这一专业包括了广泛的学士学位课程,既强调理论又强调实践,成了后来许多新闻与大众传播院系学习的样板。怀特认为学生"除了学习文学、艺术、哲学这三门已有的课程,还应该选择其他对新闻学有参考价值的课程,特别是要重视历史、现代语言、政治制度等方面的课程"①。怀特还要求学

①O'dell, D., *The history of journalism education in the United States*, New York: Teachers college, Columbia University, 1935, p. 28.

生选取一些印刷、写作和编辑等实用技能方面的课程,参与有经验的记者、编辑的讲座。尽管怀特的目标在他 1885 年从康奈尔大学退休时还没有完全实现,但他所倡导的新闻教育模式——广阔的人文学科背景加上学徒式的培养方法再辅助以新闻从业人员的指导——成为美国新闻与大众传播教育者培养人才的样本之一。

19 世纪 70 年代,当李将军和怀特的新闻教育计划正在实施的时候,一大批赠地学院如雨后春笋般涌现出来,其中也不乏优秀的新闻教育典范,例如密苏里大学便是其中之一。最初,David Russell McAnally 教授在他的政治经济学课堂上教授"新闻报道方法"。1884 年,他开设了"新闻史"和"新闻写作素材"课程。1908 年,密苏里大学建立了新闻学院,很快就成为了 20 世纪美国最优秀的新闻学院之一。

19 世纪 90 年代,美国大学中普遍都开设了最早的新闻学方面的课程。例如,宾西法尼亚大学在 1893 年出现了体系较为完整的新闻课程,这些课程是在 Eugene Camp 和 Joseph French Johnson 等资深报纸编辑帮助下开设的。1894 年堪萨斯大学的社会学教授 F. W. Blackmar 引入了第一门新闻学课程"报纸写作概论";他不是一个记者,他是从新闻界对社会的暗示和义务的外围领域来理解新闻的。这种跨学科的认知方式也在 20 世纪影响了新闻与大众传播教育发展的潮流。19 世纪的最后 10 年里,位于中西部地区的大学也广泛地展开了新闻教育,衣阿华、印第安那、俄勒冈等大学开始在他们的英语系中开设新闻写作课程。当然各个大学开设这些课程的初衷不尽相同:大型的知名大学如康奈尔大学是把新闻学作为一种社会和政治力量来研究,而中西部相对偏远的小型大学开设新闻学则是为了发展当地的经济。

1902 年,拥有《纽约世界报》等报纸的报业大亨普利策发表了他对新闻教育和建立新闻学院的看法,他认为"新闻教育应该是一种当前和将来都需要的,用以鼓励、评价、培养新闻人才的伟大的实践性职业教育,正如法律和医学一样"①。1903 年,普利策捐赠了 200 万美元给哥伦比亚大学,用于创办一所新闻学院。普利策本人是 19 世纪末 20 世纪初美国黄色新闻运动的领军人物,也是推动新闻职业与大学教育相结合的重要人物。正是因为普利策的积极推动,新闻教育才有机会在著名的常春藤名校中扎根;这也为新生的新闻教育寻求了更广阔的发展空间,同时也展示了报业在那个年代强大的影响力。遗憾的是,普利策在 1911 年去世了,而哥伦比亚大学新闻学院直到 1912 年才正式建成。

这一时期,与普利策齐名的另一位对当时新闻教育影响巨大的人是哈佛大学的爱略特,他曾经担任过哈佛大学的校长。爱略特主张通过兴办新闻教育来提高新闻学的社会地位,而他的新闻教育办学思路比普利策更宽泛;他主张新闻教育进行课程改革,可以开设报业管理(包括组织、功能和社会服务)、报纸生产(包括印刷和其他机械技巧)、新闻法律、新闻道德、新闻史和报纸编辑技巧等等。最终,爱略特的新闻教育思想没有被哈佛大学接受,却被密苏里大学新闻学院采纳了。

在普利策和爱略特办学思想的影响下,新闻教育在"1908—1912 年进入了他的初创时期"②。很多新闻专业既不是哥伦比亚大学新闻学院的模式,也不是密苏里大学新闻学院的模式;而是开设在大学英语系内,还有些则是开设在一些两年制的专科院校中。

三、新闻教育组织的兴起和课程标准的制定

新闻教育在 20 世纪早期并没有获得良好的声誉,甚至连一些教育者自身也这么认为。1927 年发表在 AASDJ 出版的刊物《新闻公告牌》

①Dennis, E. E., Whatever happened to Mars Robert's dream? *Gannett Center Journal*, 2, 1988, p. 11.

②O'Dell, D., *The history of journalism education in the United States*, New York: Teacher College, Columbia University, 1935, p. 92.

(Journalism Bulletin)上的一篇文章写道,在 1910 年前,"众所周知新闻教育的状况很糟糕,只有少数的新闻院系能够提供比较全面综合的教育"①。造成这种状况的原因有多种:新闻学的实践性根源让公众很难在短时间接受其也具有学术性的观念。同其他传统享有声誉的职业教育如法律、医学等相比,新闻教育几乎都是本科教育,很少有实力组建独立学院,也很少有不依赖其他专业提供基础课程的。在远离媒介中心的中西部、南方以及比较偏远的地方新闻教育更加得不到重视。20 世纪 20 年代开始,新闻与大众传播教育才逐渐得到了社会的认可。许多报纸和组织开始资助大学新闻教育,把大学作为培养记者编辑的基地。1921 年拥有《芝加哥论坛报》的 Joseph Medill Patterson 和 Robert McCormick 出资建立了西北大学的麦迪尔新闻学院。1925 年在新泽西新闻协会的努力下罗德州大学也建立了新闻系。南方报业出版协会资助华盛顿—李大学创办了新闻学专业。

1912 年 11 月 30 日美国新闻教师协会(AATJ)在芝加哥举行的第三届美国新闻教师年会上成立了。威拉德·布莱尔担任了此协会的首任会长。前两届年会召开时既没有制定章程也没有选举其他领导。1912 年的会议有 18 位教师和 5 名媒介从业人员参加。协会成立后就开始接纳各个大专院校成员的加入。1917 年 4 月 5 日,密苏里、威斯康星、哥伦比亚、堪萨斯、俄亥俄州立大学、俄勒冈、蒙大拿、德克萨斯、华盛顿、印第安那等 10 所大学在芝加哥召开会议,在这次会议上成立了美国新闻学院管理者协会(AASDJ);协会发起制定了一些教学标准。1923 年,美国新闻教师协会和美国新闻学院管理者协会都加入了新闻教育协会(CEJ)。新闻教育协会在 1924 年颁布了有关新闻教育的章程和标准。这一标准规

①Farrar, R. T., The push for standards and recognition: A history of the American Association of the Schools and Departments of Journalism, In B. I. Ross (Ed), *Seventy—five years of journalism and mass communication leadership: the history of the Association of Schools of Journalism and Mass Communication*, Columbia, Association of Schools of Journalism and Mass Communication, 1993, p. 57.

定学生至少修 120 个学分才能获得学士学位,四年制新闻学专业本科生的必修课应包括历史、经济、管理与政治、社会学、文学、自然科学、心理学和一门外语。新闻学方面的必修课有新闻报道、文本阅读、编辑写作、特稿写作、新闻史、规章与责任(新闻道德)等。

这些新闻院系的建立以及新闻教育相关的组织的成立与新闻界之间有着相当微妙的关系。20 世纪早期,许多美国人认为新闻业在当时的美国社会里变成了一种商业形式,而报人也就是成了商人,他们的最终目的就是获取更多的利润。面对这样的批评,报人们也急于扭转他们的公众形象,大力支持新闻教育事业的发展。当然,美国各大学也很高兴接受这样的资助。"报纸需要大学为其培养人才,而大学的责任和任务也就是满足这样的需要。成立这样的协会就是想在新闻院系与业界之间达成合作的意向"。① 新闻界支持新闻教育组织成立也表现了业界对新闻教育的一种认可,也是他们回报社会的一种表现。

四、布莱尔的新闻教育模式

布莱尔所创立的威斯康星新闻教育模式成了美国新闻教育的样本模式之一。他的弟子们分布在美国各高等院校,同施拉姆等人一起在原有的新闻教育的基础上开创了大众传播教育。布莱尔是威斯康星大学新闻学院的主要创办人,并且还开设了这一领域的首个研究生专业,同时他也是美国新闻与大众传播教育众多教学与科研组织建立的主要推动者。

1905 年布莱尔在威斯康星大学开始教授英语和第一门新闻课程(新闻写作课)。1908 年布莱尔被授予新闻学助理教授的职称。布莱尔很快就建立起一个有着广泛人文课程基础的四年制新闻课程模式。他提倡新闻专业的课程比例,应该是有 1/4 到 1/3 新闻专业的课程,剩下 2/3 到

①Barnett Fine, "First Journalism Schools Scorned", *Editor and Publisher*, July 1934, p. 204.

3/4的课程涵盖政治学、社会学、经济学、历史学等学科的内容。布莱尔的新闻课程模式"强调为新闻编辑部做准备。在学生接受了最基本的文学和社会科学的学习后再开始新闻学专业的教育"①。1912 年,威斯康星大学成立了新闻系。1913 年他在威斯康星大学开设了美国第一批新闻学研究生课程,三年后 Wyatt Rushton 和 Frank Thayer 成为美国最先取得新闻学硕士学位的学生。布莱尔的研究生采用的是跨学科的培养模式,这种教学模式既考虑了人文科学的基础,又重视新闻实践的培养,所以很快成了美国众多大学开展新闻教育模仿的对象。布莱尔本人也于 1916 年获得了教授的职称。在布莱尔的倡导下,威斯康星的新闻教育发展很快。1927 年,威斯康星大学成立了新闻学院,布莱尔被任命为首任院长。同年,布莱尔为政治学、社会学、历史学等学科的研究生开设了新闻学辅修课程。布莱尔在新闻学研究生教育方面所作出的探索是十分具有纪念意义的。

布莱尔的许多学生都成为了新闻与大众传播教育历史上的著名人物,如 Chilton Bush、Ralph O. Nafziger、Curtis MacDougall、Ralph Casey 等等。他们把布莱尔的教育理念带到了斯坦福、西北大学、明尼苏达等大学;他们在发展新闻与大众传播理论及其研究方法方面作出了巨大的贡献。

布莱尔在推动新闻教育职业组织的建立方面也发挥了积极的作用。1912 年布莱尔联合其他 30 位新闻教育者在芝加哥成立了美国新闻学教师联合会(the American Conference of Teacher in Journalism)。该组织后来更名为美国新闻教师协会(the American Association of Teachers of Journalism),1983 年最终定名为美国新闻与大众传播教育协会(the Association for Education in Journalism and Mass Communication)。布莱尔当选为该组织的第一任会长,并且在 1921 年又连任一届。1917 年,布莱尔还被推选为美国新闻院系协会(the Association of American Schools

---

①O'Dell, D., *The history of journalism education in the United States*, New York: Teacher College, Columbia University, 1935, p. 71.

and Department of journalism)的会长。

布莱尔执教的威斯康星大学,是在 1862 年《莫里尔法案》颁布以后建立的重要的赠地大学之一。威斯康星大学新闻教育事业的迅猛发展,同时也带动了一大批其他赠地学院新闻专业的设立。

第二节 二战中和战后初期美国的新闻
与大众传播教育

一、二战和新闻与大众传播研究

20 世纪 30 年代初期的美国,一方面是经济大萧条和社会危机,一方面是科学和技术的迅猛发展;面对这样的局势,许多美国人不得不去追问他们的高等教育的价值究竟何在。尽管 30 年代美国人提出了很多有关教育的问题,然而这一时期,人们所关注的问题似乎更加集中在社会科学、大众传播方面。学者们纷纷将大众传播方面的技巧和方法引入到美国的政界和商界。例如:George Gallup 于 1928 年在衣阿华大学获得博士学位后,就致力于民意测验方面的研究;Frank Stanton 从俄亥俄大学毕业后,在 1935 年发明了一个用于记录收音机在特定时间内收听到的电台数目的新式设备;拉扎斯菲尔德在 1933 年依靠洛克菲勒基金会的资助从维也纳来到美国,很快就成为开展广告和广播研究的带头人。

二战爆发后,战争既需要大众传播为其服务,同时也客观上为大众传播研究创造了良好的环境。战时宣传机构的成立为大众传播研究者提供了一个重要的锻炼场所。通过这些机构,研究者为战后新闻与大众传播学教育的建立建构了广泛的人际网络关系,同时也培养出了一批高水平的师资力量。

洛克菲勒基金会资助了多项大众传播研究。二战爆发以后不久,美国还没有直接卷入战争,洛克菲勒基金会就召集了一批社会科学家和教育者,广泛地开展与战争相关的社会学和大众传播学方面的研究。这些学者包括拉扎斯菲尔德、拉斯韦尔、赖德等,他们的讨论至少持续了 11 个月,其研究成果主要集中在 1939 年 12 月发表的有关《公众舆论与非常时期》的备忘录和 1940 年发表的《必要的大众传播研究》备忘录里。在题为《公众舆论与非常时期》的备忘录里,主要探讨了大众传播研究在战争中的角色问题;其中高度重视 30 年代后期大众传播研究所使用的一些方法,如民意测验、内容分析、团体研究等等,论证了进行大规模传播学研究需要的资金和各种保障;同时研究者认为当时大众传播研究测度和形成舆论方面的技巧已经比较成熟,应该将这些技巧应用到政府的政策制定过程中。1940 年发表的备忘录中主要阐述了三方面内容:(1)为政府的政策制定者有效地应用大众传播研究成果提供了一种可行的假设;(2)提出了拉斯韦尔的五 W 的传播模式;(3)大规模进行传播研究所需要的多方面的保障。

在美国是否立即参战的问题上,美国国内各方面的意见并不统一。据 1941 年 11 月进行的一项民意调查显示,美国当时只有三分之一的人赞成立即参战。[①] 为了应对这场世界大战,在罗斯福总统的领导下建立了一系列的情报机构和宣传组织,以促成美国国内和海外的有利于战争需要的舆论的形成。这些机构推动了大学新闻与大众传播院系的发展。

起初,美国政府建立这些宣传情报机构的步伐非常缓慢。1939 年罗斯福政府建立了紧急情况应对办公室(OEM),1941 年 5 月成立了国民防御办公室(OCD),两个月后,又成立了信息协调办公室(COI);1941 年 10 月成立战时统计局(OFF),美国国会图书馆馆长、诗人麦克利什(Archibald MacLeish)被任命为局长。1941 年 12 月 7 日,日军偷袭珍珠港,美国被卷入了战争的漩涡。战争的需要让美国更加重视战争宣传。1942 年 6 月 13 日,罗斯福政府在战时

---

①Richard W. Steele, Preparing the Public for War: Efforts to Establish a National Propaganda A-gency, 1940—1941, *The American Historical Review*, October 1970, p. 164.

统计局的基础上重新组成战时新闻局(OWI),由哥伦比亚广播公司的戴维斯出任(Elmer Davis)领导。许多知名的传播学者和记者编辑以及媒体的管理者参与了这些机构的工作,例如施拉姆在1941—1942年之间曾在统计局和新闻局工作了15个月。一个月后,1942年7月13日,信息协调办公室改组成为战时特别服务办公室(OSS)(后来成为中央情报局)。战时特别服务办公室和战时新闻局以及军方的一些宣传机构都进行了广泛而强有力的战时宣传。这些机构雇佣了各种专业的专家和学者,包括知名记者、公关、电台主持、广告商、大学教授、社会科学家等等。

战时宣传工作从深度和广度上丰富了研究者的知识构成,"这些研究为战争做了积极的人力动员、情报测试、军队和公民的教化工作以及战时心理分析,同时美国的思想观念得到了世界范围的认可"①。尽管并非所有参与战时工作的社会科学家和学者都参与了战时宣传机构的工作,但是战时宣传机构推动了大众传播研究和学科发展以及大众传播教育的发展。战时宣传机构的研究者之间建立了密切的联系,这种联系对战后美国众多大学兴建新闻与大众传播院系帮助很大,他们中间的许多人后来成为传播院系中的同事,继续共同开展学术研究、教学工作;此外,这些学者们也同政府和军队的机构和官员们熟识起来,为后来的新闻与大众传播院系与政府保持良好的合作关系打下了坚实的基础。

二、战后初期美国高等教育的发展

美国政府早就认识到教育在社会进步中的重要作用,向来十分重视高等教育事业。特别是在社会转型和国家发展的关键时期,这一传统表现得尤为突出,美国政府对高等教育的财政援助是不遗余力的。第一次

---

① 转引自 Timothy Glander, *Origins of mass communication research during the American cold war: educational effects and contemporary implications*, New Jersey: Lawrence Erlbaum Associates, 2000, p. 54.

工业革命时期和第二次工业革命时期，联邦政府先后颁布了《莫里尔法案》(1862 年)、《哈钦法》(1887 年)、《第二莫里尔法案》(1890 年)、《史密斯—利弗尔法》(1914 年)、《史密斯—休士法》等与教育相关的法令。发展高等教育同时也促进了美国经济的大发展。某种程度上来说，联邦政府对教育的资助正是为了满足经济、社会转型对人才的需要，这是适时的也是必要的。众所周知，二战之后，美国又面临新的发展时机，这一时期经济发展的科技含量之高前所未有，在生产领域和社会领域都产生了深远影响。为了培养人才以适应经济发展的需要，美国必然要加大对教育的投资力度。战争过后，众多美国人面临着失业的危险，这种情况的出现主要有以下两个原因。第一，随着战争的结束，大量军事订货的消失，造成了战时和军事相关领域的劳动力大量剩余。第二，退伍军人的人数急剧增加。和平年代，他们由于缺乏经济建设的相关知识和技能而面临失业的危险。如果不采取措施解决过剩劳动力和退伍军人的就业问题，美国很可能会重蹈二三十年代大萧条的覆辙。

美国采取了多种措施以解决战后劳动力相对过剩的问题，包括对高等教育的政策的调整。其中两个法案客观上推动了美国高等教育走上了民主、大众教育之路。一个是 1944 年的《军人权利法案》(G. I. Bill of Rights)，要求大学之门向战后的大批退伍军人敞开；另一个是高等教育杜鲁门委员会(Truman Commission on Higher Education)于 1947 年发表的宣言，认为高等教育应该面向所有的人，不分性别、种族、肤色、宗教、地理区域、经济状况。1950 年，该委员会又发表了一份名为《为了美国民主的高等教育》(Higher Education for America Democracy) 的报告，肯定了高等教育在美国民主制度建设方面的巨大贡献，并呼吁政府要利用税收，广泛设立适合地方需要、学费低廉的高等院校。

1944 年 7 月 22 日，当时的美国总统罗斯福签署了《1944 年军人再调整法案》(Servicemen's Readjustment Act of 1944)，就是著名的《军人权利法案》(GI Bill of Rights)。这个法案对退伍老兵的福利待遇和就业安置方面给出了许多具体的规定。为战时所有在军队至少服役 90 天的军事人员提供一年、最多不超过四年的教育和培训,由政府支付其每学年不超过 500 美元的学费和每月 50 美元的生活补助。根据这一法案,退伍军人如潮水般地涌向高校,到 1946 年,入学的退伍老兵超过了 100 万人。[①] 法案的颁布客观上推动了美国高等教育的民主化和平等化的进程。

有学者认为,二战后的美国高等教育经历了 25 年左右的黄金发展时期,总的特征可以用繁荣、声誉良好和普及三个词概括。[②] 二战结束后,众多研究型的大学出现了,一些重要的学术成果为美国学者在国际上赢得了良好的声誉。同时,随着大学入学率激增,大学普及程度提高,一大批社区大学登上了美国高等教育的舞台。

学生数量的增加也带来了大学结构和校园文化上的变化。高入学率同时也带动了高校在硬件设施如实验室、教室、宿舍等配套设施需求的增加。在大学里,退伍老兵学生的年龄普遍偏大,情况也参差不齐:有结了婚的,还有带小孩的,而且很多人并不具备高中文化水平就直接到大学中来,甚至还有些老兵是残疾人。

三、20 世纪 40 年代的美国新闻与大众传播教育

20 世纪 40 年代是美国新闻与大众传播教育史上承上启下的重要历史时期。这 10 年间,美国新闻与大众传播教育摆脱了单一新闻职业训练的模式,开拓了新的领域,大众传播学登上了美国大学教育的舞台;新闻与大众传播教育课程设置逐步趋于成熟,一些新型的课程,如传播理论、广播节目策划、公共关系等等逐步在各新闻院系开设,课程设置的标准也

---

①John R. Thelin, *A history of American higher education*, Maryland: The Johns Hopkins University Press, 2004, p. 263.

②John R. Thelin, *A history of American higher education*, Maryland: The Johns Hopkins University Press, 2004, p. 260.

日趋完善；相关的行政协会和学术研究团体相继成立；学术研究不断向纵深发展，出现了众多的优秀学者和影响巨大的研究成果。

1941—1950 这 10 年间，各种媒介的迅速发展促使美国当时的新闻教育有了新的关注点——大众传播。[1] 新兴的大众传播教育关注的领域十分广泛，广义上包括公共关系、广告、传播与社会以及广播、电视等新媒体的发展。大众传播教育在 20 世纪 40 年代在美国大学的新闻院系出现，并在这 10 年的时间初步形成规模。传播学的地位逐渐清晰起来，从混合、边缘的地位逐渐成为一个新的研究领域。从 20 世纪 40 年代中期起，也就是二次大战以后，"传播学"和"大众传播"的术语开始得到普遍使用；由此，美国高等院校的原有的新闻教育领域逐渐拓宽。

1943 年，衣阿华大学新闻学院聘请施拉姆为院长。这个决定对于当时的美国新闻教育界来说是很特殊的，因为施拉姆从来没有从事过专职新闻工作。在此之前施拉姆是衣阿华大学英语系的一名教授，1941—1942 年间曾在美国战时新闻局工作。在那个年代，从事过专职的记者或者编辑的经历被认为是担任新闻学教授的一个最基本的条件。然而，也正是这一决定对新闻学教育产生了巨大的影响。施拉姆担任衣阿华大学新闻学院院长后，马上就创办了世界上第一个大众传播的博士课程。这个在新闻学院开设的传播学博士项目也促使传播学领域进一步分化为大众传播和人际传播两个方面。

在传统的新闻学院里开设研究型课程，而且授予不同于威斯康星大学那样的新闻学博士学位，这在当时的美国大学新闻学界确实引起了很大的反响。当时好多老牌的新闻院系和资深的新闻教育者围绕这种新式课程设置和博士培养方式展开了讨论。衣阿华的博士课程涉及传播理论、研究方法、公众舆论、宣传分析和其他社会科学课题，另外还有一些新闻学院以外的课程，如心理学、社会学、政治学等方面的课程。1947 年，施拉

---

[1] Herring study traces growth of journalism instruction ，*Journalism Quarterly*，33（1），1956，p. 363.

姆前往伊利诺伊,担任了伊利诺伊大学传播系主任、传播研究所负责人、伊利诺伊大学校长助理。正是在伊利诺伊大学,他正式"开始搭建他一生工作中的架构:他强调传播的效果、倡导广播教育、发挥他作为联邦政府和军队政策建议者角色的作用"①,而且他进入学校的领导层,也有助于他实施自己的想法,展示自己的个人才能。他先后在衣阿华、伊利诺伊和斯坦福大学执教,创办了世界上第一个大众传播的博士课程。施拉姆对大学传播学系的建立、逐渐为美国大学的新闻学院所接受起到了至关重要的作用。

随着广播、电视等媒介的逐渐发展、出版贸易的不断扩大以及广告和公共关系领域的拓宽,美国大学的新闻教育也慢慢地接纳了这些新的领域。以公共关系为例,20世纪40年代前期,美国的许多大学中陆续开设了公关的相关课程,但在新闻院系中开设的却比较少。1947年,波士顿大学在原有新闻系的基础上成立了公共关系学院,第二年该学院改名为"公共关系与传播学院"。由此开始,众多新闻院系纷纷开设和公共关系有关的课程,公共关系"这个学术领域自然就成为了新闻学的一个分支学科"②。美国的新闻与大众传播教育关注的学术领域脱离了狭隘的新闻学视野,开拓了更加广阔的研究前景。

20世纪40年代,美国众多大学在原有的新闻系或者新闻训练班的基础上成立了新闻学院或者传播学院。与此同时,这些大学一般都建有一个与大学配套的新闻学或者传播学研究机构,例如:1941年明尼苏达大学新闻学院成立,明尼苏达大学新闻学院的研究所建立于1944年;衣阿华大学在1946年建立"受众研究局",伊利诺伊大学在1947创办了"传播研究所",斯坦福大学新闻研究所创办于1948年;威斯康星大学在1949年创办了"大众传播研究中心"。与正规的学校院系相比,这些研究

①Glander T.:*Origins of mass communication research during the American Cold War: educational effects and contemporary implications*, New Jersey: Lawrence Erlbaum Associates, 2000, p.136.

②Gruning, J.E: Teaching public relations in the future, *Public Relations Review*, 1989, p.24.

机构不仅更加灵活,而且能够促进各个学科之间的相互融合,在这些研究机构中比较容易引进其他社会科学的研究方法和研究模式,与此同时也为各个大学的众多教师和博士们提供了施展才华的舞台。

新闻教育领域的不断拓展造成的影响主要体现在以下两方面:一是这一领域的学术地位得到了提升,逐步帮助新闻教育清除了与商业紧密相连的名声;不仅为教师和研究者个人争取到了职称和薪水,也赢得了其他院系学者对新闻与大众传播学者的尊重。二是理论研究进入到原来以教授实践技能为主的专业领域,引发了一场持续多年的有关新闻与大众传播教育实践与理论的争论。

20世纪40年代,美国大学新闻与大众传播教育的课程设置比以前更加多样;一些新型的课程,如传播理论、广播节目策划、公共关系等等逐步在各新闻院系开设或者是成为新闻与传播教育的分支专业;各专业课程不断制定新的标准,课程设置的一些标准也日趋成熟。

40年代以来新闻学院的学生人数一度时期不断增长,新闻院校开设的课程也不断增加。有资料显示,美国大学新闻院系的在读学生在1948年达到了14567人。[①] 在40所美国第一流的新闻院系的研究型课程和学术研讨会在1941—1951这十年间增加了496%;传统的职业训练课程也有较小幅度增长;商业和技术类课程增长了195%;社论写作和行政管理类课程增加了78%;特稿写作和杂志写作课程增长了71%;时事和当代形势分析类课程增长了58%;阅读和编辑类课程增加56%;社区报纸研究增加56%;摄影类增加55%;媒介法律增加53%;高中新闻课程增加39%。[②] 伴随着学生入学率的增加和学界远离职业训练的呼声,新闻院系也开始开设了一些学术色彩浓厚的课程。

---

① Emery E. & McKerns, J. P. : AEJMC: 75 years in the making, *Journalism Monographs*, 1987, p. 104.

② Herring study traces growth of journalism instruction, *Journalism Quarterly*, 1956, Vol 33, p. 362.

20世纪40年代初对报纸的研究和关注在美国一流的新闻院校(例如密苏里、哥伦比亚、明尼苏达、威斯康星、衣阿华、伊利诺伊、西北大学等)的课程设置中占据着优势地位。然而也就在20世纪40年代,情况发生了变化:在这些新闻院系中逐渐开设了有关广播新闻、电视新闻、广播节目生产技巧等方面的课程,因为那时广播和电视逐渐成为公众获取信息和娱乐的主要媒体。以广播方面课程为例:1944年,广播新闻协会(CRJ)成立后就提出了建议性的广播课程标准。这个标准包括了以下主要内容:(1)高等院校广播新闻专业至少设置四年学制,修满四年后颁发学士文凭;(2)完成广播新闻专业课程的同时,学生应该有广泛的人文社会研究背景;(3)学生应该打下坚实的传播学理论基础,尤其是在广播和报纸方面;(4)学生还应掌握相关领域的特殊技能和技术;(5)还应该开设其他领域的技巧类课程:如演讲、广播播音、广播节目制作和电子原理等等。1945年,联邦广播教育委员会(FREC)颁布了"无线电广播高等院校课程标准"。标准中建议:在以下八个领域中每个学期应有18到30个学时进行社会调查、节目展示、音乐、新闻、协作(包括戏剧)、节目策划、商业广播研究和公共领域的广播研究;广播专业的学生应该到电台去实习,到二年级或三年级再开始正式理论课程学习。在一些大学中言语系,当然其中很多都是作为英语系的分支,在这时也开设了为学生在以后从事广播、电视工作做准备的一些相关课程。与此同时,越来越多的新闻院系开设了广告和公关方面的课程,显然这些课程和原有的新闻教育距离比较远;于是,一些院系开始在院系名称前加上了"大众传播"一词。

20世纪40年代后期,美国新闻学界和业界一部分人也就当时大学新闻院系的课程设置提出了殷切的希望:新闻教育应该"为新闻工作的进行准备最好的通才教育",新闻院系的学生,不应该"被剥夺接受文理兼备的教育的权利";然而当时各大学中的新闻院系也存在着一些问题,其中"很少有新闻学院能够仅仅依靠本学院的师资就能设计出一种文理兼备的课程计划",所以,"希望这些新闻学院与所属大学的其他院系建立尽可能密切的联系"。① 在社会各界的关注下,美国新闻与传播教育在课程设置方面在 20 世纪 40 年代得到了长足的发展。

这一时期建立或者改组的新闻与大众传播教育行业类协会主要有广播新闻协会(CRJ)、美国新闻院校行政人员协会(ASJSA)和美国新闻教育理事会(ACEJ)。广播新闻协会(CRJ)成立于 1944 年;在当时这一组织是国家新闻职业教育理事会(NCPEJ)为弥补印刷媒介新闻机构的不足而成立的,同时也进一步证明广播教育是新闻教育的一部分。广播新闻协会是全国广播联合会(NAB)和美国新闻院系联合会(AASDJ)执行委员会联合组织的,并且得到了美国州立大学广播教育委员会(AASU)和美国新闻教师协会(AATJ)等组织的支持。美国新闻学院管理人协会(AASDJ)联合其他一些组织,例如 1939 年成立的国家新闻职业教育理事会(NCPEJ),开展了一些讨论课程标准的研究项目。参与这些研究项目的组织非常的多:美国报纸编辑人协会、美国报纸出版人协会、国家报业联合会、南方报纸出版人联合会等。美国新闻院校行政人员协会(ASJSA)于 1944 年成立了,美国大学新闻院系的行政领导人员都可以申请加入。1945 年,国家新闻职业教育理事会(NCPEJ)改名为美国新闻教育理事会(ACEJ)。1948 年,首批 35 家新闻院校得到了美国新闻教育理事会的认可,这些院系都属于它的会员。

20 世纪 40 年代,新闻与大众传播领域进行学术研究的风气日渐浓厚,以前那种新闻学教育只注重职业训练的局面有所改善。这 10 年间,美国涌现出了一大批在新闻与大众传播颇有建树的学者,如施拉姆、拉斯韦尔、拉扎斯菲尔德等等,他们当时的一些研究成果展开了战后传播学发展的基本线索、奠定了后来新闻学和传播学的理论框架。与此同时,在这一时期美国大学新闻院系进行的学术研究里,一些重要的研究方法,如民意测验、实地调查、资料统计等等,也得到了极为广泛地应用和拓展;一些

---

① Commission on Freedom of the Press, *A Free and Responsible Press*, Chicago: The University of Chicago Press, 1947, p. 101.

有价值的研究,如模式研究、传播效果研究、广播受众研究、电视内容研究等等,也逐渐趋于系统和成熟。

第三节　50—70年代——新闻与大众传播
教育的螺旋式发展阶段

一、与高等教育相关法律的颁布

20世纪五六十年代美国政府颁布的有关高等教育的法律主要有:1958年的《国防教育法》、1963年的《高等教育设施法》、1965年的《高等教育法》和1968年的《高等教育法修正案》。其中以《国防教育法》和《高等教育法》最为重要。

1957年,前苏联的人造卫星上天了,这一事件震惊了整个美国。美国人认为,美国在空间技术方面的落后与对高等教育的重视不够有很大的关系。"卫星事件"的直接后果是:1958年5月,美国通过了《国防教育法》,并颁布实施。该法案的主要内容有:规定为研究生提供无息贷款;为加强自然科学、数学、现代外语和其他重要学科的教学提供财政援助;从1959年6月30日财政年度起的五年中,每年拨款7000万美元用于向研究生颁发奖学金;向急需攻读外语的研究生发放专项奖学金;给各州以6000万美元的赠款,加强各州的职业教育。《国防教育法》的实施,极大地推动了美国高等教育的发展。《国防教育法》非常重视大学中职业教育的发展,这也给新闻与大众传播教育在这一时期的发展带来了新的契机。

《高等教育法》的主要内容是:在对学生的援助方面,第一次明确提出为在校大学生提供由政府支出的联邦奖学金,在对学校的援助方面,政府向各类大学提供的补助共有五项。包括在1979年10月1日之前的每个财政年度里,每年拨款5000万美元给大学购买图书资料;每年拨款6000万美元用以购置实验室和其他的特殊设备,如课堂或视听中心所用的视听材料和设备;向大学提供津贴以增加与社区发展相关的课程;对资金短缺的小型学院提供直接财政援助等等。

这一系列与高等教育相关的法律颁布为美国的高等教育的发展创造了良好的条件:首先,为学校提供了数额不菲的资助款、贷学金和奖学金,这就保证了学校有充足的生源,越来越多的人得以接受高等教育。其次,大学里的硬件设施得以及时更新。这些拨款使得校舍、实验室设备的情况得以改善,保证了学习环境,同时许多先进的教学手段被应用到教学中来,使教学方法得以改进,教学质量有所提高。第三,使传统的教育观念得以改进,增设了教育新门类,促进了教育的民主化和现代化,比如,实现了高等教育平民化和教育机会的均等。

二、50 年代:冷战氛围笼罩下的新闻与大众传播教育

美国人本想着战争结束后可以过一阵安稳日子,不料又被冷战的紧张气氛所笼罩。与冷战相关的新闻充斥着战后的美国媒体。有数据显示,1945 年底,只有 32% 的美国公众认为在 25 年内会再爆发世界大战;1946 年底就上升到 41%;到 1947 年,就上升到 63%,到 1948 年 3 月,人数上升到 73%。[①] 美国公众的态度在这么短的时间里发生如此巨大的改变是与美国媒体的大力宣传分不开的。1947 年 3 月杜鲁门总统在演讲中向美国人宣布他们正面临着来自苏联的直接威胁。冷战让美国进入了一个长期的战时动员状态,国家安全成为这一时期最重要的事情。冷战气氛为战后美国尤其是 50 年代的政治、经济、文化和社会生活定下了紧

---

① Timothy Glander, *Origins of mass communication research during the American cold war: educational effects and contemporary implications*, New Jersey: Lawrence Erlbaum Associates, 2000, p. 56.

张的基调。50年代,政府、军队、新闻与大众传播教育界的联系更加紧密了,许多战时设立的宣传和情报机构继续存在,或者是改组成其他宣传和研究机构;众多大学新闻与大众传播院系帮助这些机构开展工作。一些原来没有新闻与大众传播专业的大学也因此增设了传播学专业,在客观上促进了新闻与大众传播研究与教育的发展。

整个50年代,美国的反共传播让公众感受到他们面临着战争的威胁,同时也提高了他们对身边共产主义分子的警惕。美国政府努力发现并清除这些危险分子,他们设立了众多机构来寻找、监控这些人;而大学里的教育者、政府雇员以及媒介从业人员就被列为最先排查的对象。这样的"赤色"恐怖在大学校园里同样存在,不仅表现在大学教师对所教学内容和科研对象表现出的小心翼翼态度,而且管理层在雇佣教师和获取办学经费的时候也顾虑重重。大学的管理层只敢雇佣那些和主流意识形态保持一致的教师。如果一个教师被贴上了"赤色"或者"共产主义"的标签,或者是被称为"持有不同政见的人",公立大学一般会拒绝聘任他。例如 George Stoddard(1946—1953年间担任伊利诺伊大学的校长)曾写道:"联邦调查局、各州和军队里各种调查机构的建立确保了大学的师资力量中没有共产主义者,这对于在大学里进行机密科研是非常重要的。所有的教职员工都签署了一份忠诚书,负责安全检查的官员公开宣布在伊利诺伊大学里没有一个共产主义者,至少他认为是这样的"①。联邦政府采用了很多方法来边缘化这些持有不同政见的政治者和社会活动家。联邦调查局对一些大学教师、学者活动的记录从20世纪早期就开始了,例如对杜威的档案记录开始于1930年一直到1957年才截止。

50年代联邦政府对高等院校的资助力度非常大。资助分为两种方式:一是一些联邦政府机构资助高校科研项目,例如国防部、农业部、航空航天部、中情局等等;这些机构的资助主要集中于物理、生物、健康科学和

---

①George D. Stoddard, *The pursuit of education: an autobiography*, New York: Vantage, 1981, p. 130.

工程、新闻传播等领域;二是联邦政府直接拨款给高校。在这些拨款中,联邦政府重点资助了一批大学,"其中 6 所大学接受了联邦拨款的 57%,20 所大学接受了总拨款的 79%"[1];而且这 20 所大学把政府资助作为大学年度财政预算中必不可少的一部分;这 20 所大学集中了美国优秀的新闻与大众传播院系,客观上也推动了新闻与大众传播教育的发展。

当时,美国中情局资助了大学中许多新闻与大众传播方面的研究项目,而且中情局也一直小心翼翼地保存着这些研究结果记录;可以肯定的是哈佛、康奈尔大学等众多美国高等院校和知名学者都参与了这些研究。当时中情局的负责人 William Langer 认为中情局就是一个"大型的社会科学研究中心",要完成这些研究,需要大量的人才。而单靠政府部门是不可能培养出这么多人才的,所以"大学和政府为培养训练有素的研究者和开展有关国家安全问题的研究共同努力"[2]就显得非常重要了。

美国军方机构也在大学的社会科学系和大众传播系里资助了一些大众传播研究项目。例如美国海军科研办公室就通过它的人力资源部先后与明尼苏达、密歇根、南卡罗莱纳州大学、芝加哥大学等学校建立了合作研究关系。1948 年,John Hopkins 大学在美国军方的资助下建立了研究实施办公室(Operations Research Office)。1951 年,军方联络华盛顿大学成立了人力资源办公室(Human Resources Research Office)。这两个机构主要用于战时心理的研究,许多大众传播学者和专家在这两个机构中为美国军方人员培训战时心理。

如果用一句话来概括"传播学之父"施拉姆的一生,那么可以说是,借助二战和冷战期间为国效劳的契机,为把传播学塑造成一门具备合法性的行为科学而"奋斗不息"的一生。施拉姆 1930 年获得哈佛大学文学硕

①Clark Kerr, *The realities of the federal grant university*, Cambridge, Mass: Harvard University Press, 1963, p. 52.

②Timothy Glander, *Origins of mass communication research during the American cold war: educational effects and contemporary implications*, New Jersey: Lawrence Erlbaum Associates, 2000, p. 62.

士学位,接着又进入衣阿华大学攻读美国文学博士学位,他的博士论文是对朗费罗(Longfellow)的划时代诗篇《海华沙之歌》的分析。1935年到1942年,施拉姆是衣阿华大学英语系的一名助理教授,是著名的"衣阿华写作班"的指导教师。1942年,他还曾获得过欧·亨利小说奖,更值得一提的是,他曾受到其博士导师、衣阿华大学文学院院长诺曼福斯特(Norman Foerster)的"新人文主义"思想的重大影响。因此,从教育背景和早期经历来看,施拉姆是地地道道的人文学科出身。

但是,在以后的岁月中,特别是在参与了二战的战时服务之后,施拉姆很少提及或有意淡化自己的这种出身,相反,他反复强调他受到的社会科学的训练,一门心思地想要加入到在二战和冷战中显赫一时的行为科学(即社会科学)家的行列。毕竟,相比人文学科,社会科学凭借在二战中取得的巨大成就,地位得到大大的提升,成为与自然科学并驾齐驱的"硬科学"。在笔者看来,这是理解施拉姆的传播学理念形成与发展的一个重要背景。

施拉姆一生中涉猎的研究项目不计其数,例如电化教育(又称"教育技术")、发展传播(又称"现代化理论")、新闻理论(代表作为《报刊的四种理论》、《第三世界的新闻流通:亚洲的个案分析》等)、传播效果(代表作为《电视在儿童生活中的影响》以及鲜为人知的共产主义宣传(代表作为《红军占领一座城市——共产党占领汉城亲历记》)等等。这些不同的项目如同分散的碎片,很难拼合成一个完整的景观。他的门生、则反复强调他多才多艺、博学多闻,"在非常不同的领域中都很出色"[1]。但是细究起来,还是可以发现这些研究项目的内在连贯性,即它们几乎都属于政策研究的范畴。美国两次将施拉姆派到朝鲜测度美国心理战的效果,与这相关

---

①罗杰斯著,殷晓蓉译:《传播学史:一种传记式的方法》,上海译文出版社2001年12月版,第7页。

的一段历史被传播学者罗杰斯称为"国际传播",是"强烈的爱国主义情感"[①]的表现。

换一种角度理解,施拉姆取得的成就,固然与他超乎常人的天资分不开,但在很大程度上,正是得益于政策研究赋予这个新兴领域的合法性,而政策研究背后暗含的与政府的亲密关系,以及政府提供的大笔研究资金,则为大众传播学的发展提供了直接或间接的物质支持。换句话说,美国政府的在二战和冷战时期对传播研究的需要与经费上的资助是成就施拉姆个人和美国大众传播学发展的重要原因之一。

有史料披露[②],施拉姆曾与美国新闻署(USIA,战时美国新闻局在和平时期的延续机构)、自由欧洲电台(Radio Free Europe),冷战时期由美国国会出资建立)以及美国军方签过多项研究合同。1950年他的朝鲜之行正是美国空军对他的伊利诺伊大学传播研究所的资助之一部分。1954年,美国国家安全委员会聘请他去指导一个保密的研究项目。同年,他编辑出版了被誉为学科奠基之作的《大众传播的过程与效果》一书,但绝少有人知道,此书是由美国新闻署(USIA)资助出版的。[③] 1960年代初,美国海军将名为"作为威慑行动中一个限制性因素的公共舆论"的研究项目外包给他及他所在的斯坦福大学。[④] 他与美国中央情报局(CIA)的关系也早已是公开的秘密。[⑤] 与此形成鲜明对照的是,尽管传播学的应用社会科学性质决定了其与市场研究的天然联系,但施拉姆似乎一向不屑于染指其中,这大概是因为,在他看来市场研究无助于提高他作为社会科学

①罗杰斯著,殷晓蓉译:《传播学史:一种传记式的方法》,上海译文出版社2001年12月版,第494页。

②Helen Laville, Hugh Wilford: *The US Government, Citizen Groups And the Cold War: The State－private Network*, Routledge, 2006, p90.

③Mehdi Semati, *New Frontiers in International Communication Theory*, Bowman&Littlefield, 2004,p22.

④Ron Theodore Robin, *The Making of the Cold War Enemy: Culture and Politics in the Military－Intellectual Complex*, Princeton University Press Jan.2001,p76、51.

⑤Hugh Deane, *The Korean War*.1945－1953, China Books, 1999, p232.

家的威望。

综上所述,冷战对美国新闻与大众传播教育发展的影响可以归纳为以下几个方面:首先,冷战时期新闻与大众传播学术研究的环境并不是十分自由和宽松的,受到了一定的限制;其次,政府、国会及美国军方都给予了新闻与大众传播教育和学术研究许多的资助。这些资助一方面为新闻与传播院系的发展提供了机遇,培养了更多的人才,改善了办学和科研环境;另一方面也造成了这一时期各新闻与传播院系进行的科研项目大都与国家安全和冷战宣传有关,参与研究的人员绝大多数都是与美国当时的主流意识形态一致的结果。第三,为配合冷战形势,这一时期的研究成果大部分都集中在传播效果方面。

三、20 世纪六七十年代美国的新闻与大众传播教育

20 世纪 60 年代,除了严重的经费短缺问题之外,大学生在校园里进行的一系列抗议活动也是让大学管理者大伤脑筋的一件事。学生们试图通过抗议活动吸引人们关注教育问题——课堂的单调沉闷、课程内容的不实用、学校管理者的专断甚至还有对越战的痛恨情绪。美国众多著名大学校园里陆续都爆发了学生的抗议活动,如加利福尼亚大学伯克利分校、哥伦比亚大学、康奈尔大学、威斯康星大学、旧金山州立大学等等。这些激进派的大学生多数都是主修人文科学和社会科学的,当然其中也不乏新闻与大众传播专业的学生。学生们的抗议活动也在一定程度上促使教育界反思高等教育,修正高等教育中所存在的一些问题;从而推进了新闻与大众传播领域的课程改革,同时也促进了多项有关"动荡时期"的媒介传播效果研究。

20 世纪 60 年代前期新闻与大众传播教育领域得到的单笔最大的捐赠就是 1964 年传媒大王纽豪斯捐赠 200 万美元给雪城大学新闻学院。纽豪斯的捐赠是用于鼓励更多跨学科的大众传播研究,希望新闻教育能

够更重视基础性、哲学性内容和公共政策。① 雪城大学用这笔钱建立纽豪斯传播中心，并在拥有 1 亿美元的纽豪斯基金会资助下启动该中心。

60 年代后期，新闻与大众传播领域的师资结构也有新的变化。越来越多的非新闻与传播专业的教师进入了这一领域，包括心理学、社会学、人类学、经济学等专业。这些老师对新闻与大众传播领域开展交叉学科的研究起到了重要的推动作用。

20 世纪 70 年代，美国的新闻与大众传播教育开始扮演了一个新的角色，即辅助其他专业的人才培养；例如为准备成为律师或者经纪人的学生提供有关大众传播方面的课程。尽管这些课程不是为新闻和大众传播专业的学生所开设的，但是人们对大众传播作为一种知识和社会力量的作用和功能都有了深刻的认识。这种潮流也反映了不同专业的学生在拓宽他们的知识视野上所作的有益尝试。

有学者认为新闻教育在 20 世纪 70 年代如此火爆，是因为水门事件中记者的突出表现，从而引发了"Woodstein 效应"。学生们深受水门事件中调查性报道的吸引，从而激发了对新闻传播的兴趣。"揭丑"记者获得了很高的荣誉和地位，成为了时代的英雄。事实上，"Woodstein 效应"并不是新闻与大众传播专业成为 70 年代学生的热门专业的根本原因。一方面，二战以后，美国人口的出生率比战前大幅攀升，到了六七十年代这些战后出生的孩子普遍都到了进入大学学习的年龄，因此大学的入学率急剧上升。另一方面，六七十年代，美国经济发展从战后的鼎盛时期转为缓慢发展，这就导致了公众对高等教育的不信任感，人们倾向于那些学习专门技能的专业。再加上战后初期美国的高出生率导致了六七十年代就业市场的饱和状态，出现了劳动力过剩的局面。迫于就业的压力，不少人选择一些重视实践技能、就业面比较广的专业就读。这就形成了新闻、广告、公共关系专业的入学率急剧地上升。第三，美国国会通过了《1976

---

① http://newhouse.syr.edu/prospective/about/history.cfm.

年职业教育修正案》，强调高等教育的扩充和完善。该法案以立法的形式对美国高等教育特别是职业教育的教育规划、评估、统计等提出了许多要求，包括建立数据统计系统、国家教育统计中心、发展职业教育规划、开展职业教育评价与研究等，以确保高等教育与劳动力市场接轨。此外，六七十年代美国国内的种族主义、越南战争、水门事件等问题使公众对政府产生了信任危机。众多媒体以"第四种权力"的身份展开了对政府和当时政策的批判，这一点也吸引了很多青年学生选择学习新闻与传播专业。

第四节　20世纪八九十年代：新科技革命影响下的新闻与大众传播教育

一、20世纪80年代美国新闻与大众传播教育面临的困难

20世纪80年代以来，美国大学中的新闻与大众传播教育面临着许多问题和挑战。一方面是学生的入学率不断增加，一方面是资金的减少和学者学术热情的减弱；一方面既需要有业界丰富实践经验的教育者，另一方面又希望有科研能力较强的高学历师资；教育者和教学辅助人员以及管理者，在短期内又难以适应信息科技革命的冲击和新媒体所带来的爆炸式发展。

1984年，俄勒冈大学新闻学院发布了该学院历时两年调研得出的研究报告《新闻与大众传播的未来计划》。报告中认为80年代的新闻与大众传播教育是"阴云笼罩"[①]的。资金短缺、课程危机、对未来没有统一的规划等等问题都困扰着新闻与大众传播教育。这份报告围绕着两个基本

①James Andrew Lingwall：*Journalism and Mass Communication*：*at academic crossroads in American higher education*，University of Washington，June 2002，p. 46.

出发点建议进行课程改革,即保持原有技能性课程的最佳模式和有益于社会传播的新课程。这些新课程包括计算机辅助媒体策划、报业管理、电子传播政策、电子文本和新科技、广告的社会意义等等。俄勒冈报告中抽样调查的 16 个业界人士认为新闻与大众传播教育存在的问题有:教育界和业界的联系很少,过去那种以媒体分类的专门化课程结构限制了学生的视野,学校强调技能性课程不应该以牺牲人文教育为代价;他们提出了以下意见:新闻与大众传播院系应加强本科生的教育,与业界增加交流,树立更高的学术标准,与业界一起承担起从业人员继续教育的责任等等。

笔者认为,80 年代以来美国新闻与大众传播教育面临的挑战可以归纳为:本科教育需要加强、传播技术的融合以及传播媒介理论的纷繁混乱。

二、20 世纪 90 年代互联网对新闻与大众传播教学的影响

以网络为核心的新媒体打破了新闻媒介传统的职业分工和技能分工,对从业者的业务素质提出了更高、更全面的要求。今后的记者将集文字、摄影、摄像、录音等各种工作于一身。因而对他们的要求绝不仅仅是能够使用单一器材和手段,更重要的是要求具有打破线性的、单一的新闻传播模式,利用超文本、多媒体结构多层面、多形式地进行报道的意识和能力。而未来新闻工作者的这种意识和能力的培养在很大程度上要依赖于新闻与大众传播院系。

互联网的发展从多方面改变着新闻与大众传播教育。首先,教育者的工作方式发生了改变,例如网上课程的出现,利用电脑制作课件,在课堂上做现场展示,用电子邮件与学生、同事或者是媒介从业人员来交流等等。通过互联网,学生可以下载所需的各种教材、参考资料及各类工具书。同时,教师也可以随时了解到学生的学习进度和效果,许多课程教学中学生平时作业都通过网络提交,期末测验也采取网上测试。

第二,新媒体带来了教学内容的变化。新媒体是促进新闻与大众传播教育建构新的课程结构的催化剂,新科技发展逐渐融合在每一门课程中,这些课程普遍以跨媒体教育替代传统的以媒体分类划分的课程模式。例如新课程名称中常见"文本"和"影像"这样的词语,而不是印刷、广播等。另外,新课程往往以教授的内容来分类,"公共事务报道"或者"艰苦科学报道"等都是很普遍的课程。网络化、多媒体化及数字化的全新新闻信息传播环境,对新闻工作者提出了新要求。如他们必须掌握使用因特网、多媒体等新媒介的能力;能够借助因特网、多媒体进行采访;可以运用多媒体、超文本结构进行新闻写作、报道;具有比较强的判断、过滤的能力。这使教育界必然要在教学内容上作出较大调整,以及时跟上信息技术的发展变化,培养出能适应网络时代要求的从业人员。事实上许多新闻与大众传播院系也顺应形势,开设了与网络相关的课程,这种课程可分为宏观与微观两大类。一种是从宏观的角度研究以网络为代表的新媒体对信息传播、社会政治、经济进程的影响,多为侧重理论的跨学科研究,例如网络与大众传播等等。而微观方面的则更多涉及如何将新媒体及其相关技术利用于大众传播媒介,更像是传统意义上的新闻业务技能课,例如计算机辅助报道、在线新闻学、电脑图形制作等深受学生欢迎的课程。在众多的新闻院系一些传统的新闻业务课,如新闻写作也打破了过去印刷,广播和电视之间的分界,而称为媒介传播写作等等。

第三,新科技的发展促进了新闻与大众传播院系结构的变化。长期以来,新闻与传播院系多建在媒介产业比较发达的中心城市附近,以利于学生平时观察、参与新闻与传播实践。如今网络缩短了事物在空间和时间上的距离,偏远地区的人们同样可以及时地了解到新闻与传播事件的最新发展,这样就降低了新闻与大众传播专业在时空上的要求。斯坦福大学新闻系在1998年增设了第一个电子工程硕士;之后,众多大学都增设了新闻和大众传播专业或者是在已有的专业中增加了网络传播方向等等。

第四,新科技的发展也促使新闻与大众传播教育者和公众关系的改变。越来越多的教师趋向于网上讨论、网上提交作业、电子邮件交流甚至是即时聊天的教学方式。学生从被动的知识接受者变成了主动的参与者。网络时代新闻教育的教学目标,不再是向学生灌输既有的知识,而是应当教会学生如何通过网络获取自己需要的知识和信息:学会查找各类信息资源,能够检索各种数据库,会利用各项网络服务寻找新闻来源和背景材料,并随时随地可找到想要的所有知识。教师有责任在教会学生使用网络,培养他们掌握信息处理工具的方法和分析问题、解决问题的能力的同时,教会他们遵守网络的道德规范,使他们肩负起网络中的社会责任,学会对有关问题作出正确的道德选择和评判,并帮助其树立适用于网络传媒的新闻伦理道德观。如对于网上五花八门的信息资源,学生们应学会怎样对其真实性作出正确判断,并能有效、符合道德规范地使用这些资源。

第五,新科技的发展也对新闻与大众传播院系的管理者们提出了以下方面的新要求:寻求资金购买和维护使用新技术的教学设备,探索最合适的方式使新技术纳入到教学内容中,让教师在短期内掌握新技术并传授给学生。传播新科技的发展甚至给媒介教育者带来了登上大专院校学校领导岗位的契机。

三、变与不变

新科技、新媒体的发展推动美国的新闻与大众传播教育发生着巨大的变化,然而在这些变化的背后也隐藏着一些不变的东西,那就是学科的核心技能和学科的价值观。无论怎么发展,业界都需要具有强烈的批判思维能力、精通本专业业务技能、有着良好的文化、历史、法律修养并且对社会富有强烈的责任心的人才。

教育界和业界不断地表现出对学科的核心技能和学科的价值的一致

认可。在 1999 年全美广告学年会上,与会者一致认为读写能力是大学毕业生应该掌握的最重要的能力。甚至有些与会者认为"学生学习什么专业并不重要。重要的是读、写、思考能力的培养以及对工作的职业道德"①。

20 世纪 90 年代美国一些新闻与大众传播院系取消、缩减、改组、合并了专业和课程。比如:俄亥俄州立大学合并了新闻学和传播学教育的课程规划,实质上是减少了新闻学的课程;马里兰大学分阶段取消了它的广告课程,并且把公共关系课程从新闻学院抽出。1996 年进行的一项调查中,研究者从美国 3600 所有新闻与大众传播专业的教育机构中随机抽取了 647 个样本调查其所在机构的经费以及其带来的相关问题。结果如下:72.4%的院系缩减了财政预算,64%的院系扩大了班级规模,62.7%的机构鼓励教师员工提前退休,61.8%的缩减了教师编制,43.6%机构取消了一些院系,35.6%的机构增加了教学任务。如果还需要缩减专业的话,57.8%的被调查者选择那些与其院系的中心任务距离较远的专业;其中 31.6%选择了广告和公关,26.2%的选择了广播。② 为什么这些专业被认为是最有可能被取消的专业呢?这些专业和职业或者是与商业联系很紧密,缺乏学术追求;它们可以在社区大学、商业学校等等教授或者是工作中获得经验;它们对人文教育贡献很少,距离大学的学术传统比较远。

美国的新闻与大众传播教育经过了多年的发展,在 20 世纪 90 年代却因经费短缺而面临前所未有的挑战,有些院系因此被迫取消、缩减、改组和合并。新闻学与传播学的学科正当性,过去几年在美国大学校园中受到质疑,已从学科系所内部扩散到整个学术界。在精简大学系所的压

①Geimann, S. , *Task force on the professions in the new millennium*, AEJMC: *Journalism and mass communications education*: 2001 and beyond, 2000, p. 22.

②Fedler F, Carey. A. & Counts T , *Journalism's status in academia: A candidate for elimination*, *Journalism & Mass Communications Educator*, 53(2), 1998, p. 31.

力下,与传播相关的系所是几个经常被拿来开刀的机构之一。传播学系或研究所的学术性不足,是其主要原因。有调查显示[①],68%的教师认为他们在学术科研方面做的还不够。

美国许多州立大学为了吸引学生来学习新闻与大众传播学,争取更多的经费,常常打出掌握"职业技能"的牌子,但实际上这些"职业技能"多半只能满足低水平的工作需要。在巨大的就业压力下,新闻与大众传播院系不得不开设众多的职业训练课程,例如近年来最时髦的课程就是"传播科技"。可这些传播科技课程的内容却大多是教一些电脑软件的使用,如何制作网页或使用互联网。随着技术的发展,视听制作业的大众化非常明显,以前需要专业设备和人才才能制作的各种文字、图案和动画等,现在只要有一台普通的电脑就可以完成了,而且甚至可以通过自学掌握。这些课程常常是教授电脑软件使用,例如用 PowerPoint 制作幻灯片、用 Adobe Photoshop 做图像处理等。这些课程固然非常有用,但是未必要通过大学课程的手段学习,或者说未必要冠以"科技"这样名词的大帽子。同时教授这些课程的教师往往是自学成才,既无计算机专业训练,又无深厚传播理论基础,常常是边学边教。甚至好几个系都在开同样的课程(例如传播系、艺术系、音乐系都教同样的多媒体软件应用),只不过各自取一个与他们领域有关的名称罢了。新闻或者大众传播专业毕业的学生或许对计算机科技一知半解,但对传播问题的深入认识与独到见解应是别系学生所无法相比的。这种将传播知识理论融汇贯通后所发展出的分析能力,是经年累月的功夫,而不是速成班所能取代的。

如果新闻与大众传播教育长期这样下去,很有可能沦为短期职业训练班。毕业生若没有一套深入的传播观念,如何在新科技时代负起传播领导者的责任? 第二,如果新闻传播专业毕业生的在新闻传播领域的实务经验和其他专业的学生在相比并不占优势,那么将来他们如何能在竞

---

①Betty Medsger, *Wind of change: Challenges confronting journalism education*, Virginia: The Freedom Forum, 1996, p.7.

争日趋激烈的就业市场中找到工作？

新闻与大众传播专业的学生当然有必要吸取传播科技的知识,并且把这些知识作为达成传播目标的工具。至于应该在何时何处学习,可以根据学习的需要来决定。譬如说,容易上手的计算机软件可以让学生自己摸索或参加短期训练班,然后应用到新闻传播课程中。比较难的科技课程则应请专业人士来讲授,而不是找些略懂皮毛的人来边教边学。最重要的是在教学中人文素养不可偏废。传播科技不论发展到什么程度,最终还是由人来控制管理,毕业生除了要懂得表层的操作外,还必须对使用的科技有分析批判的能力,即对表层以外的问题懂得思考与判断。

四、新闻与大众传播教育中的公共关系和广告专业

新闻和公共关系一直保持着若即若离的关系。20 世纪 80 年代的时候,人们普遍对公关持一种否定的态度。通过一些研究人们可以看到:新闻记者在接受新闻与大众传播教育的过程中对公关接受的主要是一种否定。早在 1984 年,人们在弗罗里达的编辑中所做的一个调查发现[1]:很多新闻工作者对于公关工作是不屑一顾的,不屑的原因主要有三:第一,他们认为公关工作没有新闻价值;第二,他们认为公关工作缺乏一种本地的视野;第三,公关工作缺乏信息和时效性。迈阿密使者的都市编辑 Suzannelevinson 认为:要加强公关和新闻之间的关系,必须要对公关工作者做到以下三条[2]:(1)让他们接受新闻工作者的培训;(2)让他们熟悉新闻中的时效性;(3)让他们到新闻单位去实习一段时间。

其实,上述这些要求对于公关工作来说,是比较苛刻的。依照这种观

---

[1]Macy Guppy. Pooling resources, The pros and cons of PR in J school. *The Quill*, 88(7), Aug 2000, p. 16.

[2]Macy Guppy. Pooling resources, The pros and cons of PR in J school. *The Quill*, 88(7), Aug 2000, p. 17.

点,如果新闻和公关都有同样的要求和价值取向的话,那么公关的存在还有什么必要性呢? 事实上,从后来人们的一系列调查中也可以看到,这些要求并不是合理的。更多的人认为:公共关系的目的就是为公司取得更多的广告空间。公关是一种市场活动,它和新闻业务本身是有一段距离的。但是,公关又属于传播的一部分,严格来说,它属于一种组织传播。它是社会发展到一定阶段的必然产物。但很长一段时间以来,公共关系的地位一直得不到人们的肯定,它一直被认为是新闻学的"私生子"。直到 20 世纪 90 年代以后,公关的地位和意义才进一步体现出来。

从记者的角度来看,当前,已经有大多数的记者认为将新闻与公关和广告结合起来是比较合理的。来自 1997 年维吉尼亚联邦大学大众传播学院的一项调查证明①:媒介管理者和编辑们已经开始认为将新闻和公关广告联合起来是一项共生的事务,他们开始赞同新闻学院开设这种"劝服传播"的课程。这项对 500 多名编辑和记者的调查显示:新闻记者对于广告和公关等市场传播有一个更深入的理解是非常重要的。不过,调查还显示:印刷媒介比广播媒介更多地希望新闻学院能够关注新闻事业本身,而不是其他的跨学科领域;而且,虽然他们都能够支持新闻学院开设公关和广告方面的课程,他们仍然坚持传统的基础的新闻与大众传播教育技能的重要性。

不过,仍然有一些记者认为在新闻与公关之间存在着隐藏的冲突。新闻与公关和广告之间存在着很大的距离。新闻记者也可以做一些劝服工作,但是他们只能从他们自己的角度来劝服,但另一个方面,公关和广告工作人员代表的是他们的公司或组织来进行劝服,他们的动机是完全不一样的。

也许很多新闻与大众传播专业的学者和新闻传播业的业界人士都会在广告、公关和新闻合作的问题上持保留态度,不过事实上证明,有越来越多的业界人士和学者们开始认同新闻学与广告和公关之间的关系。并且他们可以证明:新闻与大众传播教育并不会因此而受影响,而且甚至还

---

① Macy Guppy. Pooling resources, The pros and cons of PR in J school. *The Quill*, 88(7), Aug 2000, p. 16.

会被促进和提高。

我们再来看一看学生和老师对于新闻与公关之间关系的看法。当前,越来越多的学生从新闻学、大众传播学专业毕业以后就到公共关系公司去工作。为什么这么多新闻传播学院的学生都转向公共关系?当前的社会环境鼓励了学生以经济利益为取向,所以他们都想去赚钱多的地方。很多学生借学"新闻学"当作敲门砖,而进入其他的领域。

此外,我们还必须注意:新的一代再也不像他们的父辈和祖辈一样,是传统媒体的忠实受众。许多新闻传播专业的学生兴趣广泛,他们愿意在毕业以后到企业和政府机构的公关部门去工作。

从教师的角度来看:很多教师似乎并不赞成将新闻和公关合并起来。他们普遍认为新闻和公关广告之间并没有学术上或机构上的必然的深层的联系。传统的新闻学教授的是新闻学的传统知识,而广告和公关是一种劝服性的传播。它们之间的学科原理和机制并不一样。不过,也有很多大学认为,基础的新闻学原理是应该学习的,但在当今的信息时代,不应该放弃对于公关和广告等商业知识的学习。从这一点上来说,新闻与大众传播教育者的工作还是很重要的。事实上,从目前的趋势来看,越来越多的学院开设了广告和公关的课程,而新闻传播学也接受了这个事实。尤其是在步入新世纪的时候,系统理论地学习公关和广告知识显得尤其重要。

不管怎样,在过去的三十年当中,很多新闻传播学院都已经明显地将他们的课程拓展到了新的领域——从国际公共关系到媒介管理和广告。虽然报纸和他们的基金会对于学校的主要支持的还是原有的一些新闻学方面的项目,但是一些学校还是将一些基金开始用于公共关系和广告。而且,这些学校已经开始重视公关和广告专业的教师的晋升问题,显示出了对于公关和广告问题的足够的重视。这代表了在新闻与大众传播教育职业化过程中学术性的一种新倾向。

基于对公关、广告领域的重视,近年来,美国新闻与大众传播院系纷纷开设了一个新的专业方向——策略传播,这个方向也是大众传播学研究的前沿地带,其研究领域包括了公关、广告、营销传播、品牌构建等多个具体学科领域;比较有代表性的院系有密苏里大学新闻学院、北卡罗来纳大学新闻学院等。

五、影响美国新闻与大众传播教育发展的其他因素

1.地方分权制的制约

"分权制衡"的原则贯穿于整个美国政治制度中。美国人逐步建立了一个多样的、全面的分权制衡网络,并通过这一网络来管理国家。这种制度有效地防止了极权政治的出现。美国的分权制不仅表现在行政、立法、司法的三权分立上,还表现在联邦政府与州等各级地方政府之间。联邦政府的权力主要集中在外交、军事等国家事务方面;而州政府及各级地方政府的权力则具体到负责本地的经济建设、文化教育、公共福利等。州政府的权力与联邦政府的权力一样都是由宪法赋予的,都受宪法保障。州和地方政府的权力不是来源于联邦政府,而是来自宪法,在这一点上,他们的地位是平等的,无论是联邦政府还是州政府都不能超越自己的权力范围。在涉及到地方事务上,联邦政府一般都不能靠行政命令去行事,而是"讨价还价"(bargain)。在美国,教育服务的计划与实施掌握在各个州的手中而不受联邦政府的控制。各州和地方政府可以根据本地的实际情况制定适合本地的教育政策;而事实上,联邦政府对各地的教育具体管理也非常少。地方经济状况的不同直接影响着各州对高等教育的投入。

每个州对教育的投入和管理的视野主要集中在本州的发展和规划,往往缺乏全国、全球的战略眼光。特别是对于新闻与大众传播教育这样的属于实际与理论交叉性比较强的学科,地方政府经常关心的就是其实用性,或者对其重视程度不够,投入不足。这样一来,新闻与传播院系尤其是那些小型的州立大学院系的发展形成了一个怪圈:一方面为了争取更多的经费来源和良好的发展环境,努力地向实务型模式发展;另一方面

却越来越远离学术研究中心,在大学里的地位愈加不稳固。

2.市场经济体制下的竞争

美国的大学之间存在着多种竞争。第一是生源竞争。大学有良好的生源才能赢得更多的经费和声誉,生源竞争是美国高校中最重要的和最基本的竞争。二是对政府办学经费和社会捐助的竞争。美国联邦政府、州、地方政府对高校都有一定程度的资助。然而,这种资助很大一部分是通过项目形式进行的,政府通过一定的科研项目引导大学为国家和公众的利益服务。要想获取这些项目和经费,需要高校具备一定的实力。社会捐款主要来自于校友、基金会、企业等等,虽然这些捐款通常不附加条件,但是大学要想取得捐款,需要在办学质量、学术研究和社会服务等多方面进行长期的积累,形成良好的社会形象。三是人才的竞争。要获得良好的教学质量,取得丰硕的科研成果,大学中必须有优秀的教师。长期面临经费危机的困境,为了获取更多的办学经费,新闻与大众传播院系间的竞争就更加激烈了。

第五节　新世纪美国的新闻与大众传播教育

自从新闻与大众传播教育登上美国高等教育舞台之后,教育者、业界、学生、管理者之间就新闻与大众传播教育在学术领域和社会上的角色和功能就争论不断:新闻业究竟是一种商业形式还是一种职业训练?教育者是应该作为学生在媒体就业的领路人还是一般的通识教育者?新闻与大众传播教育是以什么契合点融入学术领域?

进入21世纪,这些早已存在的老问题又以新的形式出现了,例如科技的日新月异的发展对新闻与大众传播教育、全球化进程的影响等等。21世纪,是机遇与挑战并存的时代。如果新闻与大众传播教育的院系不能培养出适合业界需要或者是赢得学界赏识的毕业生,那么这样的院系以及其所开设的专业就会越来越弱小甚至是退出高等教育的舞台。

一、美国新闻与大众传播教育发展的方向——以哥伦比亚大学新闻学院为例

关于美国新闻与大众传播教育发展方向的的争论,在前两年哥伦比亚大学新闻学院的院长选聘风波中可以说达到了高潮。历史悠久的哥伦比亚大学新闻学院,也是全美最好的新闻学院之一。它颁授全美最权威的新闻奖:普利策新闻奖、阿尔佛雷德·杜邦奖(广电)、国家杂志奖(杂志)、库尔特·霍克奖(国际新闻)、安东尼·卡斯图书奖、网络新闻奖等等,其一举一动颇受关注。

2002年新闻学院院长汤姆·古尔德斯特恩辞去了院长职务。在确定新院长人选的过程中,哥伦比亚大学新校长、原密歇根大学校长柏林格却中止了新闻学院新院长任命委员会的工作,原因在于"办成什么样的新闻学院问题未达成共识",并成立了一个特别工作组来寻求"共识",由此引发了席卷美国新闻教育界和实务界"当今世界需要什么样的新闻学院"的大讨论。这次讨论直到2003年9月新任院长勒曼正式上任后才渐趋平息。

哥伦比亚大学新闻学院提出这个问题并不是偶然的,许多新闻与大众传播学院的老师以及美国的其他新闻与大众传播院系都有同样的疑惑:一个优秀的现代新闻与大众传播院系究竟该建设成什么样子?传统的新闻学院如何跟上变革纷繁的时代?新闻行业的技术性教育是有价值的,但如何适应新的社会环境?面对这些问题,哥伦比亚大学新闻学院进行了自1935年以来最大的课程体系改革,如非全日制硕士生规模的扩大、学制的延长、多学科博士学位的开办等等。然而,如何进一步改革,新闻学院如何定位,这样的重大问题尚不明确,哥伦比亚大学组织了一场讨论来理清思路,消除分歧,达成共识,以明确新世纪新闻学院的使命和地位。

2002年9月探讨这一问题的特别工作组正式成立,小组共有35位成员,包括9位哥伦比亚大学新闻学院的教授、1位马里兰大学新闻学院的教授、1位学生代表、4位哥伦比亚大学法学院和历史学院的教授、还有包括美联社执行总裁和时代杂志执行总编在内的新闻界的顶级人士20人。组长即校长。经过数月的工作于2003年4月公布了一份报告。

报告认为:新闻行业的重要性在持续增长,然而它却渐渐被商业和其他利益所支配,应付这种现状的一个最好的方法是:让新闻业具有更坚定的标准和价值观,以便使新闻工作者有一种天生的抵抗力。大学在这一过程中应起到关键性作用,必须担负起更多的责任,通过更好的新闻教育课程体系、发展研究能力,去履行服务公众利益的责任。报告对新闻学院的教师提出了要求,认为:一个知名大学的新闻学院,应该总是与它的行业本身保持一定的距离,新闻学院的教师,应该像学校的其他教师一样,由行业的顶尖从业者组成。他们在教学和专业研究上,或是在他们所从事的本职工作中,都应当是拔尖的。新闻学院的教师应该引导人们关注热点问题,必须对新闻业和世界有自己独立的观点,应有反思的习惯。要善于把他们的研究成果推向学生、业界和社会大众。理想中的新闻学院应该使得大学的教学科研使命成为一个完整的整体。报告对人才培养目标也提出了明确的要求:(1)学生必须学会写作和报道的基本技巧和框架,包括写各种新闻及深度报道时分析和整合信息的技巧;(2)学生应该具备应付新形势的智力能力,必须学会怎样去像一个记者一样思考;(3)学生应该熟悉新闻行业的变动情况。谁是最杰出的? 他们有什么贡献? 新闻业现状与趋势怎样? 谁、哪里在引领着行业的发展?(4)学生了解和认同职业道德标准。

参与提升新闻专业地位的讨论的既有新闻界从业人员,也有知名新闻教育者。他们对哥伦比亚大学的举动或褒或贬,或反思或冷语,都表达了他们对当今美国新闻教育的见解。哥伦比亚大学新闻学院提出"现代新闻学院如何在两种课程体系之间寻找平衡"这个问题,很有必要。新闻学院拓展课程体系是至关重要的。新闻教育者不能只是帮助学生跨入新闻行业的门槛，更重要的是应该培养未来新闻行业的领导人。学生必须明白，只有把某日发生的重大事件放到历史、技术、文化和经济的大环境中去，他们才能把报道做好。要使新闻教育走入正轨，新闻学院必须面对经济、技术和社会的挑战。

美国《报业时代》杂志将哥伦比亚大学新闻学院的改革作为其2004年第9期的封面文章。文章认为，哥伦比亚大学的这次变革以及各新闻学院的声援，是美国的常春藤高校试图提升新闻教育地位的体现，他们想要使新闻教育如同法学教育和其他专业教育一样，更加专业化。变革究竟走向何方？变革后的课程体系怎么样？围绕这个问题出现了不少异议，因为在美国新闻业界和新闻教育界坚持传统及反对改革教学体系和课程的人士也不少，他们认为，新闻学院应该让学生从事新闻实务，应该鼓励学生发表作品。一些老教授和校友特别关注的是，那些坚持数十年的基础技能教育可能让位于《传播理论》这类他们觉得"不知所云"的课程。他们担心，如果那些未来的记者不受到技能训练，那么当突发性新闻出现时（比如在截稿时限前5分钟出现新闻线索），他们将如何应对？

为了消除这种担心，哥伦比亚大学新闻学院作出承诺：任何课程的改变，都不会侵害到新闻传统技能课程。他们保证哥伦比亚大学新闻学院的学生，将一如既往每学期花费很多时间在各个街区采访活生生的人和活生生的故事。学院助理院长、资深报人摩根也辩解道，这次改革是新闻教育自然演进的结果，是时代的要求。

另外，哥伦比亚大学这次关于招生、课程体系、财政支持、学院定位方面的改革，集中体现于学制的延长上。前任院长时期已经延长了学制，只是校长认为学生还需要更长的时间学习专业技能以外的内容和相关的基础知识，比如政治学、统计学、经济学、哲学、自然科学等等。因此，他们制订了一个学制2年（之前为10个月）的课程计划，于2005年开始实施。学生可以用更多的时间获得其他领域的专业知识和经验，比如科技、经济、环境、管理工程以及艺术。他们也可以专攻一些领域如城市社会学和国际事务等,并可以获得双学位。

改革后哥伦比亚大学新闻学院所有的课程重在加强学生对报道对象的理解。第一年学院让学生出去熟悉所要报道的领域,成为一个涉猎广泛的实习记者。第二年学院则主要提供智力训练,培养学生的思维方法。他认为,这些思维方法的培养虽然在步入新闻单位之初不一定能够用得上,但在未来会显现出重要作用。

调整中的哥伦比亚大学新闻学院已经开始实践新的教学理念。2003至2004学年有205位全日制研究生,其中来自美国、加拿大的学生有180人,平均年龄28岁;外国留学生25人,平均年龄30岁。另有96位非全日制学生。这些学生包括律师、演员、教师、报纸编辑,从其构成可以看出其改变传统"纯新闻"以加强多元化的倾向。

但这场改革是否真正找到了解决问题的关键,是否在传统与现代之间新闻教育观之间找到了平衡点?至少目前还看不到定论。如何顺应时代发展,使新闻教育能够适应现代社会的需要,这是全世界新闻教育界要共同应对的问题,各国都在因地制宜寻找着自己的答案。

二、新的发展计划

社会各方在规划新闻与大众传播教育方面做了很多努力。例如美国卡内基和奈特两大基金会在2005年联合5所著名高校启动了一项新闻教学计划。这项计划名为"卡内基—奈特未来新闻教育计划"。试点高校分别是哈佛大学、哥伦比亚大学、加州大学伯克利分院、南加州大学和西北大学。该计划头两年将由两家基金会共同出资410万美元。不过5家高校承诺,如果计划确有成效,将从第三年起提供经济支持。

计划主要包括3大部分内容。一是充实各校新闻学院的课程设置,试点范围是除哈佛以外的其他4所学校,将增加历史、政治、哲学、古典文学甚至科技等课程,力求使学生具备更为综合的知识、更深刻的思想和更开阔的视野。哥伦比亚大学计划从其他科系调配相关专家授课,加州大学伯克利分院则准备与法学、公共卫生、文学、社会科学、经济等专业联合授予学位。第二部分是被称为"21世纪新闻摇篮"的实习项目。从2006年起,每年暑假由5所学校联合挑选学生参加。由5校联合设立的"全国21世纪新闻协调员"负责与各主流媒体及新兴媒体负责人联络,安排学生实习,实习期为10周。实习期间,学生们需要实地采写重大题材新闻,并且探讨新闻怎样才能对年轻一代受众更具吸引力。第三部分是名为"卡内基—奈特行动组"的研究项目,主要是通过搜集传媒公司、新闻从业人员、政府及社会各界人士的反应,就新闻教学提出自己的意见和建议。"行动组"设在哈佛大学肯尼迪政府学院下属的新闻、政治和公共政策研究中心,由资深学者和新闻从业人士组成。此外,卡内基基金会还与美国广播公司合作设立了夏季新闻研修班,从加入计划的5所学校中各挑选两名学生,参加美国广播公司优秀记者主讲的培训,学习有关新闻职业道德、现场调查报道和数字化时代报道的知识。

三、美国的公共新闻运动与新闻与大众传播教育

从20世纪90年代开始,美国新闻界兴起了一场轰轰烈烈的公共新闻运动。这场运动一定程度上影响了21世纪初的美国新闻与大众传播教育、新闻传播理论与实践的发展轨迹。在公共新闻运动的影响下,新闻与大众传播教育重新审视其担负的促进公民民主权利和公共生活建构的责任。教育者在发展公共新闻运动的理论以及推动公共新闻运动的预期目标与新闻业的理想取得共识方面扮演着重要的角色。

公共新闻运动兴起的标志性事件主要有两个。第一件是1990年堪萨斯州《威奇托鹰报》(The Wichita Eagle)主编戴维斯·梅里特(Davis Merritt)认为该报以往的选举报道充斥着候选人的相互攻击和枯燥的民

意测验数字,没有触及到实质性的问题,当地选民的参选率非常低。为此他联合当地电视台 KAKE－TV 对选民所关心的问题进行了大量调查并组织了系列报道。同时该报还成立辅导班,对选民进行选举知识的教育,并鼓励他们参加投票。这些活动在当时取得了很大的反响。另一件引起轰动的事是佐治亚州哥伦布市《哥伦布记事问询报》(Columbus Ledger－Enquirer)主编杰克·斯威夫(Jack Swift)对当地的种族主义进行相关调查后,形成了一项改革现状的议案,他还利用报纸组织了一系列旨在促成该项议案通过的公共集会。但是他的做法引起了人们的争议,而他也在争议中自杀了,这件事在当时也受到了广泛的关注。之后,美国新闻界掀起了一股公共新闻运动的热潮。根据威斯康星大学的一项统计显示,截至 2002 年底,美国所有的 1500 家日报中,至少有 322 家,也就是五分之一以上,在 1994 年至 2001 年间,进行了类似的公共新闻报道方式的变革,几乎所有报刊相信这对当地社区产生了积极影响。① 值得关注的是,大部分地方报刊的公共新闻报道方式的变革都得到了一些基金会等非营利性的社会机构的资助,例如皮尤(Pew)、奈特(Knight)和凯特林(Kettering)等。

在各种机构的推动下,到 1997 年全美已相继开展了 400 多个公共新闻主题活动;截至 2003 年底,美国最大的大众传播历史藏书室威斯康辛历史馆(Wisconsin Historical Society)已收藏了全美将近 800 个公民新闻活动的档案,包括 1993 年开始的《夏洛特观察者报》)与 WSOC 电视台、两家电台合作"找回我们的社区:卡罗莱纳州犯罪问题的解决方案"、1993 年《西雅图时报》和当地两家公共广播电台合作开设的"前沿论坛"(Front Porch Forum),1994 年《塔拉哈西民主党人》与 WCTV6、佛罗里达农业机械大学(Florida A&M University)、佛罗里达州大学合作的"公众议程"(PublicAgenda),1994 年 3 月《波士顿环球报》(Boston Globe)

---

① 埃弗利特·E 丹尼斯,约翰·G 梅里尔著,王纬等译:《媒介论争:19 个重大问题的正反方辩论》,北京广播学院出版社 2004 年版,第 113 页。

和两家地方公共电台电视台 WBUR－FM，WBZ－TV 合作的"人民的声音"（the People's Voice）、威斯康星州"我们威斯康辛人民"（We the People，Wisconsin）以及 1996 年《夏洛特观察家》和其他北卡罗莱纳州媒体一起发起的"你的意见,你的选票"（Your Voice，Your Vote）等一批具有较大影响力的公共新闻活动。这些公共新闻的主题已经涉及到政治选举、教育、犯罪、经济、种族关系、犯罪、公民职责、管理等多个公共事务领域,在一定程度上推动了公众生活的复兴。

新闻传播研究者、新闻与大众传播从业人员、新闻与大众传播教育工作者联合行动,大众媒介、新闻与大众传播院系、社会团体和社会公众等多种力量共同投入了这场运动。奈特基金会继 1993 年资助"公共新闻"一百万美元之后,在 2003 年又新设了"巴顿奖"（the Batten Awards）来鼓励新闻改革。这个奖项强调要以新的理念和技术手段、新的传播模式来促进公共参与社会生活。这个基金会在马里兰大学新闻学院设立了一个支持公共新闻业的实验室。美国新闻与大众传播协会成立了专门的公共新闻兴趣小组,每年都会召开会议研究其成员感兴趣的问题。

纽约大学新闻学院教授罗森（Jay Rosen）是公共新闻的理论开创者之一,罗森教授在纽约大学讲授"媒介批评"、"新闻文化"、"新闻伦理"等课程。从 1990 年起,罗森教授开始领导"公共新闻"运动的开展。在奈特基金（Knight Foundation）的资助下,罗森教授从 1993 年到 1997 年间主持了一个"公共生活与新闻媒介研究"（the Project on Public Life andthe Press）,这项研究的目的是通过为美国记者举办研讨会进行专题讨论的方式,对这些记者的新闻经验进行案例研究,以推进"公共新闻"运动的发展。他的这项研究成果,在 1999 年集结成书,名为《新闻的目标》（What Are Journalism For）。

公共新闻实践的开展引发了广泛的学术关注,刺激了公共新闻的理论发展。除了皮尤公民新闻中心网站,美国新闻与大众传播教育协会开设的公共新闻兴趣小组（Civic Journalism Interest Group）、肯尼苏州大学(Kennesaw State University)的雷纳多·维特(Leonard Witt)教授主持的公共新闻网站(The Public Journalism Network)及美国其他新闻院系开设的公共新闻网页都是新闻界和学术界交流公共新闻实践经验、探讨公共新闻理论的重要平台。

公共新闻事业的发展也体现在公共新闻教育的推广上。公共新闻实践的开展使一些美国新闻院系的教师认为：仅仅讲授传统新闻已跟不上形势的发展。这种思想倾向导致公共新闻方面内容的讲授在新闻传播院系的迅速发展。[①] 许多新闻学院教师开始讲授公共新闻，并对公共新闻教学提出了建设性意见。[②] 一些基金会专门设立基金来鼓励公共新闻教育的开展，如安尼 E. 凯西(Annie E. Casey)基金会专门设立资金，奖励那些从事公共新闻教育的优秀教师。

"公共新闻"运动的兴起，促使了美国一批新闻与大众传播院系对人才的培养目标和课程设置进行了新的思考和尝试。有些新闻传播院系将"公共新闻"列入新闻业务课程的教学范畴，例如 2004 年春季，威尔克斯大学(Wilkes University)新闻系的《高级新闻写作：公共新闻》(Advanced News Writing Civic Journalism)课程就开设了一学期的公共新闻教学实验。选择这门课的学生在任课教师 Andrea Frantz 的带领下，对当地存在的公共问题进行了大规模的调查。他们先是邀请一些分管不同领域的政府官员为学生开设 50 分钟的讲座，谈自己对目前存在的各种问题的看法，据此发现一些线索和主题。然后要求每个学生针对其中的一个问题到居民中去深入调查，再采访有关专家，再到图书馆中查找资料，完成对问题的深度报道。这期间学生们组织了多次座谈会，探讨解决问题的方法，围绕这些问题进行了一系列的新闻专题摄影。最后，这个班的学生不

---

①Don H. Corrigan, *The Public Journalism Movement in America：Evangelists in the Newsroom*, Praeger publishers, 1999, p. 94.

②Haas& Tanni, Public journalism challenges to curriculum and instruction, *Journalism&Mass Communication Educator* 55(3), 2000, p. 27.

但每人写出了深度报道和拍摄了新闻照片,还集体合作完成了一本书《威尔克斯——巴里:2004 年的挑战与需求的速写》。书中涉及到的问题有艾滋病、贫困、犯罪、环境污染等。其中有些建议还受到了当地政府的重视,例如在市中心修建一个花园。Andrea Frantz 本人目前是美国新闻与大众传播教育协会公共新闻兴趣小组的主席。"公共新闻"的发展,还促使美国新闻院校更加重视新技术与新媒介的发展,并纷纷开设了相关课程,例如"计算机辅助新闻报道"、"新闻研究方法与深度报道"等专业课程。传统媒体报道业务的传授与新媒体技术的运用在美国新闻教学体系中逐渐得到了融合。

"公共新闻"运动的发展进一步拓展了新闻与大众传播理论的研究领域。比如议程设置理论的创建人之一麦库姆斯教授以"公共新闻"实践为基础,正在进一步拓展新闻传播理论的研究。他和 Davis Merritt 合写的最新著作《新闻学的两个 W——公共事件报道的为什么与是什么》,对受众理论、媒介的议程设置功能等都有新的阐述。他认为,"新闻从大众传播中区分出来,简而言之是因为它对国家和社区公共生活的健康发展负有责任,而伴随着媒介与大众传播企业的不断扩张,新闻与娱乐之间的界线已经变得模糊不清,这是一个值得讨论的问题"[1]。一些像麦库姆斯教授的教育者不但在新闻与大众传播教育和学术研究中起着带头人作用,同时对新闻传播实践的发展也起着前瞻性的引导作用。

第六节　本章小结

美国的新闻与大众传播教育起步比较早,发展也很迅速。美国的新闻与大众传播教育开始于 19 世纪后期,当时的新闻教育非常重视对学生

---

[1] Davis Merritt, Maxwell McCombs: *The Two W's of Journalism / The Why and What of Public Affairs Reporting*, New Jersey: Lawrence Erlbaum Associates, 2003, p. 56.

的技能训练,早期的新闻教育的典范是布莱尔在威斯康星大学创立的新闻学教育模式。二战期间美国的新闻与大众传播专业的教学与学术研究都与战争有着密切的联系。

战后美国新闻与大众传播教育进入了新的发展时期,可以划分为以下几个阶段:(1)战后初期的快速发展阶段,这一时期最显著的特点是大众传播在这一时期进入新闻教育领域。(2)20世纪50—70年代:新闻与大众传播教育进入螺旋式发展阶段;50年代冷战氛围影响着新闻与大众传播教育,60、70年代的美国国内的社会动荡也刺激了新闻与大众传播教育的发展。(3)80、90年代:科技的发展为美国新闻与大众传播教育带来了新的挑战和机遇。(4)21世纪美国新闻与大众传播教育的发展受到了多种因素的影响,例如公共新闻运动、科技日新月异的发展、全球化的进程等等。

第二章　美国新闻与大众传播教育的教学主体——教师与学生

第一节　"绿眼罩人"与"卡方人"之争

新闻与大众传播院系的教师水平的提升对培养更加优秀的新闻与大众传播业的从业人员、促进新闻与大众传播事业发展、提升新闻学与大众传播学的学科地位有着重要的意义。在美国新闻与大众传播教育发展的过程中，始终有以下几种力量在起作用，即社会需要、学术传统和学校本身的历史归属及培养目标。新闻学与大众传播学高等教育形成一定的规模，首先是社会需要使然。当然较为理想的状况是，以社会需要为前提，学校的培养宗旨和目标以及良好的学术传统三者形成一股正向的合力。然而在美国新闻与大众传播教育发展史中，我们看到的并非总是这样一幅理想的图景。教育者之间以及教育者与业界的不同理念冲突时常成为教育发展的阻力。

一、"绿卡"之争的源起与发展

"绿眼罩"指的是报纸编辑在工作戴的一种赛璐珞护目眼镜，以便于他们在强光下修改稿件。"绿眼罩人"（Green－Eyeshades）指的是在新闻院系中以培养未来的记者和编辑为方向的教师。那些传播学博士则被称为"卡方人"(Chi－Squares,统计学术语)。"绿眼罩人"和"卡方人"在新闻与大众传播教育应该培养什么样的人才方面产生了一种激烈的冲突;实际上,这种冲突也是有关人类传播的认识论的一场根本性讨论。"绿眼罩人"认为新闻与大众传播教育主要任务是培养学生在报道、写作和编辑以及其他有关传播技能方面的实践技能,而大众传播学教育与培养未来的记者与编辑没有很大的关系。"卡方人"一般都接受过系统的大众传播专业教育,具有很强的应用定量方法进行学术研究的能力,同样也对"绿眼罩人"的教学模式不理解。

"绿眼罩人"与"卡方人"争论的焦点包括:新闻与大众传播教育究竟是应该以新闻为主还是以传播为主,社会科学方法在新闻与大众传播研究中应该占有什么样的地位,博士学位究竟有多么重要,理解人类的传播和新闻实践的认识论基础到底是什么等等。

"绿眼罩人"是从新闻实务的本身来看新闻、研究新闻、新闻工作的原则和技能、大众媒介的特性和功能以及媒介组织的运作管理等等,这就决定了在教学与科研中必然重视操作层面的内容。当他们逐渐认识到新闻学本身作为社会科学的特性时,其教学和科研的范围也拓宽了,新闻价值力量、自由主义理论、社会责任理论、新闻法制等都被纳入了研究视野,新闻学在某种程度上也借助了其他社会科学的理论和方法研究新闻传播的现象和规律。受媒介发展的影响,报纸、杂志、广播、电视、网络等都成了"绿眼罩人"的研究对象,他们关注人、媒介、社会的互动关系与影响。这样看来,"绿眼罩人"的教学科研观念经历的是一种由下而上、由实际操作到理论研究、由职业教育到学术观念的发展的轨迹。

而"卡方人"的观念来源不同。"卡方人"从一开始涉及教学科研关注的就是理论研究问题、博士层次的教学以及吸纳社会学、心理学等学科的研究方法。他们所经历的是一种由上到下、理论研究到实际应用、由学术研究到教学的发展历程。

沃尔特·威廉斯是密苏里大学新闻学院1908年创建时的第一位院

长,被尊称为新闻学教育的创始人,他所建立的密苏里新闻学院最开始就是秉着为新闻工作培养更加职业化的新闻记者的目的而建立的,更加偏重职业教育。在哥伦比亚大学,新闻课程也主要是专业性的和职业性的。

西北大学新闻学院的 C. D. Macdougall 教授是这两个术语的发明人,他是新闻教育的更加职业化和专业化的一个强烈提倡者。Macdougall 教授本身就是拥有博士学位的学者和研究者,他认为,"绿眼罩人"注重培养学生在报道、写作和编辑方面的实践技能,并不只是要培养一名会讲述故事的新闻记者、报道者,而是培养学生这方面的特长来做社会的监督者。他提倡对新闻行业行为以及社会进行一种批判性分析,帮助民众和整个社会实现对自由意志、社会责任感、民众知情权、信用、监督权、社会正义与同情心等传统主流价值的追求。

Macdougall 教授指出,像传播学那样先假定结论然后再进行检验的研究方法并不适合于新闻学,新闻的批判性分析是要寻找事实,记者在进行调查之前没有任何先入为主的观点。Macdougall 认为①:他所教授的批判性报道课程是全世界独一无二的,包含了学术调查、有争议性的结论、以及载入档案的案例等,这些都是最重要的调查,也是那些使公民的知情权得到实现,从而获得大奖的调查。而"卡方人"的调查多是为取得更好的传播效果而进行的有目的性、有利益驱使的调查。

在"绿眼罩人"看来,新闻学是一个职业名称,一流的从业人员是后天形成的,而不是天生的,与其在新闻领域实践的年限有关。在实践中学会如何清晰地写作,在限时内出色地完成任务,以及在政府、私人文件一大堆模糊的文件中抽取有价值的线索,仅凭一个暑假在新闻单位的实习、在教室中听取专家的讲座或阅读学术性期刊的文章,以及在课堂上听"卡方人"高谈阔论他们现时恶补的东西,并不能让学生们学到真正有价值的知识。学生需要有丰富新闻实践经验的老师传授他们如何写作清晰而令

---

① Highton, J. : Green eyeshades vs. Chi—squares. *The Quill*, Feb 1967, p. 11.

人难忘的作品,如何培养一种"批判性的思维"。

"绿眼罩人"与"卡方人"之争在各个新闻与大众传播院系表现出不同的形式,随着大众传播学教育和研究在 40 年代后期的出现,一种强调学术研究和教师拥有博士学位的潮流也逐渐形成。一些有新闻从业经历但是没有博士学位的新闻与大众传播院系的教师感到了巨大的压力,很多人认为他们不像教授新兴传播学课程的教师那样受到重视。以威斯康星大学为例,"老爸"布莱尔逝世以后,由"绿眼罩人"G. 海德(Grant Hyde)担任新闻学院院长。1948 年,威斯康星大学的教职员工罢免了海德;1949 年,引入 R. O. 纳夫奇格(Ralph O. Nafziger)做院长。纳夫奇格于1932—1934 年曾在威斯康星大学选修了一门研究生统计学课程,这对他整个学术生涯都产生了巨大的影响。他本人也在明尼苏达大学以及后来在威斯康星大学开设博士生的方法论课,即《传播媒体分析》,这门课遵循定量研究的方法。他被任命为威斯康星大学新闻学院的院长也使"卡方人"在这个学院的教学研究中占据了主导地位。

在冲突的最初,"绿眼罩人"这边有一帮强有力的朋友和支持者,即报纸、广播等媒体所有者和出版商。这些人对新闻与大众传播教育有巨大的影响,特别是对公立大学的新闻与大众传播院系。因为他们长期以来资助这些院系,并且依靠这些院系来培养未来的从业人员。他们认为新兴的大众传播学教育不能为新闻与大众传播专业的学生和新闻与大众传播业带来什么实际利益。后来,这些媒体所有者和出版商们对"卡方人"的疑惑逐渐消除了,开始接受"卡方人"所倡导的民意测验和市场研究,而事实证明这些让他们获得了更多的经济利益。

"绿眼罩人"与"卡方人"的争论的形势转向有利于"卡方人"始于1955 年美国新闻学教育协会(AEJ,即 AEJMC 的前身)的年会。这次年会决定单独召开一次由"卡方人"确定议题的会议,在这次会议上卡方人掌握了话语权,占据了优势地位。20 世纪五六十年代,美国各新闻与大众传播院系不断地接受施拉姆培养的大众传播博士,而这些博士又培养了更多的新闻和大众传播专业的学生；"卡方人"在美国新闻与大众传播教育界逐步占据了有利的地位。

有关新闻与大众传播教育究竟是应该偏向学术还是实务的争论在20世纪60年代变得更加突出。1967年尼尔森在他在美国新闻学教育协会的就职演说中提到"近来最突出的问题就是传播学者与教授实用主义新闻学的教师之间的争论"[①]，他认为当时的新闻与大众传播教育呈现出了两种特征：要么重视实用技能，要么重视学术研究。同年，海廷也发表了一篇题为《绿眼罩人和卡方人》的文章；他在文章中提到当时的新闻院系出现了"爱好定量分析、数字表格、哲学术语等这些形式上的东西"[②]的倾向。

面对越来越有利于"卡方人"的形势，"绿眼罩人"采取了多种措施来维护自己的地位。例如，1976年，在美国报业出版人协会（ANPA）的总部召开的由教育界和新闻传播界联合的有关"高年级教学标准"的讨论会上"绿眼罩人"就占据了主动地位。这次会议提出了以下几项讨论议题：（1）新闻教育需要获得类似于医学院那样的独立性；（2）教师需要有与其教授课程相关领域的实践经验；（3）缩减传播类教师晋升的机会；（4）更新课程设置要求，确保人文背景课程的核心地位；（5）在本科生第三学年以前就开设写作技巧等实务类课程等等。这些议题大部分都是有利于"绿眼罩人"的。

"卡方人"和"绿眼罩人"的争论在20世纪八九十年代依然相当热烈。1982年美联社执行编辑协会（The Associated Press Managing Editors，APME）发表了题为《90年代的新闻教育面临的19个重大问题》。在这一报告中，教育者联合业界人士提出了90年代美国新闻与大众传播教育可能面临的19个重大问题，其中包括"新闻教育的课程比例如何协调、新闻与大众传播院系如何在学术界取得更加受尊敬的地位、本科教育和研

---

①Nelson，H. L. Some thoughts for the future of AEJ，*Journalism Quarterly*，44，1967，p. 745.

②Highton，J.，Green eyeshades vs. Chi—squares. *The Quill*，Feb 1967，p. 12.

究生教育的区别应该有多大等等"①；这些讨论反映了"绿眼罩人"和他们的媒体支持者对 90 年代新闻与大众传播教育发展的积极态度。1987 年由俄勒冈大学新闻学院发表的调查报告《新闻教育的未来》体现了"绿眼罩人"与"卡方人"在未来新闻与大众传播课程设置方面可能出现相互协调的趋势。俄勒冈报告提出了未来新闻与大众传播教育课程设置的一个参考模式，其中应该包括"基本概念和基本理论类课程、新闻与大众传播专业类课程以及与相关专业技能课程"②。1996 年，自由论坛发表了 Betty Medsger 主持的有关新闻与大众传播教育的调查报告《变革之风：新闻教育面临的挑战》，具体就新闻与大众传播教育中学术化与职业化的矛盾、博士学位的需求等"绿卡之争"的争论焦点进行了深入的讨论。

二、争论的热点问题

1. 有关教师是否具有博士学位的问题

首先，教师是否应该具有博士学位是关系到新闻与大众传播教育质量和内容的重要问题。这一争论从上世纪中期提出到现在，一直是新闻与大众传播教育界关注的热点。如果理性地分析这一问题，教育界既有实务型又有学术型的教师是最佳的师资构成模式。实务型的教师可以向学生传授实用的技能，而且也可以让学生从他们的实践经历中总结经验和教训，为业界直接培养未来的从业人员。与此同时，还有一些专业有着广泛或者特定的目标，也需要研究型的教师帮助学生获得专业的知识。这种类型的教师可能拥有传播学博士学位，也可能拥有历史、政治学、地

---

① Associated Press Managing Editors Association , 1990－Journalism education in the next decade: 19 big questions and a host of answers, *A report of the APME Journalism Education Commottee*, San Diego, CA: Author, 1982, p. 1.

② *Project on the Future of journalism education* , *Planning for curriculum change in journalism education*, Eugenge, OR: University of Oregon School of Journalism, 1987, p. 49－50.

理、健康科学等学科的博士学位。

早期新闻与大众传播学界在师资标准中并不看重博士学位,然而现在情况已经完全不同了:博士学位在师资标准中几乎占据了最重要的地位。新闻与传播院系普遍希望引进有博士学位而且可以开展学术研究的新教师,而对那种可以教授新闻技能类课程和大众传播入门类课程的教师不甚感兴趣。当前教师们努力获得博士学位的目的大多也不是为了增加自己的学识经历,而最直接目的就是为了更好地获得教职,更快地得到职称提升。对于那些没有博士学位、有长期的业界从业经历的教师来说,即使他们投身于学术研究,也很难被院系领导看好、被同行认可;而且他们往往承担了沉重的教学压力,也不可能有充足的精力投入到科研中。缺少时间做研究,再加上沉重的教学压力以及领导的陈见,使这部分教师在新闻与传播院系中获得永久性教职和提升职称的机会就大大少于那些有博士学位的同事。

教学与学术研究的矛盾是“绿眼罩人”和“卡方人”争论的另一个焦点问题。传统的教学理念在部分教师的头脑中根深蒂固;一些人认为新闻学就是实践性的学科,教授学生专业实践技能是主要的工作,从而就忽视了学术研究。缺乏学术研究造成新闻学在大学中的地位难以提升,不能融合到整个大学进行学术研究的氛围之中。同时,还有一些教师急于进行学术研究和培养研究型的学生,却忽略了本科阶段的教学。

笔者认为,美国的新闻与大众传播教育中教学和学术研究本来不应该存在矛盾。首先,新闻与大众传播院系的教师们一般都接受过高等教育,同时他们大多有实践工作的经历,往往积累了丰富的收集资料和分析各种复杂信息的能力,有较强的写作能力,应该说是进行学术研究的理想人选。其次,新闻与大众传播方面的学术研究是与特殊行业相关的,这些研究比较容易取得广泛的资助,政府机构、社会团体、企业等等都有可能成为学术研究的经费来源。再次,这些学术研究项目往往是和公众的生活息息相关的,学者进行这些研究也比较容易得到公众的认可和支持。

然而事实却并非如此。美国的教授终身制度在一定程度上造成了美国新闻大众传播教师在教学与科研上的矛盾。教师在担任助理教授后，如果六年内不能晋升为副教授，就极有可能终身都不能取得永久教职。为了保持现有的职称或者是晋升更高的职称，教师必须抽出一部分时间和精力从事学术研究。因为新闻与大众传播是与特殊行业相关的学科，教师尤其是那些多年从事实务工作再转到教学行列中来的教师，为了尽快取得终身教职，往往会急于进行学术研究，这样一来教学和科研的矛盾就更加突出了。从这个角度来看，教授终身制对新闻与大众传播教育的负面影响比对其他学科的影响更大。

2.关于新闻与大众传播教育的核心词语

有关新闻与大众传播教育的核心词语，对"绿眼罩人"来说，当然是新闻；而对"卡方人"来说，无疑是传播。

美国诸大学的新闻与大众传播教育始于 1900 年左右。在此之前，康奈尔大学在 1888 年首先开设写作课程，密苏里大学在 1908 年第一个设立了新闻系并开设了采访编辑等课程。新闻与大众传播教育最开始在美国建立的时候，"绿眼罩人"的职业教育型的理念是占统治地位的。后来，新闻传播作为一种社会现象、新闻学作为一门社会科学开始被人们所接受，"新闻学"被赋予新的含义演变为"新闻传播学"。但是随着传播学的发展，"新闻也是人类传播活动的一种"的观点逐渐流行，"新闻学"的概念被逐渐扩展至以报纸、广播、电视等新闻媒介的所有活动为研究对象，形成了广义上的新闻学概念，即"大众传播学"的概念。

新闻学最初被作为一种职业性的应用学科被看待时，"绿眼罩人"是从新闻本身看新闻，研究新闻、新闻工作的原则和技巧、新闻媒介的特性和功能及新闻媒介组织的运作管理等，这就决定了新闻学操作层面术理方面的内容。人们逐渐认识到新闻学本身作为一种社会科学的特性时，新闻理论主要涉及新闻价值理论、自由主义理论、社会责任理论、新闻法制理论等，新闻学在某种程度上也借助了其他社会科学的理论和方法研究新闻传播的现象和规律性。再后来,受媒介发展的影响,报纸、广播、电视、互联网络等新闻媒介从事的所有活动都成为了新闻学的研究对象,广义的新闻学的概念实际上也就是大众传播学的概念,它开始关注人、媒介与社会的互动关系与影响,即社会(包括政治制度、经济制度、文化价值观、社会结构等)和社会变迁对传媒的决定作用,以及传媒对社会、社会变迁的反作用,比如在什么程度上公众舆论会受到新闻媒介的影响,网络这一新媒体的出现和普及对社会发展的影响,和社会政治、经济、文化以及人们价值观念、生活方式改变的相互作用关系等。这时的理论涉及传播学和其他社会科学的相关理论,比如信息论、控制论、系统论等等。

但传播学的发展却经历了一个极为不同的过程。比起诸如社会学、心理学和政治学等其他社会科学来,传播学的主要范式——即施拉姆的传播学观——一般说来并没有导致新的大众传播系产生。施拉姆最初的大众传播学博士课程是设立在新闻学院中的,施拉姆将他的传播学观嫁接到新闻学院之中,因此就在很多方面限定了传播学领域后来将要成为的样式。传播学的新范式没有取代言语学和新闻学这些现存的学科体系,相反,它被增加、修正,然后被一分为二。现在在美国,许多大学既有言语传播学系,也有新闻和大众传播学院(或类似的名字)。传播学这样的发展模式的影响是多方面的:一方面,传播学科被分成大众传播与人际传播,或许还分成第三侧翼的信息科学,它们分别在不同的领域在被进行研究;另一方面,除了侧重研究的传播学博士课程之外,传播学还被应用于诸如新闻、广播、公共关系、广告、中学教育等等专门职业;这些职业领域立于传播学的学术领域之后,为传播学毕业生提供工作。为使它们的学生具有诸如此类的职业角色的准备,传播学教授必须教会他们的学生(特别是本科生)传播的实际技能:有效的公共言谈、新闻写作、电影创作、如何设计和预先测试广告信息等技能。在美国大学,传播学的应用范围特别吸引本科生,部分的原因就是由于他的毕业生能够找到工作。传播也是一个职业领域,只是范围更加广泛,大众媒体产业(广播、电视、音乐、出版和电影)立于传播学的学科领域背后,为它的毕业生提供工作,同时也为传播学教授和学院提供捐赠开展关于它自身的研究。

这样看来,新闻学本身是经历了一个自下而上、由职业教育观向学术观念发展的阶段。可是,为了在大学里生存并发展,传播学却经历了一个自上而下、由研究层面的博士教育发展出重在传授传播实践技能的本科生教育。由于后者具有更广阔的应用范围,就业形式良好,所以吸引了大量的本科生,美国的一些大学甚至把新闻学专业的学生一并规划到传播院系统一培养。

传播学本科教育的课程如此受到欢迎与普及,这似乎与施拉姆的想法是一致的。施拉姆思考早期的新闻学院可以发展出什么类型的专业学校的问题:首先,它将是一个"传播"的学院。然而事实并非如此。大部分新闻学院,一旦转向施拉姆的传播学观点,就将新闻学保留作为他们的主要名称,再加上"与大众传播学"的字眼,成为"新闻与大众传播学院"。如同这个名称所包含的那样,它们并不完全同意施拉姆的观点,因为他们并不想背离新闻与大众传播教育的初衷。

3. 关于社会科学在新闻与大众传播教育中的作用

关于社会科学在新闻与大众传播教育中的作用,取决于对新闻学的看法。如果像"绿眼罩人"那样,仅仅把新闻学看成职业性的学科,则社会科学在新闻与大众传播教育中当然是可有可无的。但是,如果把新闻学视为一种社会科学,则社会学科在新闻与大众传播教育占有极为重要的地位,可谓新闻学的基础所在。

美国的新闻与大众传播教育从一开始就注意到社会科学在新闻与大众传播教育中的作用,这似乎是贯彻普利策和埃利特校长的提议——即将社会科学的教育和新闻学教育结合起来——的最初尝试,以达到为学生提供广泛的背景和某些新闻学方面的技术培训的目的。

普利策"把新闻看成是文明世界中崛起的一股最为强大的力量","新闻事业的一条最难之处就是既要保持消息的生命力,又要使其受到精确和良心的约束,而不是随心所欲。""我的想法是把新闻事业提高到一个新的高度。""他需要的不是一所单纯的新闻学院,而是希望提高新闻工作者的思想、责任感和地位,使他们与教师和医生平起平坐,甚至在它们之上"。① 正是基于这些思想,普利策和哈佛大学的校长埃利特提出了一套新闻学院的全部课程,即强调社会科学和人文科学方面的课程,辅之以新闻技巧方面的课程。哈佛大学最终没有接受普利策的新闻学院,它 1912 年最终归于哥伦比亚大学,但当时在哥伦比亚主要提倡的是职业性的新闻与大众传播教育,所以普利策和埃利特设计的新闻学院反而是布莱尔在威斯康星大学的样本,并得到良好的实践与推广。

哥伦比亚大学新闻学院的 Betty Medsger 教授曾对在过去十年里获得新闻界最负盛名的两个奖项:普利策奖和广播电视新闻界的阿弗莱德 I. 杜邦－哥伦比亚大学奖(Alfred I. DuPont－Columbia)以及新闻界人士都向往的奖学金项目 :哈佛大学的纽曼记者奖学(the Nieman Fellowships)和斯坦福大学的奈特奖学金(the Knight Fellowships)的所有记者的背景做过调查,结果发现②:59%的获得普利策奖的报纸记者从来没有学过新闻学;75%的获得杜邦奖的广播电视记者从来没有学过新闻专业;58%的被授予纽曼记者奖学金的记者们从来没有学习过新闻学;51%的被授予斯坦福大学的奈特学人奖学金的记者们从来没有学习过新闻学。这些记者他们来源于公立的或私立的学院或综合性的大学,工作在规模不等、性质各异的媒体里,他们之间惟一的共同点是他们都从来没有学习过新闻学,却在新闻专业领域取得了非凡的成绩。他们中间过半数的人专业为文学或历史学,其余的均以人文科学或社会科学的某个领域为专业方向。

为什么这些从来没有学过新闻学的人会成为出色的新闻记者呢? 记

①Swanberg W. A.:《普利策传》,新华出版社 1989 年版,第 103 页和第 275 页。
②Betty Medsger: Getting journalism Education Out of the Way, http://journalism. nyu. edu/pubzone/debate/forum. 1. index. Html.

者们以各种形式,例如:新闻消息、调查报道、分析性的言论以及文化评论等,通过各种各样的公众媒介把各类信息和思想传递给受众。这些出色的记者拥有新闻记者的思考能力和学习能力,只是这些并不是来源于正规的新闻与大众传播教育,而是源于在实践领域有丰富经验的良师的指导,或是和记者的自身经历有关都不可而知。他们比一般的新闻记者多具备的是人文或社会科学的专业背景,这就使他们比一般的新闻记者更有能力去完成新闻记者的使命。

所以,这对于目前仍很注重传授报道、写作、编辑技能的新闻与大众传播教育来说,无疑是一种严重的质疑。新闻与大众传播教育中到底该如何安排社会科学这样的基础学科和采编技能这样的技能训练的比例关系?

三、"绿卡之争"的原因

新闻与大众传播学从创办之初就一直伴随着教师之间关于理论与实践之争的情况。大学的目的是培养公民的公民意识,传承文化和历史遗产以及对推动经济和物质生活向前发展的技能,解决人类和社会面对的问题。从这个意义上来说,新闻学、大众传播学都应当成为大学里占中心地位的学科。[①] 然而实际情况却不是这样的。那么,造成新闻与大众传播教育者内部争论不断,在高等教育中处于尴尬境地的原因究竟有哪些呢?

首先,新闻与大众传播学科是与特殊的专业相关联的。从创立之初,新闻学与大众传播学就缺乏深厚的学理传统,其理论大都是借鉴其他学科的,如社会学、心理学、政治学等等。早期的新闻与大众传播教育者普

---

① Wartella, E. : Strategies for the communication unit: How can we become central to the university and its mission? *Journal of the Association for Communication Administration*, May 1996, p. 150.

遍认为他们最重要的工作是培养未来的记者、编辑以及与传播相关工作的从业人员，而不是去建构完整的学科，进行学术研究。新闻与大众传播专业的最优秀的学生往往是到业界去工作，而其他专业最优秀的学生往往是成为研究型的学者。

其次，这样的局面与美国殖民地的传统有渊源。当欧洲各国移民于17世纪来到新大陆时，那里是一片荒原，土著的印第安人尚处于原始社会，和欧洲的发达社会相去很远。殖民地在争取独立的过程中，最重要的是努力提高自身的经济实力。只有自身强大了，才能够摆脱宗主国的控制。18世纪美国建国之后，美国大陆也只是东部13个州处于刚刚开发的阶段，而广大的阿帕拉契山以西仍未开垦；当时百事待举，年青一代不能埋头在大学里读书，只能面向实际建设。因此，从一开始，美国教育就与欧洲的学术传统相背离，重实用而轻学术，重技能而轻理论。这种传统反映在新闻与大众传播教育上就表现为对新闻实务课程的重视，注重学生实践性技能的培养。

实务为主的教育，其优点在于学生毕业后比较容易找到工作。缺点是大部分毕业生，所获取的工作属于地位较低且待遇也偏低的职位。由于缺乏具有思想性的理论课程熏陶，以实务课程为主的教育模式下培养出来的学生在创造力与批判思维力方面不如其他科系的学生，因此潜力不易在工作中适当地发挥，竞争力于是显得薄弱，升迁的速度也变得比较迟缓。以长远的眼光来衡量，过度依据实务的教育，对个人与社会都是一种得不偿失的投资。

再次，新闻与大众传播学科界定模糊。有的大学将大众传播和新闻整合在一起，有的则分开，还有的将大众传播和人际传播混在一起，还有的又放在英语系中。教师和研究人员也都相互隔离，非常分散。而且其课程设置和学术研究也没有充分地体现新闻与大众传播为社会公共利益服务的一面，往往过分强调技巧性的东西，很多课程也没有鲜明的特点，和社会学、心理学甚至是统计学等课程混杂在一起。

第二节　教育者与业界的争论——聋子的对话

美国新闻与大众传播教育者和业界也一直争论不断。业界质疑教育界为他们输送的人才的质量,教育界又抱怨业界过于急功近利。这场争论就像两个聋子吵架一样,争论了许多年,达成的一致认识却很少;双方都陈述自己的理由,但很少耐心听对方的意见。业界对新闻与大众传播院校培养出来的毕业生不满意;教育界认为新闻与大众传播领域如果只重视技能训练,难以在大学中占据一定的学术地位;而他们加强重学术研究以后,又不能获得业界的理解。业界认为新闻与大众传播院系教学内容涉及的太宽泛、太理论化,学者常常使用一些晦涩难懂的学术词语,这些学术研究与现实距离太远。

一、业界与教育界深厚的历史渊源

美国的新闻与大众传播教育界有着深厚的历史渊源。新闻与大众传播教育在美国大学中取得一席之地是业界与教育界人士共同努力的结果。许多著名的新闻与大众传播院系是由业界人士捐赠创办的,最初涉及这个领域的教师很多也是业界人士,而且现在仍有很多业界人士受聘教育界担任兼职教师,学界的众多科研项目也是由业界资助的,业界还在各新闻院系设置了多种奖学金等等。

1892 年,著名的报人、《纽约世界报》的拥有者普利策表示愿意在哥伦比亚大学捐助一所新闻学院,时任哥大校长的巴特勒以及校董会成员经过慎重考虑后,谢绝了普利策的好意。因为在当时,记者工作在社会上并不是一种受人尊敬的职业,他们认为新闻学还不能成为一门学科,还达不到在大学里登堂入室的资格。然而,遭到拒绝的普利策并没有气馁,他继续为新闻专业能够进入大学的殿堂而努力。1903 年,普利策让他的私人秘书霍默斯写了一本题为《记者的培养:为什么需要专业学校?》的小册子;又委托他把这本小册子分别交给哈佛大学校长艾略特和哥伦比亚大学校长巴特勒,以征询他们对册子中观点的意见,而且向他们透露有人愿意提供大笔捐赠设立一所新闻学院。因为书中有理有据的观点让人信服,两位校长都表示了极大的兴趣。因为哥伦比亚大学比哈佛大学更早作出回应,普利策的愿望最终在哥伦比亚大学实现了。普利策向哥大捐赠了 200 万美元,去除通货膨胀因素,这笔钱大概相当于现在的 2.5 亿美元。普利策的这一举动留给新闻与大众传播教育的不仅仅是一座新闻学院,更是为新闻专业在大学里登堂入室争取了合法性,使这一专业得到了学界的普遍认可。

在《芝加哥论坛》的发行人约瑟夫·麦迪尔资助下西北大学于 1921 年创办了新闻学院,并以其名字命名为麦迪尔新闻学院。1924 年,《明尼阿波利斯论坛报》的所有人威廉·墨菲也捐资在明尼苏达大学成立了新闻学院。新泽西新闻协会牵头在罗德州建立了第一个新闻系。南方报业出版协会资助华盛顿—李大学建立新闻学专业。

《密沃基报》(Milwaukee Journal)的创办人卢修斯·尼曼的遗孀阿格尼丝·尼曼 在 1937 年向哈佛大学捐赠 100 万美元,用于在职记者编辑的职业教育。从 1938 年起,尼曼基金会每年选出数名记者编辑,由他们所在的媒体批准假期,由基金会资助在哈佛学习一年。60 年代,雪城大学大学得到传媒大王纽豪斯 200 万美元的捐赠建立了纽豪斯传播中心,用于鼓励更多跨学科的大众传播研究和新闻与大众传播研究生教育。

二、教育界和业界争论的主要问题

历年来有关媒介教育者和媒介从业人员争论的主要研究如下:(1)1970 年 Jones 就宾西法尼亚州 104 家日报和 7 家有权颁发新闻学和传播

学学位的教育机构进行的调查。(2)1980 年 Mills、Harvey 和 Warmick 对 666 家日报和周报做问卷调查,其中回收有效问卷 277 份。新闻从业人员普遍希望新闻学和传播学专业的学生能够广泛地参加必要的实习,注重语法和拼写练习,拓宽新闻领域的训练。(3)1989 年由 AEJMC 组织进行的研究报告《新闻与大众传播教育的未来任务——广告教育篇》(The advertising task force of the Task Force on the Future of Journalism & Mass Communication)访谈了广告教育机构和当地广告联合会的 420 位负责人,采集到 402 份有效样本。调查发现广告教育中,业界从业人员和教育者只有一小部分观点一致:例如他们普遍认为广告概论、市场研究、英文写作等课程对广告专业的学生来说最为重要,其次是心理学、新闻写作和经济学等。

业界对于新闻与大众传播教育总是不会完全满意的。一方面他们宣称倾向于有广泛人文科学基础的学生,另一方面也需要实践技能熟练的学生。如果是毕业生的专业业务熟练,业界倾向于有广博知识面的学生;如果是毕业生有广博的知识面,用人单位往往又希望他们有熟练的业务经验以便于更快地上手。一般是大型的媒体倾向于员工具备广博的人文社会科学知识,而小型媒体则希望新手有足够的业务技能,以尽快上手。

教育者为改变这种局面也做了很多方面的努力。首先新闻与大众传播院系教授更多的基本技能课程,以确保新闻与大众传播专业的毕业生比其他人文学科的学生在实际工作中上手更快。同时重视开设融合人文科学的课程,保证学生能够打好人文科学基础。这样导致许多人形成了新闻与传播专业的学生甚至比人文学科的学生更应该学习人文科学的课程的认识。此外,新闻与大众传播专业也积极地通过各种手段吸引更多优秀的生源和师资力量。当然,在加强与业界的联系和交流的同时,教育者也不能丧失自己独立的身份,为改变毕业生没有报酬的实习和低薪酬的情况做积极的努力。

过去的几十年里,美国大学生的入学率不断增加,越来越多的人进入大学学习。一部分资质一般的学生不敢选择那些高深的理工科专业,又害怕那些有深厚的学术研究传统的学科如哲学、历史等等;就转向他们认为比较实用的职业领域。这些领域相对于那些强调严格的学术思维的传统学科更加强调技能和技巧的学习,学习这些专业可以为学生们奠定以后开展职业生涯的基础,这样很多学生也就达到了他们选择大学教育的目的。美国众多的新闻与大众传播院系里就吸纳了很多抱着这样目的学习的学生。

三、教师构成比例

1947 年哈钦斯委员会在《一个自由而负责的新闻界》中提出新闻界要承担起实施民主的责任,其中具体归纳了民主社会对媒介的五项理想化的要求:(1)一种就当日事件在赋予其意义的情境中的真实、全面和智慧的报道;(2)一个交流评论和批评的论坛;(3)一种供社会各群体互相传递意见和态度的工具;(4)一种呈现与阐明社会目标与价值观的方法;(5)充分接触当日的信息。① 媒介要达到这种理想状态必须具有的一个重要因素就是多样化。实际上,在这五项要求中的第一和第三项也包含了媒介多样化的含义。媒介的多样化既包含了媒介内容的多样,也包含了媒介从业人员的多样。1968 年美国国家内乱问题咨询委员会呼吁新闻界实施真正的融合,无论是从新闻内容上还是人员上,特别要重视吸纳少数族裔的从业人员。从 1973 年开始,Lee B. Becker 教授在他主持的新闻与大众传播院系入学率年度统计中增加少数族裔入学率的统计项目,从此确立了学生入学人数分专业、性别、种族等统计的传统;这项调查从 1968 年开始一直延续到现在,每年的调查报告发表在《新闻与大众传播教育者》杂志上。

---

①Commission on Freedom of the Press, *A Free and Responsible Press*, Chicago: The University of Chicago Press, 1947, p. 21.

一方面是社会各方大声呼吁新闻与传播业界构成要多样化，另一方面业界从业人员的实际构成情况变化很微弱。1978年美国报纸编辑协会（ASNE）的年度调查显示，当时少数族裔在平面媒体从业人员中仅仅占总数的4%；到1984年美国报纸编辑协会的年度调查显示少数族裔在平面媒体从业人员中占总数的5.75%。1984年美国广播电视管理者协会（RTNDA）调查报告显示少数族裔占广播媒体从业人员的9%，在电视媒体从业人员中占总数的15%。[1] 事实上，少数族裔的从业人员增加的幅度并不显著。

作为从业人员的培养机构的新闻与大众传播院系对待这种情况采取什么样的态度呢？新闻与大众传播教育界对从业人员多样化构成问题长期采取不表态的做法，直到1984年才表现出了比较明确的态度，标志就是美国新闻与大众传播教育认证委员会（ACEJMC）公布了新闻与大众传播教育机构进行认证的12项标准，其中有专门针对学生构成多样化的标准。这一标准明确提出要努力提高学生中的少数族裔人数和教师中少数族裔与女性人数。那么，在过去的二十年中，一些职业组织和社会团体，包括自由论坛、波特教育机构、皮尤基金会、福特基金会、美国报纸编辑协会、美国广播电视管理者协会等等通过开展学术研讨会、组织社会调查、出版相关研究报告等多种形式关注多样化构成的问题。然而在新闻与大众传播教育认证委员会有关多样化的标准颁布17年后，教育界的实际变化依然很小。2001年美国新闻与大众传播教育协会的调查结果显示，总数为3079名新闻与大众传播教师中仅仅有225位少数族裔，占总人数的7%。

当然，多样化不能仅仅停留在口头强调，教育界应当注重以下几方面的工作：为学生提供有关少数族裔在民族和国家发展过程中的发挥积极作用的历史类课程，在技能性课程中增设帮助跨文化交流的技能，同时在新闻与传播院系认证过程中将有关多样化的标准落到实处。

---

①数据见 Vernon Stone, Survey shows little changes for minorities or women, *RTNDA Communicator*, *June*, 1984, p.36.

四、从业者受教育的情况

从 20 世纪 70 年代起,美国学者开始进行比较规范的记者情况的调查报告。由学者韦弗和威尔霍特主持,大约每十年做一次调查,至今已经做了四次调查。这四次调查基本上可以涵盖三十多年来美国新闻业界从业人员的大致发展情况。此外,美国报业主编协会的调查、美国国内报业协会的年度报告等也从不同角度描绘了美国新闻从业人员的情况。

通过这四次调查学者们发现了一个非常有趣的现象:美国新闻传播界,从日报到周报,从广播到电视,再到杂志和通讯社,其从业人员的中坚力量多出生于二战后到 50 年代初的人口出生高峰。70 年代的时候是 25—34 岁的记者数量最多,80 年代则集中在 35—44 岁,90 年代还是以这一群体为主,这时他们已经是 45—54 岁。

1971 年,美国记者有 69500 人,其中 58.2% 的是大学毕业,其中的 34% 的属于新闻专业的毕业生。在 1982 年的调查中,当时美国的记者 112072 人中 75% 是大学毕业,其中 39.8% 是新闻专业背景的。到 1992 年,美国 122015 记者中 82.1% 是大学毕业,其中 39.4% 是新闻专业的。21 年间,美国新闻传播从业人员的受教育水平明显提高,拥有大学学历的记者从 58.2% 跃升到 82.1%。

纵观三十年来的四次美国新闻从业人员调查可知,新一代新闻从业人员入行的学位门槛一直在提高,获得学士学位及以上的从业人员比例呈递升趋势。目前美国新闻从业人员有 89.3% 获得过至少一个学位,这个比例高于 70 年代(58.2%),80 年代(73.7%)和 90 年代(82.1%),也远远高于目前美国全民拥有学位人口的比例(25.6%),高于美国劳动力中拥有学位者的比例(30.4%)。目前要进入美国传统的主流媒体工作,最起码的学历要求是受过 4 年本科教育。

美国拥有世界最发达的新闻教育体系,所以新闻工作者中有相当部分毕业于新闻专业,不过近年来其比例略有下降。目前近90%的有学位的美国新闻工作者中,近一半是学新闻或传播专业的。这也显示了美国新闻教育向传播学教育扩展的趋向和特点。新闻与传播学专业的毕业生,主要分布在日报(43.2%)、通讯社(36.2%)、周报(32%)、电视(30.6%)、广播(22.4%)和新闻类杂志(19.4%)中。

有调查显示,超过三分之二的新闻从业人员在入行后接受过额外的培训,并且有四分之三以上的人员表示他们有意接受进一步的新闻培训。2002年1—3月,美国报纸主编协会在2000位执行总编和新闻从业员中组织过一项调查,名为"编辑部的培训:投资在哪里?"这项覆盖范围最广、规模最大的一次单项调查显示,美国记者抱怨最多的不是收入少,而是缺少培训。

五、新闻传播业与社会

新闻传播业与社会的关系可以从以下两个层面来观察:即实践层面、文化层面。其中实践层面可以分别从业务技能、经济和科技发展来解读。

1.实践层面

从实践意义上来看,这是指将新闻传播作为一种业务来看待,强调的是从业人员应该具有的素养和各项基本技能及其与各种媒体、与社会各界的关系。随着传播实践的不断发展,从以往的印刷媒体,电子媒体逐渐过渡到了目前的网络媒体,导致了新闻传播领域中一系列新概念的产生和许多新的新闻观念的产生。从业人员在这个过程中不断地接触新的媒体,学习新的技能,应对不断变化的新环境。新的技能和新的知识是记者们要掌握的关键。在这个层面上,新闻传播业关注的是从业人员如何适应最新的媒体,适应新的媒介环境,处理好各种关系。业界的需要也促使新闻传播教育界去思考这些新的课题,探讨新闻传播教育的新模式以培养合格的从业人员。

从增强公民的职责和民主权利的意义上来看,这一点符合更为普遍的一般的关于新闻传播的涵义。在这个层面上,人们关注的不是新闻传播的具体形式,而是它的内容。新闻传播是否能够反映公众的意愿,能否起到监督政治权力的功能,是否能够履行民主化的职责,是否能够履行社会责任,是这个层面上的新闻传播所关注的问题。

从一个更为宽泛的层面上来探讨新闻传播,就应该置于不同的时代、不同的社会背景当中,考察不同的文化、不同的社会环境提出的不同要求。研究新闻传播必须考虑文化的多元主义的因素。在多元文化社会中报道是否有相同的传播议程,不同的新闻传播体制和不同的社会背景之间有什么联系,能产生一些什么效应等等,都是我们应该研究的问题。

如果新闻传播教育主要传授的是业务层面的知识,就变成了一种狭义的职业技能的培训。但如果我们将新闻传播业放到广阔的社会背景中,就可以看到新闻传播实际上是和社会各层面都有着广泛的联系。因此,新闻传播教育要承担的任务其实是非常重要的:首先,它要多层面、多角度地反映新闻传播业与社会各方面的关系,反映多元化社会中的各种现象;其次,要反映在各种不同的社会形态下,新闻传播业怎样促进社会民主,怎样服务公众,怎样维护社会正义和履行社会责任等。新闻传播业的公共服务使命应当也必须成为新闻传播教育的一部分,成为提升新闻传播学术地位的关键因素之一。再次,新时期的新闻传播教育也要反映新闻在不同的技术与文化背景中怎样推动社会进步等问题。随着社会的更加多元化,随着现代科学技术的诞生,这些不同的层面在今后的新闻传播教育中可能会更加深刻地反映出来。

大众传播媒介的运作不但遵循传播市场经济的理论和规律,而且也积极投身到市场经济之中。媒介对经济发展起着积极的促进作用表现在:收集、加工、制作与传播信息,引导社会生产和大众消费;媒介的舆论监督可以有效监督社会经济秩序,对不公正、不公平的现象进行有效抨击;对广告信息的有效传播促进了市场经济的发展,也满足了顾客需求;

而大众传媒作为一种信息产业,其本身就是国民经济中不可或缺的组成部分,为公众提供大批就业机会,推动生产力的发展。

因此,新闻与大众传播教育的课程设置也应该关注经济领域。当新闻传播从"职业"发展成为一种"产业"的时候,在这种情况下,新闻教育传播教育一定会发生这样的改变:首先,关注更多的媒介经营管理的内容,开设一些媒介经营管理、媒介经济学、市场营销、广告以及人力资源管理等方面的课程和研究。其次,新闻与大众传播教育界要和业界保持紧密的联系,随时关注业界的发展动态。新闻传播教育和业界需要一种"互动",这就需要新闻与大众传播专业的学生要和优秀的业界人士多接触,提高自己未来的职业素质;与此同时,业界人士也需要时刻关注新闻教育,帮助教育机构提高教学质量,促进研究者开展相关研究;也要求优秀的管理者来管理传播事业,使得业界机构能够比较高速有效地运行。业界与学界可以采用多种措施实施互动,例如:让学生到一些媒体之类的业界机构去实习,或邀请著名的业界人士到学校来和学生交流,聘请一些成功的业界人士做院系的兼职或者专职教师,开展学界和业界共同参与的科研活动等等。当然,这种互动交流应该是适当的,学界应该总是与业界密切联系但是保持一定的距离。新闻传播教育者应该要能够引导学生成为优秀的从业人员,但同时也要保持一种清醒的头脑和独立的眼光,也要能及时地看到业界的存在的不足和需要解决的问题。

再次,新闻传播教育培养的人才要避免单一的模式,使所培养出的人才能够适应不断发展的各种市场的需要。从未来新闻教育的师资结构来看,教师不仅仅是传授给学生知识,还要善于营造一种氛围,给学生提供一种学习的环境。这就是怎样能够"成为一个优秀的传播者"的能力。不同的新闻传播教育模式也受到媒介竞争机制的影响开始面临了前所未有的激烈的竞争。为适应这种竞争,各学校都应该力图打造自己的优势,培养自己的特色,找到最适合自己的新闻教育之路。

2.文化层面

"文化"的定义已经有众多学者剖析过,文化的定义有广义和狭义之分。广义的文化概念是指人类社会历史时间过程中，所创造的物质财富和精神财富的总和；狭义的概念是指"社会的意识型态、以及与之相适应的制度和组织机。在文化这个层面上，新闻教育面临着两方面的挑战：大众文化与多元文化主义。

纵观文化的历史发展，它经历了一个从精英文化到大众文化的发展过程。19世纪末期的工业革命导致了社会大分工，社会成了由一个个独立的个体构成，而这些个体间并无多大联系。大众社会的出现是大众文化产生的根源。伴随着后工业的发展，技术的进步以及社会的进一步变革，文化已经越来越趋向于"大众化"的趋势。大众文化摒弃严肃文化和精英文化，力图构造出一种能够适应大多数人需求的通俗的文化方式。这种文化背景也导致了新闻教育的革新。

大众文化主要将新闻当作一种"娱乐信息"，虽然许多职业新闻记者和新闻教育者们都并不喜欢这一类节目，但是通过一个在网上的对所有新闻记者和教育工作者们的调查，他们认为这一类节目的存在已经成为了现实。有学者认为，娱乐信息类的新闻并不是一种不好的新闻，因为新闻的形式是可以多种多样的，许多人没有写严肃新闻的能力，但是有报道这种娱乐新闻的能力。[1] 许多人认为，新闻当中的这种娱乐的功能将要越来越代替以前的监控或者是雷达功能，而成为一个非常重要的功能。也许新闻教育的趋势也要开始慢慢转向教授这种娱乐性的、不严肃的、颠覆的新闻。不过，这种娱乐新闻能否成为一种主流新闻，仍有许多人对此抱有疑义。

娱乐信息已经成为了当今新闻中的一种事实。如果新闻教育者们忽视它的社会影响和特征就是忽视它在社会生活中存在的意义和价值。那么，在新闻教育中，就存在着一个怎样来教这些娱乐新闻的问题。关于怎样来教授这种娱乐信息，有学者给出建议，我们必须至少要将它从三个层

---

[1]Stein. ML：Revamping journalism education，*Editor & Publisher*，New York：Aug28，126(35)，1993，p. 12.

面上来考虑:技能(Skill)、风格(Style)和基因(Gene)。[①] 技能指的是一个人有快速编辑、敏锐地发现新闻,以及随机应变的采访能力,这关系到他是否能够迅速地发现某条新闻并加以采访;风格主要指的是一个人的个人兴趣,人格,报道中的亲切感和及时性,这关系到他如何去报道这条新闻,这条新闻将以何种面目来面对观众。最后,基因指的是一个人要有能够欣赏错综复杂、变化多样的娱乐信息节目的天赋。例如欣赏脱口秀,早餐新闻,流言蜚语的杂志等等节目的能力。能够欣赏新闻,他才能够了解到受众的品位和需求,才能够预见这则新闻会不会引起受众的青睐。

这些对于新世纪中的新闻教育工作者无疑是提出了新的要求。在新闻节目由传统的主流的严肃新闻转向娱乐新闻的时候,新闻工作者也应该在自己的领域内做一些调整,来适应这些转变。而这种改变并不是表面的仅仅对于严肃新闻向娱乐新闻的转变,而是一种深层的对于大众的文化的认可。

文化的另外一个发展趋势是"多元文化主义"的诞生。随着传播的全球化,政治和新闻传播已经从原有的本国的话题转向了既有当地的话题又有取代原有的政治概念和国家话题的国际话题。新闻传播业现在已经面向了一个多元文化的社会,少数民族和种族将要被重新定义。种族、语言、伦理背景,宗教等等因素都可以在这个社会上造成影响。因此,有关于少数民族的议题,种族、性别、经济地位等等角度在目前来看都是至关重要的。但人们仍然考虑白人、男性和经济地位高的人影响社会时,这些问题就成为了非常重要的问题。

因此,新闻与大众传播教育界越来越注重教育的多样化、包容化和全球化,同质单一的新闻与大众传播教育模式不能培养出来适合今天社会形势的从业人员。不管是在美国还是在其他地方,新闻与大众传播教育工作者和业界人士都应该意识到多元化的社会和多种社会结构已经成为

---

① Stein. ML: Revamping journalism education, *Editor & Publisher*, New York: Aug28, 126(35), 1993, p. 13.

定局。同时,教育者们应该要鼓励他们的学生将目光超越国家的界限。国家的、物理的、社会的和文化的界限都将要融合在一起,这里面部分的原因是媒介所有权的集中的迅速增长。基于这个原因,教育者们应该要打破原来的那种只是让学生从自己的角度去思考问题,提出问题的教育方法,而是要让新闻与大众传播项目更加多元化。

首先,多元文化就是要打破种族、民族、性别上的界限,使得不同的种族、民族和性别的构成在新闻教育领域中占据一定的地位。这就要求我们从各个角度去完成这个使命。从教师的构成上来看,复合型的教师比例也包括性别上,伦理,种族上的合理分布。由于教师们来自不同的社会背景,它们产生的观点会为学生未来的新闻职业化打下良好的基础。从学生的需求上来看,新闻教育也可提高学生的多元文化背景,因为未来对学生的要求也是全球化的。

其次,新闻与大众传播教育的内容应该逐渐具有包容性,能够体现各种各样文化间的交流与碰撞。一个趋势就是在全美的新闻学院中开设一些多元文化方面的课程。现在在美国大学校园,存在着一种称为反对"以欧洲为中心的"具有人文文化的课程,或者称作是多元文化的课程。这个课程的要求是:根据社会的不同需求和学生的不同个性,新闻教育设计出不同的课程来满足学生的需要。学生们可以学习一些高等数学的课程以顺利地应付调查中的数据统计的需要;学习外语课程以应付不同语言环境的需要;学习历史课程以了解各种不同社会的背景,学习经济课程以了解当今世界经济发展动态等等。另外,物理的实验课程也是有必要存在的,数学课和物理课可以帮助学生建构一种分析思考的能力,让人的思维变得理性和有原则。另外,这个课程体系中还提供了一些"假设"的研究方法。这是指有经验的记者首先在头脑中建立一个假设以缩小研究的范围和来源,将研究对象集中为几个问题,这种方法有助于研究的深度和节省研究者的能量。另外课程中还提供了一些较为感性的建立在直觉基础之上的思维方法,这种思维方法对于那些知识面比较广泛的拥有丰富社会经验的记者非常奏效。总而言之,这些不同课程的需要是为了满足人们不同的个性和背景需求。而不同文化间的冲撞启迪了人们的思维,使得教育者和学生们能够从不同的角度去看待和思考问题,以面对当今的多元文化社会。

六、教育界与业界分歧的原因

新闻与大众传播教育的角色定位在哪里?在这一点上实务界与学术界一直存在着不同的看法。资深的新闻教育者查菲认为,无论是业界的专业人士还是教育的主要资助者,都不太关心院系承担的学术任务,却一再催促对学生实施专业训练,以便于学生一毕业就能立即投身业界的工作。[①] 实务界和学生普遍认为新闻与大众传播教育应当保障学生能够顺利进入业界工作,而学界却往往认为新闻与大众传播教育应该成为人文教育、通识教育的一部分,学生应当多了解传播发展的概括和理论,不一定非要到业界就业。

业界与教育界的长期争论的部分原因来自于他们与教育界对新闻与大众传播教育的角色定位理解的不一致。业界普遍认为高校就是应该培养既有人文素养又有职业技能的人才。换句话说,就是为业界培养未来的工作者的。然而教育界对新闻与大众传播教育的角色定位理解却不仅仅局限于此,他们认为学校有义务帮助学生掌握理解复杂世界的能力,并且发展健全学生的心智,传承优秀的文化遗产等等。

此外,新闻与大众传播专业的行业准入不同于其他职业。美国,或者说世界上的许多国家,从事新闻与大众传播职业的人并不一定是学习这个专业的。新闻与大众传播行业往往是被认为是职业性很强的行业,然而与其他职业性行业相比,进入其他职业领域工作难度就比较大,律师要

---

① Rogers, E. M. & Chaffee, S. H. , The past and the future of communication study: Convergence or divergence? *Journal of Communication* , 43(4), 1993, p. 128.

有律师资格证,医生要有行医资格证,会计要有会计证,教师要有教师资格证等等;而新闻与传播行业往往只需要新闻与传播机构聘用就可以了。这样一来,新闻与大众传播教育的专业性和权威性就难免受到质疑;那么业界对教育界产生的不信任在一定程度上也是可以理解的。

简而言之,理论与实务断裂的问题可以归结为新闻与大众传播学科内部的知识系统没有形成一个连贯的、严谨的与有机的体系,以应对外界可能出现的各种环境。现实是一个连续的变化过程,而学科的知识与理论却是一个处处断裂的结构。一个断裂的结构自然无法对应生活世界连续的变化。

七、对策与出路

为了实现新闻与大众传播教育与业界的良性互动,双方都要从哪些方面努力呢?对于教育界来说应该注意以下方面:(1)加强同业界的联系和交流。教育界可以采取多种方法加强同业界的联系,例如:请业界资深人士为教师和学生做讲座;定期和业界人士座谈,请他们为当前的教育状况提出建议和意见;派教师和学生到业界去实习;开展与业界相关的科研项目等等。(2)帮助业界人士转化成教师,特别是那些业界资深人士。教育界要加强同业界人士的联系,聘用业界人士特别是那些资深人士作为高校教师,将他们的经验传授给学生。当然,教育界有义务对这些业界人士进行一定的培训和辅导,让他们掌握一定的教学方法和手段,促进教学任务的顺利完成;同时,教育部门还要为加入教师行列的业界人士创造一个进行教学和科研的良好环境。(3)拓展新闻与大众传播教育的使命和任务,使其成为业界进行继续教育和终身教育的平台。新闻与大众传播院系培养的毕业生在学校学习到的知识和技能渐渐地跟不上日新月异发展的社会,他们需要不断地充实自己,学习掌握新的知识和技能。继续教育、终身教育的任务单靠业界也不可能完成,教育界就更应当发挥自己的师资、设备等等优势,协助业界人士做好终身教育、继续教育方面的工作。

业界应当重视的工作可以归纳为如下方面：（1）停止抱怨，与新闻与大众传播教育界建立合作关系。业界可以通过出资为学生建立奖学金、为教师和学生提供实习和科研的机会、以及鼓励资深从业人员参与高校教学等形式与教育界交流与合作。（2）在社会上努力树立新闻业、传播业及其从业人员的良好形象，为高校开展新闻与大众传播教育创造有利的社会氛围。只有社会各界认可新闻与大众传播事业才能给予更多的支持；与此同时，新闻与大众传播教育也可以吸纳更多更好的生源、师资以及经济资助。

第三节　对美国新闻与大众传播教育者的问卷调查

为了加深对美国教育者的理解，笔者从 2006 年 5 月至 2006 年 12 月间对美国部分新闻与大众传播院系的教师进行了一次抽样调查。这次调查试图归纳探讨的问题有三个：（1）新闻与大众传播教育的学术性与职业性的矛盾以及学科在大学中的地位；（2）新科技对新闻与大众传播教育的影响程度；（3）新闻与大众传播教育发展的趋势。

一、样本选择

本次调查采用分类抽样的方法抽取 30 所有代表性的新闻与大众传播院系的教师作为调查对象，每个院系选取 10 名教师。受客观条件限制，调查并未对美国所有的新闻与大众传播院系进行穷尽式抽样，而是采取主观类型抽样调查的方法。主观抽样是研究者依据主观判断选取有代表性的个体为样本，是一种非概率抽样的形式。主观抽样所获取的样本数据对推断总体情况难免会出现一定程度的误差，但对于深入研究问题可以提供有用的线索和有意义的假设。

本调查分类方法参考俄勒冈大学在 1984 年有关新闻与大众传播教

育的研究报告中的分类方法①，将美国的新闻与传播教育专业类型分为以下四类：

第一类是综合性新闻和大众传播教育。这些院系设有本科、研究生、博士生教育，并专设传媒业研究机构和研究中心。这类学院数量是最多的。

第二类是以传播学研究为特色的传播教育。这类教育很少专业导向，培养传播通才。

第三类是专业性研究型。他们以培养记者、编辑、广播电视专业等人才为主。

第四类是只有本科专业的州立学院和社区学院。设有新闻和传播的课程，规模较小。

综合性新闻和大众传播教育的学院选取明尼苏达大学新闻与大众传播学院、威斯康星大学新闻与传播学院、印第安那大学新闻学院、伊利诺伊斯大学传播学院、北卡罗莱纳州大学新闻与大众传播学院、马里兰大学新闻学院、乔治亚大学格莱德新闻与大众传播学院、科罗拉多大学新闻与大众传播学院、衣阿华大学新闻与传播学院、俄勒冈大学新闻与传播学院、密苏里大学新闻学院、佛罗里达大学新闻与传播学院，共计12所。

以传播学研究为特色的大学选取斯坦福大学传播学系、宾夕法尼亚大学传播学院、缅因大学传播与新闻系、路易斯安那州立大学大众传播学院、怀俄明州大学传播与新闻系、康奈尔大学传播系，共计6所。

专业性研究的大学选取哥伦比亚大学新闻学院、西北大学麦迪尔新闻学院、加州大学柏克莱分校新闻学院、阿肯色大学新闻系、旧金山州立大学新闻系、堪萨斯大学威廉艾伦怀特新闻与大众传播学院、密歇根州立大学新闻学院、康涅狄格大学新闻系、内华达大学新闻学院、蒙大拿大学新闻学院，共计10所。

只有本科专业的州立大学和社区学院分别选取加州州立大学奇科分

---

①University of Oregon School of Journalism, Eugene, Oregon, *Planning for curricular change*: *A report of the project on the future of journalism and mass communication*, May 1984, p. 8.

战后美国新闻与大众传播教育研究

• 89 •

校新闻系和长岛大学南安普敦传播学院,共 2 所。

总共选取 30 所院系,每个院系随机抽取 10 个样本,总共发出问卷 300 份。样本既包括认证的院系和非认证院系,注意兼顾样本的职称、地域、教学研究领域的大致平衡。总的来说,在样本中包括有教授、副教授、助理教授、讲师,其中不乏担任院系行政领导职务的人,大多数人有媒介从业经历,其教学研究领域涉及印刷传播、电子传播、公关、广告、环境传播、媒介伦理、媒介法律等等;选取的院系涉及到了综合性大学(包括研究型的和实务型的)、州立大学、小型院系等等。

二、实施过程

本次问卷调查主要采取电子邮件和普通信件相结合的方式,采用无记名式调查。问卷发放时间从 2006 年 5 月至 2006 年 12 月,共发放问卷 300 份,回收 112 份,回收率为 37.3%;其中有效样本 109 份,占总数的 36.3%。

数据分析过程中,主要采用百分比、平均值等分析方法。

三、调查结果

样本构成情况如下:有效样本中男教师占总人数的 59%,女教师占 41%。有效样本中教授占 26%,副教授占 37%,助理教授占 26%,讲师占 11%。需要说明的是美国教师职称分为四级,即讲师、助理教授(Assistant Professor)、副教授(Associate Professor)、教授(Professor)。其中助理教授并不是终身制的,助理教授如果在五年内不能在学校获得提升为副教授的机会,那么就必须离开该校,而且大多数情况下也不会再被其他高校聘任了。有效样本中白人占 93%,有色人种占 7%。从学历来看,拥有博士学位的人数占总人数的 59.3%,其中女性中 54.5% 的拥有博士学位,男性中 58.8% 的拥有博士学位。

对有关数据分析结果如下:

1.有关课程设置方面的问题

	1 不关心	2 根本不重要	3 不太重要	4 比较重要	5 非常重要
广泛地开设其专业以外的课程例如历史、商业政治学类等人文社会科学课程。	0	0	3.7%	18.5%	77.8%
开设法律或道德类课程。	0	0	0	33.3%	66.7%
开设写作和编辑类课程。	0	4%	0		96%
开设理论研究类课程。	7.41%	7.41%	7.41%	33.3%	44.4%

77.8%的被调查者认为学生广泛地涉猎本专业以外的课程是非常重要的,18.5%的认为比较重要,余下的3.7%认为这些课程不太重要;应该说这样的比例是和美国新闻与大众传播教育重视人文素养的传统一致的,布莱尔创立的课程模式在今天依然影响巨大。对道德和法律类课程,教师们的重视程度也很高,66.7%的选择了非常重要,33.3%的选择了比较重要。对于和学生实践基本功相关的写作和编辑类课程的态度更是高度的一致,96%的受调查者选择了非常重要。在对于理论研究类课程的态度上,被调查者的看法比较分散,但总的趋势还是肯定理论研究类课程的,44.4%的选择了非常重要,33.3%的选择了比较重要,选择剩下三项的比例比较平均。需要说明的是,有18.5%的被调查者虽然选择了非常重要,却在后面加上了备注,即对于研究生阶段是非常重要的。

2.有关教师素养的问题

	1 不关心	2 根本不重要	3 不太重要	4 比较重要	5 非常重要
教师拥有博士学位。	11.1%	11.1%	29.6%	14.8%	29.6%
教师有与其教授课程相关领域的实践经验。	0	0	3.7	14.8%	81.5%
教师在教学过程中使用先进的教学辅助手段。	3.71%	7.41%	14.8%	37%	37%
教师对学生的关心在教学中的地位。	0	0	7.41%	11.1%	81.5%

在教师拥有博士学位的问题中,受调查者的看法不太统一,不关心和

认为这个问题根本不重要的各占 11.1%,认为不太重要的占 29.6%,认为博士学位比较重要的占 14.8%,认为博士学位非常重要的占 29.6%,还有 3.8%的人弃权,没有回答本问题。

在对教师应拥有与其教授课程相关领域的实践经验的看法大多数受调查者看法比较统一,有 81.5%的人认为这一点对于教师来说是非常重要的;同时有 7.4%的受访者选择了非常重要后又指出如果是教授与实践相关的课程是非常必要的。

对使用先进的教学辅助手段的必要程度选择比较重要和非常重要的受访者各占 37%,余下的有 14.8%认为不太重要,7.41%的认为根本不重要,3.71%的不关心这个问题。

81.5%的人认为教师对学生的关心程度是非常重要的,11.1%的认为比较重要。

3. 学校设施情况

	1 不关心	2 根本不重要	3 不太重要	4 比较重要	5 非常重要
学校配置有综合性大型图书馆。	0	0	14.8%	22.2%	63%
院系为学生配有专用的计算机实验室。	0	0	18.5%	18.5%	59.3%

在学校配置有综合性大型图书馆这一项上,63%的被调查者选择了非常重要,有 22.2%的受调查者认为比较重要,14.8%认为不太重要,3.7%的人持保留意见,没有做出选择。在为学生配置计算机实验室方面,59.3%的被调查者选择了非常重要,18.5%的选择了比较重要,剩下的 18.5%的人选择了不太重要。

4. 学校吸纳少数族裔和女性教师方面

美国的新闻与大众传播学界对少数族裔和女性的比例问题相当重视,被调查者中有 49%的选择了非常重要,33%的选择了比较重要。但是对比在总的样本数中有色人种仅仅占 7%的比例,事实上观念上的重视还亟待给予实际方面的支持,提高对少数族裔教师的接纳程度。

开放性问题的结果统计如下：

①您在教学中遇到的最大的困难是什么？

回收的 109 份有效样本中有 4 份没有回答该问题,采集到的 105 份样本答案主要集中在以下几个方面:27.6％的认为教学科研时间不够充足,包括没有时间进行研究、没有时间和学生交流、一些形式主义的事情占用了太多时间等等;26.7％的人认为新的科技手段给教学带来了阻力,包括新科技发展太快对教师教学和学生学习都提出了更高的要求、学校无法跟上科技发展的形势更新教学设备实验器材、一些新科技手段应用到教学中过于流于形式,给教师增加了额外的负担;18.1％的被调查者填写了没有任何困难;9.5％的人认为职称晋升带来科研压力和论文发表是最大的困难;4.8％的人认为教育受到了经济利益的驱动,学生以消费者的身份要求教育,致使教学具有浓厚的功利色彩;4.8％的认为其所在专业属于人文学院内,在经济上和教学理念上都受到了限制,最好是能设立专门的新闻与大众传播学院;4.8％的人认为学生的语法和写作能力太差是教学中遇到的最大的困难;3.7％的人认为文化差异是教学中最大的困难,主要是集中在从其他国家到美国进入新闻与大众传播教育界的教师。

②您认为新闻与大众传播专业的学生要想在今后的职业生涯中取得成功需要掌握的最重要的技能是什么？

总共有 107 份样本回答了这个问题。被调查者有关这一问题的看法主要包括以下六种:62 人认为写作、阅读、报道等基本技能最重要,占总数的 57.9％;20 人认为批判思考能力最重要,占 18.7％;8.4％(9 人)的人认为对新闻传播信息的判断能力最重要,6.5％(7 人)的人认为在业界的实践经验最重要;4.7％(5 人)的人选择了职业道德;3.6％(4 人)的人填写了恒心和毅力。

③您认为过去十年美国新闻与大众传播教育发生了哪些变化？

总共有 87 份问卷回答了这一问题。57.4％的提到了科技的发展改变了新闻与大众传播的教学方式;40.2％的人提到了过去十年中新闻与大众传播院系对教师拥有博士学位的要求有大幅度提高;24.1％的人认为教学中更加具有全球视野;还有 20.7％的人给出了更具体的看法,包

括新闻专业的规模 逐渐缩减,而且平面媒体新闻专业和电视新闻专业的教学方式在不断变革,而广告和公关专业的规模在不断扩大。本问题的答案并不是惟一的;因此统计结果的百分比计算是叠加重复的。

④请您预测一下未来美国新闻与大众传播教育发展的趋势。

被调查者的回答主要集中在以下几个方面(本问题属于前瞻性问题,不便于量化分析,所以暂且不做统计):

第一,科技发展对新闻与大众传播教育的结合更紧密。

第二,多元化的趋势,观念方面的多元化比形式上的多样化更加重要,新闻与大众传播教育在理念上吸纳多元的思想比片面强调教师学生的性别、种族、年龄等等形式上的东西更重要。

第三,基本技能如写作、阅读、编辑等未来更加需要加强重视,无论科技怎样发展,传播工作的核心技能是不变的。学生的职业道德、法律教育、对社会的责任感和使命感教育同样需要不断加强。

四、结论

1.科技的发展为新闻与大众传播教育带来新挑战

过去十年中新闻与传播教育的变化中,半数以上的受访者提到了科技的发展改变了新闻与大众传播的教学方式。七成以上的受访者认为教师在教学过程中使用先进的教学辅助手段是比较重要的。近三成的被调查者认为新的科技手段给教学带来了阻力。在对未来发展趋势的预测中,科技的发展与教育的结合依然排在首位。新科技的发展既为新闻与大众传播教育的发展多种挑战,对于众多的新闻传播院系来说,科技的新发展使教学理念、教学内容、教学经费等多方面都面临着新的问题。新的多媒体的发展不仅仅是文本、音频、视频的简单混合,对于新闻与大众传播专业来说就可能是新闻学、公共关系、广告专业的界限越来越模糊,原有的那种以媒体划分专业的模式已经不能适应新的形势。教育者从观念上需要接受,然后再将其应用到教学中去,改革课程设置、教学手段和方法、甚至是对学生的考核方式等等。同时,新科技融入到新闻与大众传播教育中也为教育机构带来了巨大的经济压力,投资购买新的教学设备、为学生配置相应的实验场所、支付教师、学生对新设备、新教学方法学习的培训经费等等;这与近二十年来美国大学普遍存在的经费短缺形成了尖锐的矛盾。

2. 重视基本技能培养的教学理念的地位岿然不动

无论新闻与大众传播教育怎样发展,九成以上的被调查者认为写作、编辑等基础课程非常重要,近八成的认为开设专业以外的人文社会科学课程非常重要,几乎所有的被调查者认为法律、道德类的课程对新闻与大众传播专业的学生非常重要,六成以上的教育者始终认为写作、阅读、报道等基本技能是毕业生要想在职业生涯中取得成功需要掌握的最重要的技能。广泛开设专业课程以外的人文社会科学课程这与布莱尔所倡导的课程模式是十分契合的。不管增设了多少新的教学和学术研究的内容、应用了什么新的教学和研究的新手段、新方法,新闻与大众传播学学科的价值观和核心的技能是稳定的,这也是其成为一个学科的基本前提。

3. 多样化发展是必然趋势

美国新闻与大众传播教育的未来发展趋势必然是多样化的。多样化表现在各个方面:从教育理念的更新到教学内容、教学模式的多样,再到教师、学生的构成的多样模式。面对这样一种趋势,无论是教育界还是业界,用一种包容的心态去迎接是非常必要的。

第四节 美国新闻与大众传播院系学生入学与毕业生情况分析——以 2004—2005 学年为例

一、总体情况

美国国内有专门的有关新闻与大众传播专业年度学生入学情况和毕

业生情况统计调查。这种统计调查的历史最早可以追溯到 1937 年,当时是由俄亥俄州新闻学教授 Paul V. Peterson 博士牵头进行的,他本人一直承担这一工作到 1988 年。1988 年,Peterson 退休以后,由乔治亚大学的教授 Lee B. Becker 博士接任他的工作。这一年度数据统计的院系、专业名单来自于道琼斯(Dow Jones)报业基金会职业与学术指导委员会和美国新闻与大众传播教育学会(AEJMC)每年出版的《新闻与大众传播专业目录》所列出的院系、专业名单。调查结果由 AEJMC 出版发行。

美国新闻与传播专业毕业生情况的年度调查开始于 1964 年,由道琼斯报业基金会组织进行。1987 年俄亥俄州立大学接手该项调查,1997 年至今乔治亚大学负责此项调查。该调查同样也是由 Lee B. Becker 教授牵头负责的。毕业生的调查旨在反映美国新闻与大众传播专业毕业生的就业率和工资水平、对工作的满意程度等等。此项调查为管理者和政策制定者适时调整美国新闻与大众传播教育的教育目标、课程设置、指导毕业生的就业提供了参考。

美国新闻与大众传播院系自从在大学里开设以来发展很快,学生的人数不断攀升。四年制的本科专业在 1910 年只有 4 个,1920 年增加到 28 个,1927 年增加到 54 个。1910 年的毕业生还不足 25 人,到 1927 年毕业生的总人数已经飙升到了 931 人。[1] 近几十年来,学生入学率更是大大提高,毕业生的人数上升也十分迅速。(详细情况见下表一)1971 年全美新闻与大众传播专业注册总人数为 36697,到 2002 年就已经增加到了 194500,增加了 5 倍还多。1971 年毕业生总数为 7968 人,此后逐年稳步上升,到 2002 年毕业人数达到了 45939 人。

---

①David H. Weaver & G. Cleveland Wilhoit, *The American journalist in the* 1990s, New Jersey: Lawrence Erlbaum Associates, 1996, p. 30.

表一　美国新闻与大众传播学生入学与学位授予人数概况

	1971①	1982②	1992③	2002④
学生入学总人数	36697	91016	143370	194500
学位授予总数	7968	20355	36171	45939
学士学位授予数	6802	18574	33752	42060

二、2004—2005 学年学生入学与学位授予情况分析

2004—2005 年美国新闻与大众传播院系总注册人数为 207103 人，本科生为 193705 人，研究生为 13398 人，其中硕士生为 11853，博士生为 1545 人。

美国的新闻与大众传播专业中女生比例高于男生。2004—2005 年注册入学的学生中，女生比例明显高于男生，其中本科生中 64.9％的学生是女生，硕士生中女生占 65.8％，博士中占 58％。这一点和我国的新闻与传播专业极其相似。

该年度注册入学的学生中本科生中少数族裔占 27.5％，硕士生中占 36.3％，博士生中占 51.7％。授予学位中少数族裔占总人数的比例学士、硕士、博士分别为 24.1％、38.2％、50.3％。总体上来看，在本科阶段的教育中，少数族裔的学生数量少于白人，硕士研究生略高于本科比例，

①1971 年度数据来自 Paul V. Peterson，"Journalism growth continues at Hefty 10.8 Per Cent Rate"，*Journalism Educator*，26(4)，Winter 1972，p.4，5.

②1982 年度数据来自 Paul V. Peterson，"J—school enrollment hit record 91,016"，*Journalism Educator*，37(4)，Winter 1983，p.3,4，7

③1992 年数据来自 Lee B. Becker ＆ Gerald M. Kosiki，"Annual census of enrollment records fewer undergrads"，*Journalism ＆Mass Communication Educator*，48(3)，Autumn 1993，p.56——57.

④2002 年数据来自 Lee B. Becker ＆ Gerald M. Kosiki，"Annual enrollment report：graduate and undergraduates enrollment increase"，*Journalism ＆Mass Communication Educator*，58 (3)，Autumn 2003，p.275，283.

表二　　2004—2005学年美国新闻与大众传播专业学生入学与学位授予构成情况①

总人数	攻读学位	人数	性别	百分比(%)	民族	百分比(%)
入学构成 207103	学士	193705	女	64.9	白人	72.5
			男	35.1	少数族裔	27.5
	硕士	11853	女	65.8	白人	63.7
			男	34.2	少数族裔	36.3
	博士	1545	女	58.0	白人	48.3
			男	42.0	少数族裔	51.7
学位授予构成 52239	学士	47923	女	66.1	白人	75.9
			男	33.9	少数族裔	24.1
	硕士	4105	女	68.1	白人	61.8
			男	31.9	少数族裔	38.2
	博士	211	女	54.8	白人	49.7
			男	45.2	少数族裔	50.3

而博士阶段少数族裔的人数稍稍多于白人。在美国的新闻与大众传播专业高等教育阶段，应该说少数族裔接受的教育水平还是低于白人的，毕竟本科生和硕士生的数量占高校学生的绝大多数；之所以会出现博士阶段少数族裔数目略高的情况，很大一部分原因是各国的留学生纷纷涌入美国造成的，当然其中不乏众多的亚裔学生。

三、学生的专业选择

二战以后的一段时间里，在美国新闻与大众传播教育领域盛行专业细分。一方面，一些原隶属于新闻学的专业需要更大的发展空间，细分为金融、家政、农业、社区新闻等。另一方面，传媒的种类在迅速增加，除了原有的报刊、广播，又有了电视及网络。同时，大众传播学在领域扩展的过程中，广告、公共关系、舆论研究等已成为新闻与传播教育中的新领域，

---

①本表格数据根据 Lee B. Becker, Tudor Vlad, Amy Jo Coffey & Maria Tucker, Enrollment growth rate slows: Fields's focus on undergraduate education at odds with university setting, *Journalism & Mass Communication Educator*, 60(3), Autumn 2005, p. 286—304 整理。

传统的专业分类已经很难满足新闻与大众传播教育的需要了,应当说分专业教学方式在当时是有必要的。但是随着新科技的不断发展,各种媒体和专业领域的界限越来越模糊,这种专业细分的办法又出现了课程面偏窄、学生就业面窄的问题。学生们为了就业面更广,往往在修完一个必修的专业方向之后,又修读第二甚至第三个专业。因此在 20 世纪 90 年代以来,众多新闻与大众传播院系又进行了新一轮的专业改革,很多都重新规划设置专业,以适应新形势的发展。例如威斯康星大学本科教育由原来的新闻与编辑、广电新闻、公共关系、广告、大众传播五个专业调整为新闻学和战略传播两大类,明尼苏达新闻与传播学院将课程设置减为新闻学、战略传播(主要是广告和公关)等等。

美国新闻与大众传播院系中的传统专业主要有三种,即新闻学(包括平面新闻和普通新闻学)、公共关系和广告。2004 年入学的本科生中有 7.3％的选择平面新闻,有 11％的选择普通新闻学,8％的选择广播新闻学。选择新闻学专业的学生占总入学人数的 26.3％,略微低于 2003 年 27.9％的比例。选择公共关系专业的本科生占入学总人数的 14.1％,低于 2003 年 15.5％和 2002 年 18.1％。选择广告专业的本科生占入学总人数的 10.1％,稍高于 2003 年 9.9％和 2002 年 9.0％。选择传统新闻与大众传播专业的学生总共占到 50.1％,另外一半的学生则选择了网络传播、视觉传播、影像新闻学等新兴专业或者是院系专业改革后的新专业类别。[①] 注册新兴专业的学生占了半壁江山,这一现象也说明学生在选择专业时不再局限于传统专业,而更多考虑时代和社会的新发展以及自己的兴趣和爱好等多方面因素;同时也从另一角度展示了美国新闻与大众传播教育的多样性和开放性。

以上数据显示出学生专业的选择和新闻传播业的人才需求情况是密

---

①数据整理自 Lee B. Becker, Tudor Vlad, Amy Jo Coffey & Maria Tucker, Enrollment growth rate slows; Fields's focus on undergraduate education at odds with university setting, *Journalism & Mass Communication Educator*, 60(3), Autumn 2005, p. 286−304。

切相关的。学生选择专业的时候往往会考虑那些就业需求比较大的"热门"专业。

四、学位授予与毕业生就业情况

学生入学率高自然毕业人数也会多,学位授予的数量也就会越来越多。如表中显示,2004 年美国新闻与大众传播院系共授予学位 52239 个。47923 名本科生拿到了学士学位,4105 名研究生拿到了硕士学位,211 名博士生拿到了博士学位。

2005 年美国新闻与大众传播类毕业生的就业总体形势良好。毕业生总的来说对其工作的满意度在上升。毕业生薪资水平稳步上升,但与其他专业相比收入依然偏低。女生就业比例稍高于男生,但是少数族裔就业比较难。下面以几组数据做具体说明。[1] 2005 年的新闻与大众传播专业类学生就业率略高于往年。截至 2005 年 10 月 31 日,当年新闻与大众传播类本科生就业率(指全职工作)达到 62.3%,高于 2004 年同一时期 59.7% 和 2003 年 56.1% 的水平。硕士生截至 2005 年 10 月 31 日,就业率(全职工作)达到 65.7%,略高于 2004 年 62.7% 的比例。

虽然新闻与大众传播类的毕业生在更广阔的领域里找工作,很多工作与其在学校所学工作没有什么关系;但是毕业生事实上还是比较倾向于从事与所学专业相关的工作。2005 年毕业生从事新闻与大众传播类的工作的比例为 59.9%,远远高于 2004 年 54.2% 和 2003 年 49.8% 的比例。

新闻与大众传播类的毕业生薪资水平与其他行业相比仍然偏低。2005 年毕业生本科生平均年收入 29000 美元,高于 2004 年的 27800 美元

---

①这些数据整理自 Lee B. Becker, Tudor Vlad, 2005 Annual survey of journalism & mass communication graduate, http://www. grady. uga. edu/ANNUALSURVEYS/grd05/GraduateReport. pdf.

（此前历史最高记录就是 2004 年）；硕士生平均年收入为 37000 美元，同样也高于 2004 年的 33000 美元。即使去除通货膨胀因素，毕业生的薪资水平还是有所上升。但是新闻传播类本科生 29000 美元的平均薪资水平，按照美国全国大学和雇主协会（National Association of Colleges and Employers，即 NACE）当年的统计结果①，低于当年人文类毕业生的平均薪资水平 2000 美元；而与经济类毕业生就相差更远了，例如同年工商管理类毕业生平均水平是 40976 美元、会计类是 46188 元，市场营销类也有 37446 元。

近年来女生就业比例普遍高于男生，2005 年保持了这一特点。2005 年本科毕业生中女生就业比例是 76.9％，男生是 74.2％。2004 年本科毕业生女生就业率的比例是 73.1％，男生是 68.9％；2003 年女生是 69％，男生是 65％。而少数族裔的就业率仍然要比白人低，但差距在逐步缩小，2005 年少数族裔本科毕业生就业率是 70.4％，白人是 77.6％；2004 年少数族裔就业率是 68.4％，白人是 72.8％；2003 年少数族裔就业率 61.4％，白人 70％。

尽管业界愿意接纳新闻与大众传播专业的毕业生，而且美国传播领域的工作职位也正在增多，但似乎并不愿意付给他们很高的工资。因为，尽管近些年来进入非传播领域的毕业生人数一直在下降，但是要业界完全消化数量庞大的毕业生还是不可能的。我国的新闻与传播教育也存在着与美国类似的问题。这种现象给当前的的新闻与大众传播教育者和管理者提出了问题：在扩大教育规模时有没有考虑到学生今后可能遇到的就业形势？为了毕业生能够更好地就业，院系应该在教学和管理方面做哪些调整？院系过多的考虑学生的就业而改变的教学模式是否有益于学科的长远发展？

---

①见 www.naceweb.org/press/display.asp? year＝2006& prid＝233.

第五节　学生实习情况

一、经验学习理论

经验学习指的是个人通过体验一种事情，获得一定的能力，然后比较在相似的环境里获得知识的不同。体验在学习过程中是最重要的环节。

有效的经验学习环境应当鼓励人们从体验中学习，提高学习的技能，树立健康的学习态度。理想的学习环境必须能够满足个体发展的需要，创造可以拓展的工作环境，鼓励个体发挥主动性，不断地更新学习目标，在错误中学习，提供使用新技能的环境，将学习成果不断反馈回来，将课堂上学到的理论知识和技能用于实践。

经验学习理论的源头可以追溯到杜威那里，杜威1938年发表的《经验与教育》中就有关于经验学习的论述。经验学习理论以库伯的理论最为成熟。相比较早期的理论模式，库伯更加强调"经验在学习过程中所发挥的中心作用"[①]。库伯认为学习是以经验为基础的连续的过程，学习是个人与环境互动的过程，学习是知识生产的过程；库伯把经验学习过程划分为四个环节，即具体经验、反思性观察、抽象概念化、主动实践。新闻与大众传播专业学生的实习就属于主动实践环节，学生主动把他们学习到的理论知识、实践技能应用到实践中去，去发现问题、解决问题。

经验教学法在美国新闻与大众传播教育中的应用集中体现在学生的实习环节。新闻与大众传播专业学生的实习与"经验学习法"的特征是十分吻合的，例如"学习体现了职业发展需要"，"鼓励个体发挥其主动性"，

---

①David A. Kolb, *Experiential Learning : experience as the source of learning and development* , New Jersy: Prentice Hall, 1984, p.26.

"经常反馈学习结果"①等等。学生在不同的媒体环境中实习就相当于经验学习法中的各种学习环境。

二、新闻与大众传播院系学生的实习

美国的新闻与大众传播院系普遍都很重视学生的实习。实习一般都会纳入院系的教学计划,学生通过实习可以取得一定的学分。学生实习可以分为校内媒体实习和校外媒体实习,各个院系和一些媒体和传播机构保持着良好的长期合作的关系。

美国大部分开办新闻传播的院校都办有社会化的校园媒体,这是因为:第一,在美国教育观念中,人们普遍认为建一个职业技能培训项目,学生就必须有真正动手的机会;第二,在招生的过程中,如果没有校园媒体,竞争力就会相对较弱,甚至会出现招生困难;第三,开办新闻专业或者是大众传播专业,如果没有校园媒体,在评估时就很难通过。美国大学校园媒体虽然由学校学生管理资金委员会调拨学生活动费用维持运转,但是其日常新闻采编和运营管理基本上由学生负责。一般而言,这些校园媒体除了报道学校新闻、为在校学生提供实践机会之外,还作为地区媒体为周边地区提供资讯服务。在美国新闻与大众传播院系,只要学生有意愿,并具有初步的知识和技能,都能进入校园媒体学习和工作。对于主修新闻专业的学生,由于部分必修课程是依赖于校园媒体进行教学的,因此必须进入校园媒体工作,才能获得相应的必修课程学分。与此相对应的是,专业技能课程(professional skill classes)一般安排在大一或大二进行,因此美国新闻专业的学生一般前两年在媒体学习或工作,只有这样才能既获得专业技能的训练,又不至于耽搁其他课程的学习。

在美国校园媒体一般都设有专职的专业指导老师。大部分校园媒体

---

①Wanda Brandon:Experiential learning:a new research path to the study of journalism education,*Journalism & Mass Comunication Educator*,57(1),2002,p.64.

的主要负责人都是由专业教师或专职媒体人员担任的,这些人既是媒体的负责人,同时也是校园媒体的专职指导老师。一般情况下,大学负责校园媒体的专业教师都是有多年社会媒体从业经历的、之前有一定社会影响的新闻业界人士。他们一方面指导学生工作、负责媒体的日常运行,另一方面也借助校园媒体这个平台,开设专业技能课程。许多美国大学的校园媒体在建立之初就是兼顾校园与周边地区的,少量原先局限于校园的媒体也开始社会化。这样做有一个比较实际的考虑,那就是校园媒体社会化不仅能够节约校方的投入,还能使学生获得与社会媒体几乎同样的实践环境,从而最大限度地发挥校园媒体作为锤炼学生专业技能的平台作用。

美国许多知名的新闻与大众传播院系中有自办面向社会的商业媒体作为学生实习基地的传统。哥伦比亚大学新闻学院就有《布郎克斯节拍》和《哥伦比亚新闻服务》供学生实习。《布郎克斯节拍》是面向纽约市主要是布郎克斯地区居民、官员、私立机构以及大学师生发行的发行量在6000份左右的周报。《哥伦比亚新闻服务》则完全是按照特写辛迪加的模式来操作的,学生在老师的指导下完成报道写作。优秀作品收录到校园网上或者由《纽约时报》新闻服务中心向美国和加拿大400余家日报发送。密苏里大学新闻学院也有多个供学生实习的商业媒体。成立于1953年的密苏里大学新闻学院电视台是进入美国全国电视联播网的一座地方电视台,其装备堪称国际一流水平。此外,密苏里大学新闻学院还出版有期刊《VOX》娱乐周刊和《IPI全球记者》杂志,《VOX》娱乐周刊在密苏里地区发行,《IPI全球记者》杂志是一份国际性刊物,总部在奥地利的维也纳。密苏里大学新闻学院报刊社和电台电视台的日常工作则主要是由实习生和兼职教师等人员完成的。

普通大学新闻与大众传播院系也十分重视学生实习工作。以南达卡他州立大学新闻与大众传播系为例,学生实习的传统可以追溯到50多年前。1954年,在杰出校友 Charles Dalthorp 推动下,南达卡他州立大学校

友基金会买下了南达卡他州的一家周报《威尔戈论坛报》(Volga Trib-
une)。Dalthorp 希望将这家报纸作为印刷与新闻专业学生的"实验室"。
校友基金会将该报纸交给新闻系管理,由选修《报业出版实务》课程的学
生具体负责。"从1954年到1969年,每学期有15个左右的学生在那里
工作。学生从事采访报道、摄影、报纸编辑、排版、广告以及印刷等工作。
报纸每周四出版"。① 1969年报纸卖给了一个私人业主,也就结束了作为
南达卡他州立大学新闻系学生实习基地的阶段。后来,南达卡他州立大
学新闻系专业不断调整,印刷专业取消了,又增加了大众传播等新的专
业。学生实习的观念也发展了改变,突破了以前那种仅仅在纸质媒体实
习的局限。今天,学生实习的单位包括传统纸质媒体、电台、电视台、广告
机构、公共机构、影视制作机构以及其他传播媒体。南达卡他州新闻与大
众传播系学生的实习是有报酬的工作。他们认为这样可以促使学生和实
习单位都能严肃对待实习工作,推动学生交出高质量的实习作品,实习单
位能够给学生布置有意义的工作任务。学生通过实习一般可以取得2个
学分。

美国新闻与大众传播教育界在长远发展规划中也十分重视学生实
习。以在卡内基—奈特未来新闻教育计划为例,其中有一个被称为"21
世纪新闻摇篮"的实习项目。自2006年起,每年暑假由哈佛大学、哥伦比
亚大学、加州大学伯克利分校、南加州大学和西北大学5所学校联合挑选
学生参加。由5校联合设立的"全国21世纪新闻协调员"负责与各主流
媒体及新兴媒体负责人联络,安排学生实习,实习期为10周。

---

①Phillips, G. H. , The called it "PRJ": *A history of the printing and journalism depart-
ment at South Dakota State University*, Unpublished manuscript, 1986, p. 3.

第六节　本章小结

通过以上对美国新闻与大众教育教师与学生情况的分析,我们不难得出如下结论。

第一,在战后美国新闻与大众传播教育的发展历程中,新闻与大众传播专业的教师内部以及教师和业界人士有关教学方式、教师资质、教学培养目标等方面存在着长期的理念冲突。

第二,根据笔者对新闻与大众传播专业教师的抽样调查可以发现:无论新闻与大众传播教育怎样发展,但教师们对教学中的应该重视基本理论的学习和基本技能培养有着高度的一致性;科技的进步给新闻与大众传播教育的发展带来了新的契机和挑战;新闻与大众传播教育的未来趋势是多样化的。

第三,战后美国新闻与大众传播专业的学生入学人数呈现稳步上升的趋势,学生专业选择范围不断拓展;就业领域越来越广阔,但是薪资水平普遍不高;院系和学生都非常重视学生的实习。

第三章　课程设置与教学评估

第一节　美国新闻与大众传播院系课程设置研究

一、研究课程设置的意义

研究一个学科的课程设置是非常重要的。首先通过课程设置可以反映出大学管理者和教师对大学功能的认知。第二,学科的内涵可以通过课程设置表现出来。虽然实际授课的内容每个院系甚至每个教师都不尽相同,但一个成熟的学科,其开设课程名称和内涵在一定程度上也反映出该学科的现状和未来发展趋势。第三,从入学到毕业,科目的排列以扇形方式推进,展现了学科的范畴和深度。科目的排列,要有时间和层次序列的考虑。从这个角度来看,要了解一个学科,从其课程结构和科目内容,就可以一目了然。

课程设置体现其教育的价值取向。二战前,美国大学教育深受永恒主义教育哲学的普通教育思想的影响。二战以后则普遍受实用主义教育哲学的影响,新闻与大众传播教育也不例外。美国的新闻与大众传播院系的课程体系受实用主义哲学的影响表现在以下几方面:(1)课程设置有明确的目的。很多课程的安排就是为了满足学生就业的需要或者是为了通过美国新闻与大众传播教育认证委员会的评估。(2)重视毕业生和业界人士的意见。(3)注重与大学里其他专业的联系,鼓励学生去选修其他院系的课程同时也聘请其他院系的教师到新闻与大众传播院系来授课。

随着新闻与大众传播学术的蓬勃发展,美国新闻与大众传播教育机构也不断增加,其教育呈现出了专业化与精细化的趋势,美国新闻与大众传播教育的课程规划往往有多方面的考虑,既要满足学生将来的就业需要,又要保证学科在学术上的地位,还要符合课程认证的标准等等。

有学者将新闻与大众传播教育的目标归纳为:传递文化知识、培养学生学术能力、发展学生的职业技能以及重塑社会价值。[1] 要实现这些目标,当前美国的新闻与大众传播教育必须解决好以下问题:新闻与大众传播教育的角色与课程的关系、新闻与传播教育的教学与评估的关系等等。

美国的新闻与大众传播教育在不断地发展中形成了完备而严格的规范,既为新闻与大众传播事业培养专业人才,也培养了大批致力于学术科研的人才;课程设置与教学内容的范围不断扩大,既注重职业技能的训练,又注重理论知识的传授;教学设备和教学手段日趋现代化;新闻与大众传播院系即是培养新闻传播人才和进行学术科研探讨的基地,也是为新闻传播从业人员提供进修学习机会的主要机构。

二、美国新闻与大众传播院系课程设置类型

美国早期的新闻教育课程是单纯技能型的课程(大众传播教育当时还没有形成规模)。20 世纪 20 年代以后,新闻教育中开始出现文化、伦理等方面的课程,广告、公关类的课程也逐渐在新闻院系开设。特别是以威斯康星大学新闻学院为代表的课程体系开始挑战传统的职业训练模式,重视培养学生广博的知识背景和部分新闻方面的技能训练;在四年制

---

[1]Sprague, J., The goal of communication education, in Daly, J. A., Friedrich, G. W. & Vangelisti, A. L. (Eds.) *Teaching communication*: *Theory*, *research*, *and methods*, Hillsdale, New Jersey: Lawrence Erlbaum Associates Publishers, 1990, p. 23—26.

新闻本科的课程中,新闻学的课程只占四分之一,其余四分之三是人文和社科知识如经济学、政治学、法律、历史和语言等内容。至此,美国的新闻教育不断拓宽深度和广度,吸取人文科学和社会科学的精华,新闻史、新闻道德、舆论学、社会学研究方法等课程都成为了各院系的必修课。40年代以后,大众传播作为一个学科在美国大学的新闻院系出现以后,带动了研究型和方法类课程的发展。当前,美国的新闻与大众传播教育日趋成熟;体现在课程体系上的最大特点就是课程种类繁多、具有很强的包容性和多样性。

新闻与大众传播教育课程内容,有些是超越时代、历久弥新的,比如专业精神的熏陶、新闻道德的培养,又有些内容是需要根据时代的需要不断更新的,例如科技辅助新闻传播方面、传播理论的新发展、研究方法的更新等等。近年来随着社会的发展和美国高等教育的发展,新闻与大众传播院系的课程设置也不断变化,总体上来看可以分为以下两种趋势,即整合和分解。整合类型的课程体系往往是有意识淡化专业教育,形成综合性的媒介课程体系,重视"大传播"的教学内容;分解类型的课程体系就是不断地细分课程,呈现专业化的趋势。以密苏里大学新闻学院为例:经过不断地改革,现在的密苏里新闻学院拥有几乎是最齐全的新闻与大众传播教育项目,从本科到研究生(硕士、博士)层次俱全。本科的专业方向共有 5 种:新闻－社论、杂志、新闻摄影、广播新闻和广告/策略性传播。在这 5 种专业中,又进一步地提供更专门的方向,包括互联网新闻、计算机辅助报道、文字编辑、电视制作和广告设计等。硕士研究生教育有两年制与五年制两类,此外还有网络远程教育模式。两年制的硕士生项目专业方向分得很细,有 16 种:广播新闻、设计、编辑、环境报道、国际、杂志设计、杂志编辑、杂志写作、媒体管理、新媒体、新媒体和社会、新闻摄影、公共政策新闻、报道/写作、策略性传播和广告。五年制的项目是本硕连读的形式,专业方向也有 9 种。博士生共有 5 个专业方向:大众传播理论、传播史、政治传播、法律和道德、媒体和社会。

笔者在以下研究中采用类型抽样法。本节中分类方法参考俄勒冈大学在 1984 年有关新闻与大众传播教育的研究报告中的分类方法①,将美国的新闻与传播教育专业类型分为以下 4 种。

美国新闻与大众传播学院分类

	特点	典型代表	所在大学类型
综合类新闻与大众传播院系	本科、硕士、博士都有;研究和职业性兼备;通常还设有配套的研究所;与业界关系紧密。	明尼苏达大学 威斯康星大学 印第安那大学 北卡罗莱纳州立大学 伊利诺伊大学	研究型大学 一些实力雄厚的州立大学
大众传播研究型	具有广泛的大众传播研究类型;职业型专业比较少。	密歇根大学 哈佛大学 斯坦福大学 宾夕法尼亚州州立大学	研究型大学 一些有实力的州立大学以及一些老牌的私立大学
专业性研究型	为业界特殊行业做准备,如记者、编辑、广电类人才等。	哥伦比亚大学 西北大学 加州大学伯克利分校	传统的研究型大学
州立学院和社区学院	提供一些行业入门性课程,规模较小。	一些州立大学 一些社区学院和初级学院	实力较弱的州立大学和一些社区学院和初级学院

1. 威斯康星大学(麦迪逊分校)新闻与传播学院

威斯康星大学(麦迪逊分校)新闻与传播学院从 1905 年开始开设新闻课程,1912 年建立新闻系,1927 年设立新闻学院。现在新闻与大众传播学院隶属于人文科学学院。

新闻与大众传播学院从大学二年级下学期学生中选拔学生,基本条件是学生入学前至少修满 40 学分,并且已经修读过"大众传播概论"一

---

① University of Oregon School of Journalism, Eugene, Oregon, *Planning for curricular change: A report of the project on the future of journalism and mass communication*, May 1984, p. 8.

课。其本科教学不细分专业，只分为两个方向，即新闻学和战略传播学。本科生毕业要求至少达到 120 学分，包括新闻与传播类专业课、非新闻与传播专业类课程以及人文学院要求的必修课程。

学生需要修满新闻与传播学专业课 30－40 学分，专业以外 80－90 学分。社会科学概论类课程，包括 8 个领域，分别是：人类学，经济学，地理学，文科综合课程，哲学，政治学，心理学，社会学。学生必须从 3 个不同院系各选 1 门课，其中必须有 1 门经济学或政治学课程。专业外的课程相当广泛，可以是商业、工程、农艺、生命科学、教育等等。专业以外的课包括两类课，一类是概论性课程，一类是高级课程。社会科学高级课程中，必须修满 12 个学分。它们可以包括社会科学的任何领域，但必须包括 1 门高级历史课程（人文类或新闻学历史课程不在其列）。

本科生开设的课程分为技能类课程、理论类课程与实践实习类课程三种。①

（1）本科生技能类课程

202，Mass Communication Practices 大众传播实务

335，Intermediate Reporting 媒体报道

345，Principles of Strategic Communication 战略传播原理

401，In－Depth Reporting 深度报道

404，Interpretation of Contemporary Affairs 当前时事研究

405，Creative Nonfiction 创造性非虚构写作

411，Multimedia Graphics 多媒体图形制作

415，Science and Environmental Journalism 科学与环境新闻学

417，Magazines and Magazine Editing 杂志写作与编辑

419，Electronic News for Web and Broadcast 网络与广播新闻

445，Developing Creative Messages for Media 媒介讯息创新发展研

---

①参见 http://www.journalism.wisc.edu/courses/all.html。

究

447，Strategic Media Planning 媒介战略策划

449，Strategic Communication Campaigns 传播战略运动

475，Special Topics in Advanced Concepts and Skills 概念和技能高级研究

（2）本科生理论类课程

201，Introduction to Mass Communication 大众传播概论

515，Public Information Campaigns and Programs 公共信息与运动

544，Introduction to Survey Research 社会调查概论

558，Public，Community，and Alternative Media 公众、社群与媒体

559，Law of Mass Communication 大众传播法律

560，History of Mass Communication 大众传播历史

561，Mass Communication and Society 大众传播与社会

565，Effects of Mass Communication 大众传播效果

570，History of Books and Printing 书籍与印刷史

614，Communication and Public Opinion 传播与舆论

616，Mass Media and Youth 大众媒介与青年

617，Health Communication in the Information Age 信息时代的健康传播

618，Mass Communication and Political Behavior 大众传播与政治行为

620，International Communication 国际传播

621，Mass Communication in Developing Nations 发展中国家的大众传播

646，Mass Media and the Consumer 大众传播与消费者

658，Communication Research Methods 大众传播研究方法

662，Mass Media and Minorities 大众媒介与少数族裔

669，Literary Aspects of Journalism 新闻学中的文学研究

675，Topics in Government and Mass Media 政府与大众传播媒介专题研究

676，Special Topics in Mass Communication 大众传播专题研究

此外，学生也可以通过课程论文写作与实习获得一定数额的学分。

威斯康星大学新闻与大众传播学院设有丰富、全面的研究生培养课程。该学院1949年获得了博士授予资格，1953年颁发了首批博士学位。

目前，该学院授予的研究生学位有三种：新闻与大众传播理论方向的硕士学位（The Concepts M. A. program）、职业方向的硕士学位（The Professional-track M. A. program）和大众传播博士学位。新闻与大众传播理论方向的硕士包括两类学生：一类是为进入博士阶段学习做准备的学生，另一类是为了在理论和研究方法深入学习以后再返回业界工作的学生；前一类学生至少修24个学分的课程，然后做硕士论文，后一类学生修30个学分以上的课程，不需要做学位论文。职业方向的硕士包括新闻实务和战略传播两类。新闻实务类的分为健康报道、科学报道、环境报道和政治报道四个子方向；战略传播类的包括战略健康传播、科学传播、环境传播、战略政治四个子方向。学生同样也可以选择做论文和不做论文两种培养方式。博士培养项目以培养专家和学术人才为目的，学生必须选定自己的研究领域并在导师的指导下参与研究项目。博士生可以选择的研究领域有：传播活动、消费者与大众文化、社区与社区活动、大众传播史、国际传播、传播法与相关政策、媒介责任与媒介批评、新媒介技术、种族、性别与大众传播以及科学、健康和环境传播等等。博士生毕业需要达到的要求是：至少要修满65个学分，通过综合考试，再完成一篇有原创性的博士论文。博士生毕业后大多数进入高校或者研究所等机构从事教学和科研工作，也有少部分进入实务界，从事媒介咨询顾问等职业。

威斯康星研究生培养计划区分了理论与职业两个方向，让学生在从一进入研究生阶段就有了明确的定位。职业方向的研究生教育旨在为未

来的业界人士提供某一领域的专业知识,采用的是专业主义的教学思路;理论方向的研究生教育就更加注重理论素养和学术研究方法方面的训练,为新闻与大众传播学术研究培养未来的人才。

2. 密歇根大学传播研究系

密歇根大学传播研究系隶属于密歇根大学的文学、科学与艺术学院(The College of Literature,Science,and the Arts)。该系的教学目标定位是研究和教学有关大众媒介的内容,包括其演变、影响、规制和机构的结构以及普通人对媒体的应用。① 与其他一些新闻与大众传播院系相比,该系的课程更加强调媒介与大众传播的理论课程,并没有与新闻、广告、公关、广播、电视实践技能相关的课程。该系设有本科生和博士生培养计划,没有硕士生项目。

密歇根大学传播研究系的本科生课程建立在广泛的人文教育基础上,学生需要学习大众媒介的发展和演变,包括人们怎样通过媒介获取知识,媒介工业的结构和制度,媒介与政治,媒介对性别和种族关系与行为的影响等等。课程强调培养学生的批判思考、分析问题的能力。

---

① 参见 http://www.lsa.umich.edu/comm/department/ ,2006 年 12 月。

本科生开设的课程①

课程编号	课程名称	学分	备注
传播学 101	大众媒介	4	入门课程,一、二年级
传播学 102	媒介传播过程与效果	4	一、二年级
传播学 111	信息环境研讨会	1	
传播学 159	传播研究一年级讨论会	3	
传播学 211	信息评价	4	建议先修课程为 101 或 102
传播学 321	本科实习	1—3	三年级
传播学 351	媒介系统结构与功能	4	建议先修课程为 101 或 102
传播学 361	传播过程	4	建议先修课程为 101 或 102
传播学 371	媒介、文化与社会	4	建议先修课程为 101 或 102
传播学 381	媒介影响知识、价值观与行为	4	建议先修课程为 101 或 102
传播学 437	新闻功能短期研讨会	1—2	437、439、440 三门课学分累计不超过 6 分
传播学 439	新闻功能研讨会	3	
传播学 440	新闻功能长期研讨会	4	
传播学 441	独立阅读	3—4	441、442 两门课累计不超过 8 学分
传播学 442	独立研究	3—4	
传播学 452	媒介法律与政策	3	建议先修课程为 351 或 371
传播学 453	美国历史上的大众媒介	3	建议先修课程为 351 或 371
传播学 454	媒介经济学	3	建议先修课程为 351 或 371
传播学 458	媒介系统专题	3—4	建议先修课程为 351 或 371,可重复选修,但最多不超过 8 学分
传播学 459	媒介系统研究	3	可重复选修,但最多不超过 6 学分
传播学 462	社会影响与说服	4	建议先修课程为 361 或 381

①参见 http://www.lsa.umich.edu/comm/students/conc_courses/,2006 年 12 月。

课程编号	课程名称	学分	备注
传播学 463	媒介使用和接受	3	建议先修课程为 361 或 381
传播学 468	大众传播过程专题	3—4	可重复选修,但最多不超过 8 学分
传播学 471	媒介性别问题研究	3	建议先修课程为 351 或 371
传播学 473	跨文化传播	3	建议先修课程为 351 或 371
传播学 474	大众传播与身份认同	3	建议先修课程为 351 或 371
传播学 478	媒介与文化专题	3—4	建议先修课程 351 或 371,最多不超 8 分
传播学 479	媒介与文化讨论	3	建议先修课程 351 或 371,最多不超 6 分
传播学 481/心理学 481	媒介与暴力	4	建议先修课程为 361 或 381
传播学 482	媒介与儿童	3	建议先修课程为 361 或 381
传播学 484/哲学 325	大众媒介与政治行为	4	建议先修课程为 361 或 381
传播学 485/社会学 463	大众传播与舆论	3	建议先修课程为 361 或 381
传播学 488	媒介效果专题	3—4	建议先修课程为 381,不超 8 分
传播学 489	媒介效果研讨	3	建议先修课程为 361 或 381,不超 6 分
传播学 491	四年级学位论文研讨Ⅰ	3	任选 491 或 492
传播学 492	四年级学位论文研讨Ⅱ	3	

密歇根大学传播研究系的大众传播博士项目倾向于跨学科培养,关注大众媒介和新传播技术的结构、传播过程和影响力。学生可以根据其兴趣和需要自由地选择研究方向。该系的博士培养主要强调四个大领域的研究:大众传播和个人、大众媒介与公众、文化和社会和媒介制度。为博士生开设的课程有政治与大众媒介、媒介与公众、媒介与个人、媒介、文化与社会、媒介制度、研究方法课、传播学研究生讨论会等等,此外,学生跟随老师做研究、写作学位论文以及综合考试等都可以取得一定的学分。

密歇根大学传播研究系的课程设置也清晰地反映出了其大众传播研究型的教学特色。该系的课程特点:一是重理论轻实务;本科生的课程中除了一个实习以外,基本上没有和实践相关的课程,然而实习也是学生自己去独立完成,院系和教师不做指导。博士生课程更是如此,除去一门研究方法课程,全部是理论类课程。二是注重学生的思维能力的培养,课程中设有众多的研讨会和专题研究参与,非常重视学生的参与。该系培养出来的是以理论为导向的,有着深厚的人文社会科学基础的研究型人才,而不是具有熟练专业技能的媒介从业人员。

3. 哥伦比亚大学新闻学院

哥伦比亚大学新闻学院只设有研究生教学,其课程体系完善、成熟、长期稳定。它主要是针对取得学士学位的学生,在研究生层面上加强对其新闻专业能力的培养。哥伦比亚大学新闻学院培养全脱产和在职的新闻学专业的理学硕士、文学硕士以及传播学博士。

哥伦比亚大学新闻学院传统的理学硕士的必修课如下表。很明显这些必修课中理论色彩比较强的就是《新闻学批判》和《新闻、社会与法律》,这两门课所占学分各自都只有两分,整个课程安排还是以实务课程为中心。

理学硕士必修课①

课程	学分
报道与写作 1	6
高级报道与写作	6
媒介研讨会	6
硕士毕业项目	6
选修 1	3
选修 2	3
新闻学批判	2
新闻、社会与法律	2
技能课程	1

以下就以《报道与写作》、《媒介研讨会》课程为例展示哥伦比亚大学新闻学院的教学方式和主要内容。《报道与写作》课程以训练学生采集和利用不同的素材、以公正和平衡的方式报道、并且能够精确、简明完整地

①见 http://www.jrn.columbia.edu/academic_programs/MS/course_checklist.asp。

写作的能力。这门课分为三种教学形式:普通报道、限时写作和每周讨论会。普通写作课指导老师至少一周布置一次任务,例如根据美联社的每日消息组织写作深度报道等等。限时写作以补充普通写作课,学生每周一次课,在课堂规定的时间内完成写作任务。每周讨论会主要探讨有关警察、法制、教育、政治和种族新闻报道等,讨论检验学生们的学习成果。

《媒介研讨》这门课一般是每周两整天时间,6 个学分,安排 15 周的课时。《媒介研讨》包括以下的内容:报纸(以《布郎克斯节奏》、《哥伦比亚新闻服务》两份报纸为主要实践基地);杂志(杂志的产生、写作和文学性新闻);广播电视(电视包括晚间新闻、记录片、电视新闻杂志等;广播),新媒体研究。学生可以选择自己感兴趣的方向的课程。报纸方向的主要是安排学生在两份报纸实习:其中《布郎克斯节拍》是面向纽约市主要是布郎克斯地区居民、官员、私立机构以及大学师生发行的发行量在 6000 份左右的周报。报纸涉及的内容有房地产、商业、移民、健康、教育、宗教、交通和公共安全等等。在这份报纸实习可以为学生正式走上岗位之前得到充分的锻炼。而《哥伦比亚新闻服务》则完全是按照特写辛迪加的模式来操作的,学生在老师的指导下完成报道写作。优秀作品收录到校园网上或者由《纽约时报》新闻服务中心向美国和加拿大 400 余家日报发送。其稿件主题可以是发生在纽约市任何可以引起公众兴趣的事件,包括艺术、娱乐、科学、科技、健康、运动、出版、经济、时尚、旅游、政治、学术、商业等方面;选择这门课的学生一学期至少要完成 6 篇 750—1500 字的文章,并且在老师的指导下反复修改,直到达到可以发表的水平。广电方向分成几个子方向供学生选择。记录片方向的 2006 年的主题是"犯罪故事";学生可以两人一组,在 15 个星期内制作时长半小时的记录片。电视晚间新闻方向的任务是制作半小时的新闻节目,要求学生尽量参与新闻节目制作的不同工作。电视新闻杂志和广播方向要从现场新闻制作学起,然后扩展到描述性的新闻和叙事新闻,再到制作迷你记录片。制作当中学习的技术包括声音的采集、多层次的音响效果、配音,当然电视新闻还加上画面的剪辑等等。而担任指导学生任务的老师都是有着丰富媒体工作经验的业界人士。新媒体方向的学生要学习利用新的媒体(主要是网络)来报道制作新闻,包括文本的写作、摄影、使用音频和视频设备、网页的制作等等。这门课的研究对象是一种在 75 个国家发行的网络杂志——NYC24。

当然,随着时代的发展,哥伦比亚大学新闻学院对其教学模式也做了适时调整;例如他们在 2005 年新开设了学制两年的文科硕士培养计划,学生可以用更多的时间获得其他领域的专业知识和经验,比如科技、经济、环境、管理工程以及艺术。他们也可以专攻一些领域如城市社会学和国际事务等,并可以获得双学位;同时在 2005 年哥伦比亚大学新闻学院还创立一个新的为期一年的文学硕士学位项目,用于培养未来新闻界的领军人物。这个项目的申请人应具有从事记者职业的较高的专业资格:或者是在哥大或相同档次的学院获得了新闻学硕士学位,或者是取得了足够的专业成就。这种一年制的文学硕士分为四个方向,即艺术与文化新闻、政府与政治新闻、商业新闻和科技新闻;所有学生的必修课有两门,新闻史和新闻采访线索;其余的学分学生可以通过选修方向的专题研讨课程和选修其他学院的课程以及毕业论文获得。

哥伦比亚大学新闻学院的课程设置总体上体现了他们强调理论与实践相结合、重视学生业务操作能力的办学理念,他们提供的是一种典型的职业化教育。

第二节　新闻与大众传播专业核心课程

一、核心课程

核心课程(core courses)指在某一领域内,设立指定的课程或者几种可以选择的课程作为本领域学生必须学习的内容。① 它不同于专业方向课程。核心课程有两种形式：全校普遍核心（Common core）、专业核心（core distribution program）。全校普遍核心课程就是在课程计划中规定几门课程作为全校学生的共同必修课，这种形式学生没有任何自主权，所以，采用这种形式的学校已经寥寥无几。专业核心课程就是将核心课程分为几个领域，每个领域分别开设若干门课程，并且规定各专业学生在每一个领域应该学习的课程门数或最低学分。哥伦比亚大学的核心课程就是这种形式。

核心课程不是要拓展学生的知识面，也不是在专业领域深入钻研，而是教育者达成普遍认识认为学生必不可少的学习内容，从而引导学生掌握获得知识的方法。美国的核心教育课程是美国大学通识教育理念在课程设置上的一种体现。

二、美国新闻与大众传播教育的核心课程

如果新闻与大众传播院系以院系为单位开设课程，很难开设综合性的课程，一些人文社会科学类的课程也没办法完成；另一方面，联合其他院系或者多设立院系专业，又很容易造成资源重复的现象。那么，新闻与大众传播院系开设什么样的课程最合理？其核心课程又应当包含哪些内容呢？

美国新闻与大众传播教育的核心课程设置大致可以分为三种类型：一种是没有核心，通常学生在三年级（美国大学一、二年级大都不分系）进入新闻与传播院系后，直接进入某一专业领域或者方向学习，院系并没有规定学生必须修哪些课程。第二种是规定专业或者方向核心课程，在学生选择好专业或者方向后，要求学生必须学习哪些课程。第三种是普遍核心课程，有些新闻与传播学院规定本院学生不分专业都必须修那些课程。

---

①Robert O. Blanchard & William G. Christ , In search of the unit core: commonalities in curriculum, *Journalism Educator*, 36(3), 1985, p. 29.

密苏里大学新闻学院的硕士课程不分专业都有三门核心课程,分别是:大众媒介讨论、定量研究方法或者定性研究方法、媒介伦理学,然后各方向又有方向核心课,如媒介管理的核心课程有媒介经济学、媒介管理与领导、媒介组织传播、讨论研究课(可自己任选课题),战略传播方向的核心课程有媒介经济学、媒介管理与领导、战略传播研究、战略传播策划原理与工具、媒介组织传播、讨论研究课(可自己任选课题)。[1] 这种模式就是一种典型的普遍核心课程的模式。

有学者建议新闻与大众传播院系采用普遍核心课程,认为普遍核心课程有以下优点[2]:一是非常方便有效。新闻传播学者普遍认为某些技能和知识是整个院系学生都应该知道的,普遍性核心课程可以使所有的学生都有可能掌握这些基本的知识和技能。在他们对 37 所新闻传播院系的调研中发现,有 59% 要求所有的学生学习传播法规,有 46% 要求学生学习新闻写作或者是大众媒介写作;这样看来,传播法规和媒介写作是新闻与传播院系普遍认可的两门核心课程。二是起到了引导学生的作用。普遍核心课程作为引导学生进入新闻与大众传播专业领域的入门课程,可以让学生了解传播基本理论有新闻传播事业的基本情况,为学生进入某以专业继续深造打下基础。三是便于学科整合。新闻与大众传播院系重视核心课程以推动全院学生的学习,在概念性与应用专业课程中寻找课程之间的关联性,使不同背景、不同兴趣的学生能有共同的知识基础。

新闻与大众传播学的理论课程可以看作是大学通识教育和社会科学教育的组成部分。实务课程主要侧重表达力的培养,而理论课程则主要培养思考分析能力。实务课程是区分新闻与大众传播学系与其他学科的一个标志。实务课程最大的目的在培养学生利用媒介来表达自己的能力,并且增加学生找工作时的竞争力。

---

① http://journalism. missouri. edu/graduate/online/online. pdf.

② Robert O. Blanchard & William G. Christ , In search of the unit core: commonalities in curriculum, *Journalism Educator*, 36(3), 1985, p. 29—30.

第三节　美国新闻与大众传播院系
课程设置的启示

通过对以上美国新闻与大众传播院系课程设置的研究,我们可以得出如下结论:

1.新闻与大众传播本科阶段的课程规划应兼顾专业素养、学术养成与通识教育

大学新闻与大众传播的课程规划应该兼顾专业素养、学术养成与通识教育三方面的内容。专业素养课程指的是学生将来参与、从事新闻与传播行业所需要的相关的知识和技能,这些知识和技能可以分为两类。第一类是重点在于培养学生的思辨能力和对于新闻与传播行业的概念性理解,从而形成、积累的有关专业方面的学术知识。另一部分就是操作技能课程。学术养成类课程指的是一般学术的基础知识,通常以人文社会科学的其他学科为主,包括社会学、政治学、心理学、经济学、法律等;也包括一些自然科学以及研究方法类的课程。对于新闻与大众传播类的工作性质来讲,掌握一些其他学科的知识恐怕是非常必要的。通识教育指的是一般大学生都应该修读的通识科目,那么新闻与大众传播类的学生同样也需要。大学通识课程适合在大学的前两年开设,一般来说包括文学、艺术、历史、社会与哲学、数学、外语等等。

新闻与传播教育兼顾三方面的课程设置与传统的大学教育理念是一致的,这样的课程和业界对新闻与大众传播教育的期望一致的。当初普利策捐款建立哥伦比亚大学新闻学院的目的就是希望新闻教育能够像法律与医学一样,成为一种有深厚学术素养的专业,而不是工匠带学徒式的手艺。在处理专业素养、学术养成与通识教育的关系中,我们应该处理好理论与实践、基础知识与专业技能的关系,应该树立学术研究为社会服务的观念,不能为了学术而学术。

2.大学通识教育课程中应开设与新闻传播相关的课程

新闻与大众传播教育中的一些课程,尤其是那些属于概念性、思辨性的课程,可以重新组织,成为一般大学生必修或者选修的通识课程。那些非新闻与传播专业的学生,以后不一定会从事新闻传播行业的工作,但是如果学习和了解一些有关媒介和传播的基础性知识,对于他们了解社会、更好地适应社会、完成公民的社会化是大有帮助的。大学阶段的与新闻传播相关的通识教育课程就相当于大学里的媒介素养教育课程。这些课程应该以新闻与大众传播为基础,把历史与公众结合起来,展现公众生活在大众媒介中建构历史的素材;既可以表现传播活动与社会文化环境互动的状态,同时也可以展示传播环境系统内部之间的互动。

3.清楚大学提供业务经验的局限性

业界人士希望大学教育能够提供给学生的不仅仅是基本的学识素养,而且能给予学生贴近工作需要的实际经验。当然大学尽量为学生提供掌握实际技能的课程,推荐学生到业界实习以增加实际经验是非常必要的。但是让大学办成新闻传播机构,例如在大学新闻传播系里办一家报纸或者是电视台肯定是有局限的,这种“模拟实境”能够达到真实媒体的 60％或者 70％就很好了,剩下的 30％或者 40％是年龄、阅历和媒体环境因素所支配的。哥伦比亚大学就有学生办的媒体《哥伦比亚新闻服务》,这份报纸是报纸专业实践的基地,但是试想,学生怎么可能像专业记者那样 24 小时待命呢?学生还有其他的学习任务,时间和精力都有限,这样的媒体不可能同一个真正的日报一样。新闻与大众传播院系不可能成为新闻传播机构。学生在新闻与传播机构短暂的实习当然可以让他在今后的工作中上手更快,然而不可能成为有丰富经验的从业人员。

4.借鉴美国大众与传播院系本科生低年级不分系、重视通识教育的

做法

美国大学的新闻与大众传播教育普遍采用一、二年级不分系和专业,到三、四年级再分专业上课。这种做法非常有益于学生全面素质的提高。

在大学新闻与大众传播教育中前段不分系,美国有些大学采取的是核心课程的做法,使得不同兴趣爱好的学生拥有共同相关联的知识,为今后进入业界工作打好基础。在核心课程中间,那些基础性的课程如人文、社会科学、历史、自然科学等课程,可以由学校统一安排;与新闻和大众传播专业相关的核心课程,如传播学概论、新闻学概论、研究方法、新闻传播史等课程可以由学院统一集中安排。各系的核心课程就由各系自己规划。另外一些大学由于有重视实务经验的传统,并没有实行核心课程的规划;但是规定学生在前段不分系的阶段实务课程的学分要达到多少,理论课程学分要达到多少。这样的课程规划建议可以适当强化技能类科目的知识基础,同时重视理论类课程的问题导向和实际功能。教师和学生经常交流互动,促使实务类课程能够将经验上升到理论的高度,同时理论类课程又注重与实践结合。

5. 在大学中开设在职培训教育和继续教育的课程

大学应该配合社会的需要和科技与理论的不断发展,针对业界目前在职人员或者是非新闻与大众传播专业毕业生的需要,提供培训和继续教育的课程。这种课程属于非学位教育的。当然,完善这样的课程规划需要教育界和业界共同的努力,建立有系统的职业资格制度,整合大学新闻与大众传播院系现有的供在职人员进修的课程,进一步发展完善。另外,大学院系也要真正加强这方面的工作,做好例如将教授培训课程计入教师的工作量、提供教学场所和设备等方面的工作。

第四节 课堂教学

申请入学者必须拥有学士学位。如果申请人只有新闻和大众传播学以外的领域的学士学位，入学后要补修数门新闻学和传播学的本科课程才能被接纳为硕士生，修习专业硕士课程。至于本科阶段的的学习成绩，在美国大学里以 Grade Point Average 来计算。要符合入学要求，本科阶段学分的 GPA 通常都要在三分以上，也就是说，大部分课程都有 B 或 B 以上的成绩。外国学生 TOEFL 成绩必须高于 550 分。在某些入学竞争更激烈的学校，TOEFL 成绩要求更高。校方对申请人的研究生院入学考试成绩没有作具体规定，但有一个不成文的共识：语言和数学能力两项的单项成绩均应在 500 分以上。此外，每个申请人还应有三位推荐人的推荐信，申请人自己也要写一篇 1000 字的文章论述为何要攻读新闻与大众传播类的硕士学位。最后这项要求不可忽视。注重个人独立和个人奋斗的美国人，强调的是个人的选择，校方要看申请人是否明确自己的学习目的和奋斗目标，是否能用清晰的语言表达自己的思想和意愿。至于申请人陈述的具体理由，因人而异，五花八门，并不强求一致，这又是独立性的表现。

美国新闻与大众传播院系的课程教学形式活泼，提倡学生实践、讨论和学生做报告等多种形式相结合。在课堂教学中，教师常常扮演对话者和倾听者的角色。在美国的新闻与传播院系里，学生和老师的关系经常是多样互动的。开学初，教师就向学生提供一个详细的教学大纲，具体到包括课程目标、每堂课的时间、内容、学生的阅读书目、考核方式等等，鼓励学生在课堂外的学习和讨论，提倡自学和小组讨论，注重培养学生的独立思考和学习能力。通常老师讲得比较少，一堂课中教授讲授的时间往往只占一半或者三分之一，其余的时间学生讨论或发表演讲。教学过程中,教师使用 PowerPoint 等计算机课件辅助教学。学生思考问题并在课堂上发表自己的看法,教师多数时间都在扮演倾听者的角色,然后适时进行点评、引导。而教师进行评价的标准也是多种多样的。

研讨会也是一种授课方式。学生和教师就一个专题进行讨论。这些专题主要是老师的一些科研项目或者是一些热点话题,通过这样小型的讨论通常能够达到很好的效果。

美国新闻与大众传播院系的教师普遍比较注重激发学生对所学专业的兴趣。例如他们讲授新闻学概论、新闻传播史等入门性课程的教师讲述前辈的奋斗历程、崇高理想和牺牲精神的同时,常常以自己的亲身经历言传身教,在潜移默化中激发学生的兴趣。

第五节　考核方式

一、美国新闻与大众传播院系的考核方式

美国新闻与大众传播院系对学生的考核方式很少采用闭卷考试的形式。本科生的课程考核方式也往往是采用论文或者是做演讲的形式。实践类的课程则多以实践成果为依据给学生打分。

硕士生的毕业考核方式有三种。第一种方式是撰写学位论文。选择这种方式的主要是准备进一步攻读博士学位、以从事教学和研究为目标的研究生。论文必须体现学生对某种传播现象或某个传播问题的有系统的研究,对研究对象有一个明确的界定,陈述主要的假设,论证该项研究的意义,提出适当的研究方法,分析数据或者材料,得出合理的结论。由三名教授组成的论文指导委员会指导论文的研究和写作。论文完成后,学生还要通过论文指导委员会组织的论文答辩。

第二种方式是做一个研究项目。选择这种考核方式的学生要比撰写学位论文的学生多修一门课,以补充不足的总学分数。与论文相比,项目的实用性更强一些。采取以下两种形式中的一种:发表于报纸或杂志的一系列深度报道,或是对某个传播学问题的系统分析,加上解决方案。这种考核方式适用于那些打算毕业后从事传媒实务的学生。选择做研究项目的学生同样要在一个由三人组成的指导委员会监督下工作。与论文不同的是,项目结束后不再进行口试。

第三种方式是参加综合考试。选择这种考核方式的学生要比撰写学位论文的学生多修两门课以满足学分要求。学生要与三名教师联络,组织一个三人考试委员会,商定考试范围,三人分别负责考核学生对研究方法、理论和主干课程的学习情况和掌握程度。考试以笔试的形式进行。采用这种方式就意味着学生在获得硕士学位后不再继续攻读更高学位,因为几乎所有申请攻读博士学位的人都必须附上一份硕士论文。选取这种考核方式的好处是易于安排时间表和工作进度,也便于掌握毕业的时间。如果是写论文或做项目,就有可能因为种种原因而使时间表难以掌握,增加学习计划实行过程中的不确定性。

博士生的毕业考核方式主要是撰写有创新性的博士论文。在做论文之前一般有两到三个资格考试,一般包括候选资格考试(candidacy exam)和综合考试(comprehensive exam)。博士生在通过这些考试后,才可以开始做论文。如果学生通过所有课程的学习,论文没有完成或者没有通过,那么就是准博士(ABD, All But Dissertation)。在一个预定的时间范围内完成论文就可以拿到博士(PH. D)学位了。博士生接受导师团的指导,一般有3—5位导师集体指导。博士候选人完成论文通过论文答辩可以被授予博士学位,如果没有通过也可以以准博士的身份去找工作。

美国的新闻与大众传播教育为学生在毕业考核中提供了较大的自主选择权,有利于满足不同学生的需要。

二、对我国新闻与传播教育的启示

一般来说,我国高校获得文科学士学位的要求,都是撰写理论性的毕业论文。新闻传播专业是实践性、应用性很强的专业。结合专业的特殊性与我国高等教育的现实情况,笔者对新闻与传播专业的本科毕业论文改革提出几点设想:新闻传播类的本科生的毕业论文不要统一要求写理论性的文章,提交有一定专业水准的新闻作品或者广告作品等也可以作为一种考核标准。新闻传播类的学生能写作、拍摄或者制作出较高水平的新闻、广告作品,无疑可以表明其有一定的专业敏感,具有发现问题、认识问题、分析问题的理性思维能力;同时也表明了他具有适应受众需要的表达、表现能力。

而且,我国高校应届本科毕业生写作毕业论文、做毕业设计的一般都安排在第四学年,尤其以第八学期最为关键;而这个时候又是绝大多数毕业生忙于找工作的时期。由于大学生就业形势异常严峻,毕业生第四学年往往相当繁忙,实习、找工作、考研、考各种证书等等;为了找到一份合适的工作,毕业生投入了大量的精力和时间。新闻传播专业的学生更是如此,因为新闻单位往往要求学生长期实习、见习,综合其表现才能最后决定是否录用。好多新闻传播专业学生的毕业论文常常就是在实习单位工作时忙里偷闲写出来的,甚至有些学生是在临近交论文的最后关头临时抱佛脚,应付出来的。那么,学生的毕业论文的质量就难以保证了。

学生参与实习与实践环节应该说是学生综合素质和专业水平的直接检验,是激发学生创新能力的重要阶段。我们应当相信,学生在实践过程中对自身知识结构以及自我价值评价与社会需求的关系,都会进行深刻而有现实意义的调整。那么,以新闻传播专业的学生的实际情况来看,毕业论文的教学环节也可以考虑实施多样化的形式:论文形式不必要局限为理论文章;对理论研究有兴趣或者今后致力于继续深造的学生可以选择写理论性的文章;对准备从事新闻传播实践工作的同学可以申请用"新闻作品"或者其他作品来代替毕业论文。

第六节　美国新闻与大众传播教育的协会式评估体系

一、评估模式和过程

美国新闻与大众传播教育的评估模式主要有三种:一是非正式的校内评估模式。这种模式就是针对每一门课程,在学期末请学生填写一张简单的表格,然后统计结果供学校和老师参考。第二种是校外评估模式。学校就其硬件设施、教学环境等经常性地请校外的专家进行评估。学校不定期地抽出一些与课程有关的东西,如学生作业、教师教案等等,请校外同行评审会进行评估。第三种是协会式的评估模式。例如美国传播学会对新闻与大众传播教育一些项目的评估、《美国新闻与世界报道》组织的新闻与大众传播院系的排名等,其中最为成熟和规范,也最为美国新闻与大众传播院系重视的是美国新闻与大众传播教育评估委员会的评估。

专业协会主导作为全球最大传播学会(会员超过 7000、出版 10 种定期刊物、有 60 个研究兴趣组),美国全国传播学会(NationalCommunication Association, NCA)于 1996 年和 2004 年进行了两次针对新闻传播博士项目的研究,称为 Reputational Study of the DoctoralPrograms in Communication。这项声誉评价把众多的参评院校的博士项目细分在 9 个子领域(大众传播、人际传播、传播与科技、批判文化等)内进行,评估内容包括三个方面:Scholarly quality of program faculty, Quality change in last five years,评分结果依据第一方面的得分排序,其余两项为辅。

NCA 通过每个项目的联系人分发问卷,使得问卷传递到每个博士生项目的教师那里,这些教师可以对表中列出的任一博士项目打分,同时问卷的编码设计使得他们不可以给自己任职的项目打分。

其局限主要在于该项研究不是通过专业的调查机构而是通过联系人为中介实施调查,一些院系不愿意或者忘记或者没有及时地返回自身博士项目的完整信息,因此未被列入最终的问卷备选项中。其中包括几所著名机构的个别传播研究博士项目,如 School of Communication at University of Hawaii, Manoe, Institute of Communication Research at University of Illinois, School of Journalism and Mass Communication at University of South Carolina。

由民间组织主导《美国新闻与世界报道》进行大学排行的主要目的,是为了帮助美国的学生及家长以及国际学生,进行选校时的参考。其相对的合理性与可靠性就在于它的差异性操作:根据高校的历史使命对大学进行的合理分类和对不同类型学科采取不同的排行体系。每两年出版一次的《哥曼报告》,是私人团体对高等学校进行的评价和排名。他们对本科生教育和研究生教育进行评价,并依此结果对大学进行排行。在研究生教育评价上,按研究生学科对上万个研究生计划进行评比,按学院进行排名;按管理、课程、师资、教学保障条件和总体质量排出国际上和美国领先的学校。

美国新闻与大众传播教育评估委员会①(the Accreditation Council on Education in Journalism and Mass Communications,简称 ACEJMC)是美国高等教育认证评估协会(the Council for Higher Education Accreditation)正式认可的认证新闻与大众传播教育方面的机构。它的前身是 1945 年成立的美国新闻教育协会(the American Council on Education in Journalism),1980 年更名为美国新闻与大众传播教育评估委员会;机

---

①"accreditation"可以翻译为"认证"、"鉴定"等,为了与我国教育界当前使用的术语一致,本书采用"评估"的说法。

构最初是新闻教育与报业协会的联合组织,现在扩展为包括美国国内外的报纸、广播电视、广告、新闻摄影、公共关系以及新闻与大众传播教育机构的联合组织。美国新闻院系协会(American Association of Schools and Department of Journalism)、美国报纸发行人协会(American Newspaper Publishers Association)、美国报纸编辑人协会(American Society of Newspaper Editors)、全国编辑协会(National Editorial Association)、南方报纸发行人协会(Southern Newspaper Publishers Association)都是美国新闻与大众传播教育认证委员会成立之初的基本成员。该协会成立之后,不断地有业界专业协会和教育协会加入:全国广播电视人协会(National Association of Radio and Television Broadcasters)在 1952 年加入该协会,美国新闻与大众传播教育协会(Association for Education in Journalism and Mass Communication)和美国新闻学院负责人学会(American Society of Journalism School Administrators)也于 1953 年加入该协会,杂志发行人协会也在 1957 年成为该协会会员。

美国新闻与大众传播教育评估委员会的评估项目主要包括以下内容[①]:行政方面,最主要是针对院系领导,以了解院系领导是否有能力在学识、教学、筹集经费方面等领导,职员的分工是否明确,对工作进度是否有追踪考核的程序;财政预算方面,预算有多少,分配是否合理;课程设置是否合理;学生记录,学生成绩记录是否正确,有没有学生咨询系统;教学评估文件(包括教学目标、上课过程记录、学生报告等等)是否齐全;教师资格是否达到标准;实习,包括学生在校内实验性的课程和学生校外实习;教学设备情况;教师的科研情况;公共服务,教师的著作、研究、专业活动是否转化成对公众有益的实际成效;毕业生的就业情况和校友追踪情况;以及学生的奖学金情况和学生教师中的少数民族和女性比例情况等等。

①部分内容参见 ACEJMC 的官方网站 http://www2.ku.edu/~acejmc/。

美国新闻与大众传播教育认证委员会进行评估认证的过程是这样的:首先是由想参加评估认证的院系发邀请函给协会,学校先进行自我评估,然后由协会派评估小组去进行具体评估。评估小组每六年回到同一院系去评估一次。第一阶段是由评估小组提出许多问题请受评单位的教师、学生回答,进行自我测评。然后将自我测评的结果送回到评估协会,从中发现问题,隔一段时间评估协会再去验收。具体验收活动包括访问院系的行政人员、教师、学生,听课随堂访问,查阅学生的作业,评估教学设备、学生实验实习条件等等。三周后,评估小组向协会提交建议和评估报告,副本送给被评估院系。评估的结果分为三种:通过、暂时性通过和不通过。暂时性通过是指被评估院系可以在短期内采取措施进行修正,最后获得通过的结果;没有通过的院系,可以在两年后申请复查。当然,对评估结果有异议的院系也可以向协会的申诉委员会申诉,要求重新评估。

目前,评估委员会包括 35 名成员,其中 3 名为常设代表(包括评估委员会的正副主席),16 名为新闻传播业界代表,16 名为学界代表,他们分别代表与新闻与大众传播教育相关的学界和业界的学会或协会,包括报纸、广电、广告、摄影、公关等社团和新闻与大众传播教育界。每次的评估工作组成一个评估小组,一共是 15 个人,其中 8 个是教师,7 个是业界人士;其中包括专业协会代表和业界代表,并有少数民族和女性代表。对评估事项而言,协会承认各院系独特的条件、任务和资源,不强调一致;希望促成教师的创新,协会制定的标准是相对的,弹性很大,不强调统一,鼓励多样发展。当然,参加测评的院系需要先交纳 1000 美元的评估申请费,另外还需要支付评估小组到院系访问的活动费用;通过评估的院系,每学年缴纳给美国新闻与大众传播教育认证委员会 1000 美元的会费。具体评估结束后,美国新闻与大众传播教育认证委员会会给学校一份评估报告,其中包括学校的具体情况、是否通过评估以及就学校的不足之处提出的意见;例如如果这个学校的新闻学专业很强的话,评估报告就往往会建议其发展广告、公关专业；如果学校的开设的课程太多，评估报告会建议其整合课程等等。

2004年新闻与大众传播教育评估标准进行修订以后，明显地比以前更加强调对学生学习效果的评估。关于学生学习效果的评估指标主要包括：新闻与大众传播教育机构必须明确学生应当具备的专业价值观和能力，必须用多种直接和间接的手段来评定学生的学习结果，并给出书面的评定结果；必须与校友保持稳定的联系，及时接受他们的评估，并且根据他们的意见来改进课程和教学手段。评估标准对新闻与大众传播教育必须使学生获得的"知识、能力、价值观"的原则进行了具体划分，细化为11个方面的细则。这些细则规定中明显重视学生的主体性，在学校的图书馆、实验设备等资源的利用上，在教师对学生的指导和学校对学生提供的服务方面，都做了明确的要求，比如提出学校服务的目的在于促进学生学习、保证其按时完成学业。

二、评估的价值和作用

ACEJMC的评估工作是美国高等教育评价活动中的一部分。随着美国高等教育评价理论与实践的发展，ACEJMC不断提高教育评价的可信度、效度、相关度，形成了现在的运行机制。它的评价标准，在几种力量之间找到了动态平衡，利用它们的相互制约，不断提升新闻与大众传播教育的水平。

一个总体上稳定的、较为一致的新闻传播教育价值观是被整个评估委员会所认可的：教育要有较高的专业水准和职业道德；要尽可能为学生创造多的学习机会、实践机会和交流机会；帮助学生树立明确的职业生涯规划；强调个体的受益（无论是从业人员还是学生、教师）；调动社会各方资助教育；教育与实践不分家。当前ACEJMC的评价政策和理念上的趋势是：以改进学生的学习效果作为教育评估的最终目的；以为学生服务的水平高低作为教育评价的根本标准;使评价标准体系更加结构化、可操作化;鼓励新闻传播院系更加灵活地吸收社会资源"为我所用",尤其是业界资源,与业界形成更强的互动关系。

ACEJMC 对新闻传播教育的评价标准不断地推陈出新,最大限度地满足各方需求。通过从业人员与教师的互动,专业人士与学者的互动,业界对学生和教师的培训与帮助,以及社会公众通过基金会的形式对新闻传播教育的每个环节提供经济资助,ACEJMC 的成员组织形成了一个专业的教育评价共同体。

美国新闻传播教育的协会式评估体系体现了自愿原则。美国的新闻与大众传播院系可以自主决定是否参加评估,也可以自行决定是否退出评估。自愿原则是与美国新闻与大众传播教育评估协会强调新闻与大众传播院系应从各自的实际情况出发坚持各自的办学风格一致的。评估委员会强调的是他们所制定的新闻传播教育的总体标准,但是并不要求所有新闻与大众传播院系都千篇一律,相反希望各个院系能够体现出各自的优势和特色。

美国新闻与大众传播教育评估委员会的评估工作所产生的正面作用是显而易见的。它从一开始就以服务新闻业为目的,将新闻业界对人才需要和工作标准通过评估工作传递给了新闻教育界,强调理论与业务结合;要求新闻与大众传播专业科目的基本内容和学生的学习效果达到一定的标准,保障毕业生的起码专业能力;它严格执行新闻与大众传播学科以外的学分占总学分的三分之四以上,使人文和通识教育成为美国新闻与大众传播教育的主要内涵。这种以教育对象为依托的评估体系,强化了教育主体的地位,重视教育的服务性,对于新闻与大众传播教育的进一步发展提供了方向性的指导。

虽然,该协会评估的结果不排名次,但是通过评估的院系或多或少会以此为荣,认为可以以此向社会各界展示新闻与大众传播教育专业团体对他们的认可,甚至会以此向各种基金会和政府部门筹集办学资金。不仅新闻与传播院系的管理者重视评估,各大学的校领导也非常看重评估的结果;他们往往也以此来衡量本校新闻与大众传播专业的学科竞争力。

当然,美国新闻与大众传播教育评估协会的评估工作所引发的问题也不少。例如美国新闻与大众传播教育评估协会的评估工作主要是针对职业训练教育的,所以许多以研究型为主的新闻与大众传播院系,尤其是硕士和博士阶段,并不在评估的范围之内;以研究性著称的院系参加这样的评估,自然就比较吃亏,正因为如此,斯坦福大学新闻学院始终都不参与美国新闻与大众传播教育评估协会的评估,而威斯康星大学也于1991年宣布退出评估。1995年明尼苏达大学新闻传播学院的评估结果就是暂时性通过,理由是他们计划的太多,而可利用的资源却太少。到1996年,该学院只好取消一些专业,更改一些课程,甚至是直接删除一些课程;以便能够顺利通过协会的再评估。此外,新闻与大众传播学科是人文意识比较浓厚的学科,如果采用统一的标准进行评估,就难免陷于重视形式和数量方面的教学成效,不一定会有利于强调发展有各自特色的人文学科。

三、对我国新闻传播教育的启示

美国的新闻与大众传播教育所处的社会环境与我国不相同,我国的新闻传播教育也没有必要去完全照搬美国的模式。但是美国新闻与大众传播教育协会式评估体系中的某些理念和具体做法对我国新闻传播教育的评估有一定的借鉴和参考作用。

首先,新闻传播教育要强调其社会责任。

美国新闻与大众传播教育评估委员会在1994年就明确提出美国新闻与大众传播教育要致力于不断提高其专业水平,使得培养出来的学生能够适应社会发展的需要;与此同时,评估协会也强调了自身的责任,提出要对学生、家长、新闻传播业界和公众负责。正因为有着这样的理念,评估委员会提出了以下的工作目标:(1)致力于建立、完善新闻与大众传播专业化教育质量的严格标准;(2)为新闻与大众传播业界和学界提供一个交流平台,了解媒介的新发展对新闻与大众传播教育的影响,并及时调整和把握新闻与大众传播教育的发展趋势;(4)帮助新闻与大众传播院系了解评估标准、参与完成评估;(5)向学生、家长、新闻与大众传播业界阐释评估的益处,确保参评院系达到一定的专业水准,使学生毕业后能够从事相关行业的工作。

评估委员会提出的这种社会责任感是促使新闻与大众传播教育向前发展的直接推动力,仅就这一点来看对提升我国的新闻传播教育的办学理念有着重要的现实意义。当然,近年来我国的新闻传播教育总体上发展很快,也取得了很大的成就;但是在很多方面还存在着一定的问题。比如一些非教育性的因素对我们的新闻传播教育影响太大,换句话说,我们国家兴办了这么多的新闻传播教育院系,不完全是因为我们的新闻传播业的需求增长如此快,也不完全是因为如此多的院系都具备了开办新闻传播专业的条件;归根到底,还是一个缺乏专业主义精神和对新闻传播教育真正负责的问题。因此,借鉴美国新闻与大众传播评估委员会这种专业精神以及认真负责的态度就相当必要了。

其次,树立新闻传播教育的专业主义精神。评估的核心就在于造就一种专业主义精神,把新闻传播业界的人才需要及工作标准,通过评估反馈给新闻传播教育界,最终实现为新闻传播业服务的目的。

第三,开展新闻传播教育评估总体上可以促进我国新闻传播教学和科研规范化。当然,如果将新闻传播教育的规范理解为千人一面、一成不变的发展模式,那就大错特错了。这种规范应该是建立开展教学和科研活动的一些基本要求和标准,不同的院系、教育机构可以在此基础上发展自己的特色。

我国目前对高等教育的评估体系主要是针对高校,而不是针对某个学科。具体到单个学科的发展,针对学科的这种评估体系应该是更加有效的。我国的新闻传播教育的实际情况、社会环境等与美国有着相当大的差异,照搬美国的模式不一定适合我们。借鉴美国经验,笔者提出以下的参考建议:(1)成立一个专门的机构来制定评估的标准;(2)评估小组的成员不但要有新闻传播教育界的学者,而且要有适当比例的新闻传播业界的代表;同时评估小组人员的选择要考虑到多方因素,避免成为少数人的代表;(3)真正落实评估的意义,形成一套可以有效实施的机制,及时将评估的结果和意见反馈给参评院系,促使其更好地发展;(4)保持评估过程的公开、透明;可以考虑设立专门的评估网站公布评估过程的各项工作,例如评估的原则、时间、收费标准、院校资格审定、自评报告准备、评估的投诉方式与注意事项等等。

第七节　本章小结

从以上对战后美国新闻与大众传播教育的课程设置、教学过程、考核方式和教学评估的论述,笔者得出如下结论:

第一,美国的新闻与大众传播专业的课程种类繁多,有很强的包容性、多样性。这些课程既包括新闻、传播专业技能类课程,又包括新闻和传播理论类课程;既广泛涉猎人文和社科知识,又重视学术研究方法类课程。

第二,当前美国的新闻与大众传播院系大致可以分为综合性的新闻与大众传播教育院系、以传播教育为主的院系、专业性研究型、小型的州立大学和社区学院四种类型,分别形成了各自特色鲜明的课程模式。

第三,美国新闻与大众传播院系教学形式活泼,注重学生自我学习能力的培养;考核方式也十分灵活。

第四,美国新闻与大众传播教育的协会式教学评估体系历史悠久,其评估标准、形式发展比较完备。通过评估将业界的需求和教育界的教学紧密联系起来,保障了学生在大学教育中能够获得起码的专业能力。然而,这种评估体系也存在着一定的局限性,例如,评估侧重院系对学生专业能力培养方面,对研究型的院系针对性不强;另外这种评估体系主要是面向本科阶段教学的,对硕士、博士研究生教学关注不够。

第四章　战后美国新闻与大众传播教育与学术研究的互动

新闻与大众传播院系是培养新闻与大众传播事业从业人员的主要场所。新闻与大众传播学术研究是改进大众传播事业的必要途径。为了提高新闻与大众传播事业的水平,使其随着时代的发展不断进步;为了完善新闻与大众传播学科的学术体系,使其在社会上获得应有的地位,必须加强新闻与大众传播教育与学术研究的互动。

新闻与大众传播事业发展迅速,学术研究工作日益深入,在实际工作中就要做到以理论指导实务、以实务检验理论。新闻与大众传播教育对媒介和社会进步的责任,主要体现在用学术研究的眼光,客观评价传媒行为,帮助完善现有的传播制度。同时,新闻与大众传播院系也应该开展普及的媒介素养教育,促进传播知识的社会化。

战后美国新闻与大众传播教育者通过开展学术研究、组织学术团体、创办学术期刊等方式开展了多种多样的学术研究活动,拓展了学术交流空间、促进了学科发展的科学化、专业化和学术化。与此同时,广泛地开展学术研究也促进了新闻与大众传播专业的教学内容、教学方法的不断更新,为新闻传播业培养出了更多的优秀人才。

第一节　影响美国新闻与大众传播教育与学术研究发展的教育哲学

战后美国新闻与大众传播教育与学术研究广泛地受到实用主义、永恒主义等教育哲学的影响。

一、实用主义

实用主义哲学作为美国土生土长的教育哲学流派，对美国的新闻与大众传播教育和学术研究产生了重大影响。

实用主义发端于法国哲学家孔德。孔德和他的后继者斯宾塞都认为社会事实同自然事实一样，是独立于人的客观存在之外的。孔德认为"实证哲学的基本性质，就是把一切现象看成是服从于特定的自然规律；精确地发现这些规律，并把它们的数目压缩到最低限度，乃是我们一切努力的目标。"①在实证主义者看来，自然科学的方法可以应用到所有科学，包括社会科学。科学的基础是对现象的观察，是由感官经验得到并且可以进行验证的事实。经验可以发觉存在的自然法则，以形成假说预测未来。实证主义者坚持事实和价值是二分的。实证主义传入美国后促成了美国本土实用主义哲学的产生。从孔德所倡导的实证主义到拉扎斯菲尔德所做的一系列实地调查，再到学者们对于控制论模式的探讨，美国的大众传播学研究以经验学派为其主要流派，开始了大规模的、系统深入的实证主义研究。

20世纪初，美国实用主义创始人威廉·詹姆斯出版了《实用主义》一书。他认为实用主义是以追求真理为目标的，实用主义的方法可以调和形而上学的无休止争吵。实用主义最重要的代表人物是约翰·杜威。他更加注重运用科学方法来解决实际问题，通过了解人和社会的性质，用科学来解决不利于人类发展和幸福的问题。杜威的实用主义重视手段和工具的价值，用哲学为社会问题开出药方，他的哲学也被称为工具主义。杜威提出要集中用一种思想或理想作为认识和纠正具体社会弊端的方法，

---

①洪谦（主编）：《西方现代资产阶级哲学论著选辑》，商务印书馆1964年版，第30页。

而不是提出什么遥遥无期或无法实现的目标。他强调教育在社会改造中的作用,认为大众传播是变革和改造社会的重要工具,新的传播技术将会导致社会价值体系的重构。

美国的新闻与大众传播教育和研究从一开始就有着实用主义的哲学背景。实用主义对教育的影响体现在各个方面:在教学目标上,重视培养学生解决实际问题的能力,认为求知的目的就是实用;在教学内容上,重视社会科学、实践类课程,偏重专业技能的学习。就新闻与大众传播教育而言,从教学内容来看,一直以来采访、编辑等等业务课程都占据着重要的地位;从教学的技能和方法上来看,学生要通过实践去掌握这些基本技能。新闻与大众传播院系往往雇佣一些有丰富实践经验的业界人士来担任教师,也充分体现了其注重实用的传统。

实用主义方法广泛渗透到了大众传播学术研究中,特别是传播效果研究。效果研究是战后美国大众传播研究的主流。二战以前,传播学的研究集中在媒介对社会产生巨大效果的假设上,出现了"枪弹论"等一系列效果理论。二战以后,人们认识到媒介效果是有限的,产生了"有限效果论"。20 世纪 60 年代以后,研究者们发现不能够忽视受众在传播过程中的主动性,"使用与满足论"继而诞生。80 年代中期以来,以社会理论为主流的效果模式,更加关注在广泛社会背景下的媒介对于社会价值观念、生活方式和思维方式影响的问题。当然,过分重视实用主义,新闻传播研究往往直接或间接服从于政治和商业的目的,成了一种工具,无法具有批判的作用,也造成了研究容易从孤立的事实出发,而忽略了在社会的大环境中考察传播现象。

二、永恒主义

永恒主义是对美国新闻与大众传播教育产生较大影响的另一流派,主要代表人物有哈钦斯、艾德勒等等。

永恒主义思想渊源可以追溯至古希腊哲学家柏拉图。柏拉图认为有两种世界:一是实在世界,即物质世界,是靠感官、感觉得来的经验世界,是会变的和不完善的;二是观念世界,即精神世界,是理性思维的结果,这是抽象且永远不变的真理。换言之,柏拉图认为知识来自感官是不确定的,真正的知识是来自观念世界、理念世界。即只有靠先天理性的思维、内在观念,才能获得真知。永恒主义的近代渊源来自黑格尔,他是19世纪最重要的理想主义哲学家之一。黑格尔认为知识是在其限度内成为系统的观念,系统愈广泛,观念就愈贯通真理。知识不是零碎个别的,而是整体统一的。真善美是宇宙结构的一部分,宇宙是理想的设计,其实体是精神的、心灵与观念的。

永恒主义有着深厚的古典人文主义传统,它对教育发展过程中产生的混乱和动荡采取复古主义态度。永恒主义者回顾历史的目的是为了及时地建立当前的教育目标、制定当前的教学计划,他们继承了西方文明的许多伟大思想和成就,从前辈们的经典著作中得到启发,相信学校教育的目的就是启发学生的心智。他们认为教育受文化因素的影响很大。不论是谁、在什么地方,都应该接受普遍的基础教育,例如历史、语言、数学等等课程。如果课程结构忽视了古典传统,这对学生和社会都是极为有害的;一个人只有在了解过去的传统以后才能够精神饱满地面对现实,才能为社会做出贡献。道德教育包括对学生的职业道德、自我的控制能力以及社会责任感的培养,这也是基础教育中不可缺少的环节。

在教育目的上,永恒主义者重视启发理性和通识教育。他们认为知识的主要来源是理性作用,因而求知必须先要启发人的先天理性、启发心智,而不以经验充实为目的。在课程内容上,永恒主义者重视人文科学以及理论类课程;他们认为课程所提供的知识应是普遍、永恒的事物法则和原理观念。课程应该反映知识与宇宙的整体性关系,增进学生对于宇宙与人生关系的了解,尤其是使学生接触更广泛的人类文化遗产,广泛而全面地增进学生的知识兴趣,使自我理想的实现具有更多的可能性和现实性。

永恒主义的代表人物哈钦斯在 1942 年牵头组成新闻自由委员会（又名哈钦斯委员会）。这个委员会先后九易其稿，于 1947 年发表了后来被称作为传媒的"社会责任理论"奠基的总报告《一个自由而负责的新闻界》。报告中建议"在传播领域创建从事高级研究、调查和出版工作的学术——专业中心"，"现有的新闻学院利用其所在大学的全部资源，使它们的学生接受最广博、内容最丰富的训练"。① 在这份报告中充分体现了永恒主义教育哲学的思想，例如在新闻与大众传播领域重视道德教育、人文科学、主张开展通识教育等等。

第二节 战后新闻与大众传播研究的主要发展

一、发展历程

20 世纪 30 年代末和 40 年代初，"美国商业广播业吸引听众的需要和当时对战争期间宣传研究的需要，决定了这一时期传播研究的方向。"同时，普遍流行的"大众社会"理论也促进了大众传播效果的研究。这种理论认为，在一个城市化和工业化的社会里，人们之间的社会联系弱化了，个人皆被"原子化"了，并任凭大众传播媒介来摆布。② 二战以后，人们重新思考人的权利和价值。在新闻传播领域，人们又重新审视新闻自由，以此使媒介负起社会责任。20 世纪 30 年代到 50 年代期间，对传播

①Commission on Freedom of the Press, *A Free and Responsible Press*, Chicago: The University of Chicago Press, 1947, p. 99.

②Weaver, G. H & Gary, R. G., Journalism and Mass Communication Research in the U. S.: Pass, Present and Future, *Mass Communication Review Yearbook*, 1980, p. 124.

者的研究比较集中,对报纸和报业的研究日益普及。

1943 年,由芝加哥大学校长罗伯特 M.哈钦斯主持的新闻自由委员会成立,研究和探讨美国新闻自由的前景。委员会于 1947 年出版了《自由而负责的新闻事业》一书和后来 6 个专项研究。这一重大研究是对在资本主义社会条件下新闻自由所面临的问题进行哲学思考。委员会围绕这一问题对政府、新闻界、社会公众,提出了许多具有深远影响的建议。

20 世纪 30—40 年代,以霍夫兰和拉扎斯费尔德为代表的学者,主导了这期间的传播学的研究方向。霍夫兰从社会心理学的角度研究态度改变;拉扎斯费尔德从社会学角度研究大众传播和社会组织之间的关系;并进而拓展了国际传播研究的领域。他们给传播研究奠立了基础[1]:(1)传播研究是大众传播媒介的研究;(2)假定传播研究的方法是社会科学研究方法;(3)对待传播研究是绝对的美国研究传统;(4)认定传播研究的核心是传播讯息影响受众的过程。

施拉姆认为,从 30 年代中期到 50 年代中期,研究的主流分为三个方面[2]:(1)从"社会历史"的角度研究新闻史和编辑生平,这类研究更强调工业化、城市化和科技等这些更本质的社会因素的影响;(2)新闻事业与社会关系的研究,包括新闻哲学分析、大众传播法研究、媒介所有权研究,政府与新闻界关系研究,新闻媒介在社会舆论形成过程中的作用,新闻自由与社会责任等;(3)将新闻界作为传播机构的研究和对其传播过程的研究。

上述研究主流得以形成和发展的主要原因是:人们可以从许多不同的来源获得有关传播事业的各种数据;随着各大学研究中心的发展,现场调查的机会越来越多;定量研究方法愈加成熟;基金会和各种机构对新闻

---

①Delia,J. G. , Communication Research: A History. In C. R. Berger&S. H. Chaffee(ed) *Handbook of Communication Science* ,Beverly Hills,CA:Sage, 1987, p. 20.

②Weaver G. H&Gary, R. G . , Journalism and Mass Communication Research in the U. S. : Pass,Present and Future, *Mass Communication Review Yearbook* , 1980, p. 130.

和大众传播研究的资助有所增加;以及新闻学院逐渐由注重英语的学院转变为注重应用社会科学的学院,这些新闻学院越来越重视大众传播与社会的关系问题。

此时,定量的社会科学研究受到了更多的重视。但是,据《新闻季刊》编辑雷蒙德内克森说,尽管到 30 年代初,社会科学的研究方法已相当普及,直到 1948 年,该杂志刊登的文章大多数"人文式的非定量的"。

1947 年,施拉姆在设立了伊利诺伊大学传播研究中心,随后于 1955 年在斯坦福大学设立传播研究中心。在 30 年代到 50 年代期间,新闻和大众传播研究有长足的发展,但是,许多研究领域尚无人耕耘,特别是历史性研究,它在很大程度上还仅限于"渐进式"的解释和以"伟人"为线索。在新闻与社会的研究领域,很少有人涉及经济、新闻自由、社会责任和新闻工作之间的关系问题。另外,几乎没有人研究大众传播机构的运转问题,如各种组织和社会机构对新闻工作者的种种约束,在判断新闻价值的过程中个人价值观和行业准则所发挥的作用,新闻工作者的培训;他们的职业态度;以及对他们从事新闻工作的经济收入和其他形式报酬等问题的研究,还无人问津。

1959 年,在其论文《传播研究的现状》中,贝雷尔森宣称"传播学研究,正处于枯萎状况"[①],由此引发了传播学历史上有关传播学研究自身的第一次大讨论。他指出传播学研究已从三个方面出现衰退[②]:第一,开创传播学研究的四位先驱已经或正脱离该领域。与此同时,具有新的能产生影响的学术创见的后继者没有产生;第二,向新的研究课题的扩展已显然减缓,甚至停滞了;第三,一些所谓的新的研究,事实上只是在重复四位伟大先驱在多年前已经涉足过,并且已对之失望的东西。

---

① Bernard Berelson, The State of Communication Research, *The Public Opinion Quarterly*, 23(1), Spring, 1959, p.1.

② Bernard Berelson, The State of Communication Research, *The Public Opinion Quarterly*, 23(1), Spring, 1959, p.2—6.

20 世纪 60 年代,克拉珀出版了《大众传播的效果》,分析了集中探讨人们接触大众传播后,在短期内个人态度和看法变化情况的研究,得出了有限效果的结论。传播效果研究从万能媒介论到效果有限论,一度引发了学科存续的危机。

因此,50 年代和 60 年代传播研究的状况是:一方面是社会调查方法的广泛应用,另一方面是对传播研究产生了种种困惑。

从传播研究的巩固期到建立起一门独立学科的过程中,最重要的莫过于把传播研究整合纳入到新闻学和演讲学两个领域。1965 年之后,为了职业与大学教育的需求,新闻系与演讲系联手整合了传播学的研究领域。此前的研究完全依赖社会科学方法,忽略了其他领域,而且造成了与教育之间脱节的现象。

传播科学的研究注入新闻学领域之后,也出现了一些冲突。因为,传统上,新闻学以基础教育的职业训练和质化的研究为主,传播学则以量化为主。但是,两个学科相互渗透之后基本能和平共存。这在 1960 年代之后的教科书质化、量化、职业化、和学术化等主题均匀讨论可以看出来。

20 世纪 60 年代,电视的普及、社会的骚乱,不由得使人们将两者自然联系在一起,并激励研究者考察分析电视这一新传播媒介的社会影响。在随后的二十多年,出现了数百例涉及电视对美国社会影响力的研究,其中绝大多数集中研究电视、特别是暴力的电视节目,对儿童的短期效果问题。同时,政府对传播研究的资助数额有了较大提高。例如,约翰逊总统于 1968 年任命科纳尔委员会调查报纸和电视报道在社会政治骚乱中的影响。政府资助研究电视广告节目对儿童潜在的危害,并将其列为医务总监有关电视和社会行为研究项目的组成部分。

70 年代以来,传播研究开始了"向强有力的大众媒介概念的复归"时期。议题设置和沉默的螺旋等理论相继提出。

二、主要理论成果

1.社会责任论

战后美国的新闻传播界特别关注"社会责任"。当然,这种现象的出现并不是偶然的。原因之一是美国的新闻界随着社会的发展,长期以来受到美国宪法和宪法第一修正案的保护,具有监督政府和社会职能的特殊力量,但"未能提供满足社会需要的服务",而且"新闻自由也处在危险中"①。第二个原因是这一现象是与战后美国提倡凯恩斯主义、鼓励国家干预的理论潮流相一致的。

社会责任理论的形成及其所造成的广泛影响与美国新闻自由研究委员会的工作密不可分。1944年,由美国时代出版公司的创办人亨利·卢斯资助,成立了"美国新闻自由研究委员会"。这个委员会由美国芝加哥大学校长罗伯特·哈钦斯担任主席,邀请了12位著名学者担任委员,包括大众传播学奠基人的拉斯韦尔、哈佛大学哲学系教授威廉·霍金等人,这就是著名的"哈钦斯委员会"。委员会用两年多的时间,对美国新闻自由现状进行了艰辛的调查,前后听取了58家报纸、杂志、广播电台、电影界人士的证词,收集了225人的意见,提出了176份文件和分析资料,召开过17次委员会全体会议后,终于在1947年3月2日,发表了研究报告《一个自由而负责的新闻界》。

报告清楚地阐明了新闻自由陷入危机的主要原因是缺乏责任的约束。"新闻自由的危险,部分源自新闻业经济结构,也是现代社会工业组织所致,同时是因为新闻界的主管未能意识到一个现代国家的需求,未能估计出并承担起那些需要赋予他们的责任"②。这一报告,宣告了大众传播社会责任理论的问世,也宣告了一个相较于传统自由主义传播理论更为成熟的新闻自由观的诞生。它最先明确了大众传播责任的原则,从根

---

① Commission on Freedom of the Press, *A Free and Responsible Press*, Chicago: The University of Chicago Press, 1947, p. 1.

② Commission on Freedom of the Press, *A Free and Responsible Press*, Chicago: The University of Chicago Press, 1947, p. 4.

本上奠定了社会责任学说的理论基础。

20 世纪 50 年代,大众传播的社会责任理论正式确立。美国三位大众传播学者希伯特、彼德森与施拉姆,合著《报刊的四种理论》一书,"社会责任传播理论"被列为其中的一种。该书强调了社会责任是近代传播事业发展的必然趋势。在《报刊的四种理论》一书中,美国伊利诺伊大学传播学院院长彼德森执笔了"社会责任传播理论"这一部分。他将社会责任论的论述背景加以扩大,论证了这个理论能够适应时代与环境变化的缘由及其现实意义。

哈钦斯委员会的报告中指出,在维护新闻业的职业化标准过程中,教育占有极其重要的地位;报告中提到,新闻院系没有担当起报刊的批评者的职责,也没有训练出学生评判社会事务的能力,而且还回应了社会正在酝酿的大众传播革命;报告认为要发展一种更加制度化的标准,建议新闻学院应利用其所在大学的全部资源,让学生接受最广博的知识、最丰富的训练。

哈钦斯委员会的报告逐渐受到新闻与大众传播教育界的重视,新闻与大众传播教育转向到更广阔的领域,不但重视人文学科,同时也接纳社会科学甚至是自然科学的内容。新闻与大众传播教育界的转向首先从各个院系的课程设置开始,进而影响到师资队伍结构的改变。之前从事新闻教育的教师,大多是业界的记者编辑转型而来,不大重视学科教育背景;至此以后逐渐聘请了更多拥有博士学位的教师,尤其是在新生的大众传播教育领域更为突出,其中不乏跨学科背景的教师。

2.传播模式研究

(1)拉斯韦尔的"5W"模式

在传播理论研究领域,1948 年美国政治家哈罗德·拉斯韦尔(H. D. Lasswell)在《社会传播的结构与功能》一文中提出的"5W"模式影响深远,举足轻重。他以"5W"的直线传播模式来揭示传播的基本过程。在此模型中,拉斯韦尔将传播过程的内部结构要素分析概括为一句话:who

says what in which channel to whom with what effect。即,"who"
(谁)——"says what（说什么）——to whom（对谁说）——in which chan-
nel（传播渠道）,with what effect（产生什么效果）。

这个传播模式将复杂纷繁的信息流通过程简化为清晰可见的五个
W要素,将各种与传播活动相关的因素纳入一个系统的研究框架中,为
有关传播过程的研究活动提供了一条明晰的线索。它几乎涵盖了这一学
科的基本内容,其他的研究就是针对传播过程的五大要素进行独立的研
究:"谁"就是信息传播者,对应了信息的控制分析,例如"把关人"研究;
"说什么"对应内容分析,例如"拒绝服兵役"研究;"通过什么渠道"对应媒
介研究,例如"电视的社会学分析";"对谁说"对应受众研究,例如受众的
选择性心理研究;"产生什么效果"对应传播效果研究,诸多传播效果理论
都属于它的研究范畴。

（2）香农—韦弗传播模式

美国的两位信息论创始人——香农和韦弗于1949年在《传播的数学
理论》一文中提出了一个传播过程的数学模式。这个模式本来研究的是
技术科学中通信的信息传送问题,后来传播学借用此模式,用以说明人类
的传播过程。这种信息传播过程模式包括五个正功能和一个负功能。五
个正功能是:信源、发射器、信道、接受器和信宿;一个负功能是噪音。在
实际的传播过程中,传者和受众之间的传受信息往往存在着一定的差别,
这常常就是因为噪音干扰造成的。这个传播模式使人们能够更精确地研
究传播过程中的具体环节。

（3）施拉姆的大众传播模式

1948年,维纳出版了《控制论》一书,创立了控制论,其基本思想就是
运用反馈信息来调节和控制系统行为,以达到预期的效果。正是基于对
反馈的认识,传播学者创立了新的传播模式;这种理论突破了传统的线形
模式研究传播过程的局限,后来将这种带有反馈的双向交流的传播过程
称为控制论传播模式。

1954 年,施拉姆在《传播是怎样运行的》一文提出了一个新的过程模式,即奥斯古德—施拉姆模式。这是一个高度循环的模式,在这个传播过程中,传播者既是制成符号者、解释者,也是还原符号者;受传者也是如此。传受双方互为传播过程的主、客体,行使着相同的职能,即编码、译码和释码。该模式较为适用于人际传播。施拉姆后来又在模式中加入反馈的因素,将传者扩大为组织,这样就形成了一个事业于大众传播的传播模式。

3."议程设置"理论

"议程设置"是 20 世纪六七十年代在美国出现的一种大众传播效果理论。这一理论提出的假设是大众媒介注意某些问题、忽略某些问题的做法可能会影响公众舆论,人们倾向于那些大众媒介关注的问题。"议程设置"理论涉及到了媒介、社会和公众之间的关系,涉及到了大众媒介的功能、媒介内容和公众舆论变化研究的关系。

美国著名专栏作家和政论作家沃尔特·李普曼在 20 世纪 20 年代就形成了和"议程设置"相关的想法,但是当时并没有明确地使用这样的名称。科恩在 1963 年《新闻与外交政策》提出了媒介内容分析与舆论有着直接的关系。1968 年,麦库姆斯和肖这两位学者开始着手研究这一问题,他们以美国总统大选为题进行了早期的量化研究。在 1972 年美国的大选期间,两人在卡洛特进行了一次小样本的追踪访问。1972 年,麦库姆斯和肖在《舆论季刊》上发表了《大众传媒的议程设置功能》一文,他们认为:传媒形成议题功能的见解,即认为大众传媒对某些命题的着重强调和这些命题在受众中受重视的程度构成强烈的正比关系。这个观点可用这样的因素关系来表述:大众传播中愈是突出某命题或事件,公众愈是注意此命题或事件。[①] 麦库姆斯和肖的研究通过将媒介议题的内容分析与

[①]Maxwell E, McCombs and Donald L. Shaw, *The Agenda Setting Function of the Press*, Public Opinion Quarterly, 36(1), 1972, P. 176—186.

公众舆论议题调查结合起来,拓展了内容分析、媒介模式和受众研究等等领域的研究范畴。20 世纪 80 年代后期,研究者们越来越关注社会生活中带有普遍意义的问题,而不像以往都集中在诸如总统竞选过程这样的政治议题上;例如在《新闻论丛》等杂志上曾发表有关艾滋病问题报道过程中媒介议程设置的文章。

德弗勒和丹尼斯深入细致地总结了议程设置的诸多方面[①]:(1)大众传播媒介是反映现实的把关人。由于商业、编辑、资方、时间、篇幅、信源和社会团体等方面的原因,大众传播媒介对现实的报道一定是有选择、有重点的。(2)通过设置议题,大众传播媒介可能影响受众的视角和立场。(3)通过设置议题,大众传播媒介能够提高公众对某种情况的认识和关心,使这些议题成为需要人们采取某种行动的社会问题,从而间接而又长时间地影响社会。(4)确定重大的社会问题。(5)大众传播媒介和社会机构共同影响公众对社会问题的看法,例如,医学机构和药物广告都关系到药品是否能够顺利售空。

4."使用与满足"理论

使用与满足理论是站在受众的立场上,通过分析受众对媒介的使用动机和获得需求满足来考察大众传播给人类带来的心理和行为上的效用。同传统的信息如何作用于受众的思路不同,它强调受众的作用,突出受众的地位。该理论认为受众对媒介的积极使用影响着媒介传播的过程,并指出个人的需求和愿望对媒介的使用影响很大。

1974 年 E. 卡茨在其著作《个人对大众传播的使用》中首先提出该理论,他将媒介接触行为概括为一个"社会因素＋心理因素——媒介期待——媒介接触——需求满足"的因果连锁过程,提出了"使用与满足"过程的基本模式。经过其他研究者的不断补充和扩展,最终形成了"使用与

---

①德弗勒:《大众传播通论》,华夏出版社 1989 年版,P342－353。

满足"理论①:(1)人们接触并使用传媒的目的都是为了满足自己的需要,这种需求和社会因素、个人的心理因素有关。(2)人们接触和使用传媒的两个条件,即接触媒介的可能性和受众对媒介满足需求的评价,这种媒介印象或成为评价是在过去媒介接触和使用经验的基础上形成的。(3)受众可以选择使用特定的媒介和内容。(4)接触使用后的结果有两种:一种是满足需求,一种是未满足。(5)无论满足与否,都将影响到以后的媒介选择使用行为,人们根据满足结果来修正既有的媒介印象,在不同程度上改变着对媒介的期待。对这一理论的研究可以帮助人们了解大众媒体的消费情况,帮助大众媒介制定不同的媒介手段和使用策略,同时也可以促进新媒介的推广。

使用与满足论为研究传播效果提供了新的视角。有关暴力、色情、种族和性别、价值建构和态度改变的研究,都得益于此种理论的应用。

5. 耶鲁研究和劝服性传播效果理论

第二次世界大战后,霍夫兰率领贾尼斯、拉姆斯戴恩以及谢斐尔德等人重返耶鲁大学。在洛克菲勒基金会的资助下,1946 年至 1961 年,他们设计并开展了耶鲁研究项目,以系统研究劝服性传播效果问题。这个项目有四个特征:第一,主要致力于理论性探讨和基础研究;第二,从不同来源,包括心理学和相关学科,引申出理论上的创见;第三,强调要通过控制性实验来测试一些命题;第四,基础理论是心理学的学习论和基于个体差异论的选择性影响论。约 30 位社会科学家(主要是心理学家、社会学家、人类学家和政治学家)参加此项研究工作。

这些研究产生了一系列关于态度改变的重要论著,又称"耶鲁丛书",主要有《传播与劝服》(1953 年)、《劝服的表述程序》(1957 年)和《个性与劝服可能性》(1959 年)等。其中,《传播与劝服》最具综合性,它涉及一系

---

① 参见 Denis McQuail：*Mass communication theory* (4th edition)，Sage Publications，2000，p. 387.

列命题,有的在耶鲁丛书中单独构成专著,有的引发其他研究人员进行了更为广泛的研究。

耶鲁研究的中心主题,是大众传播过程中观点和态度的变化。霍夫兰等人认为,观点和态度是关系密切和有区别的两个范畴。观点是涉及阐释、预见和评价,态度仅是对客体、人或象征物的反应。观点总是可以用一定语言来表述的,而态度也许是无意识的、不可言传的。两者互相影响,观点的变化可能导致态度的根本转变,反之亦然。除非经过新的学习过程,人们的态度和观点是不会改变的。在学习新的态度的过程中,注意、理解和接受是三大重要变量。如果不被注意,讯息是不可能被理解和接受的。通过理解,人们可以更好地接受信息。因此,过分复杂或含混不清的讯息不易产生改变观点和态度的效果。无论是注意,还是理解,都不是改变观点和态度的直接原因。观点和态度变化的直接标志是接受,而接受是以符合受者的利益和兴趣为基本前提的。利益和兴趣可以表现为趋利避害。耶鲁研究集中在彼此关联的四大方面:传者、讯息、受众及其对劝服性传播的反应。

在传者方面,研究者发现,在直接改变观点的过程中,可信性是极其重要的。受众会认为,可信性差的信源是有偏见和不公正的。讯息的结构和内容也有重要影响。如果运用恰当,令人恐惧的内容往往冲击人们的感情与认知,从而改变他们的态度和观点。然而,过分恐惧的内容常常适得其反,会干扰人们继续参与传播活动。因为恐惧感超过一定限度,人们就可能退缩和回避。

在受众方面,耶鲁研究者们有许多有趣的发现,传播者很难影响人们对所属团体之规范的看法和态度。这些方面实际上是佩恩基金会系列研究和拉扎斯菲尔德等人政治竞选研究以及霍夫兰早期研究里已经提出的个人差异论、社会分类论、二级传播论和中介因素论的延续。积极参与传播过程的受众比消极被动的受众更能够改变观点和态度。人格方面的因素对劝服效果意义重大。

耶鲁研究在现代传播研究史上意义重大,影响深远。首先,劝服研究为以后大众传媒效果研究开辟了广阔前景。例如,贾尼斯从他关于恐惧的研究引申出帮助人们戒烟的方法,并在政治和政府方面对"群体思想"过程进行了研究。麦戈比把态度改变理论运用于解决防止心脏病项目的传播问题。其次,进一步改进了传播研究方法,尤其是实验心理学方法。

但是,耶鲁研究也存在一系列问题。最突出的是,它忽视了社会和人际关系在劝服研究中的作用与意义。另外,虽然贾尼斯等人已涉及劝服性传播的长期效果问题,但是,耶鲁研究主要还是集中在短期的效果方面。最后,值得指出的是,耶鲁研究所提出的许多结论还有待于进一步证实。这不仅由于它的实验还是不充分的,而且更因为它的研究基本上局限于实验室,没能在历史和社会环境的背景下展开研究。实验室不等于社会现实,实验室的结论不一定适用于后者。

6."创新与扩散"理论

创新扩散是传播学的重要理论模式之一。扩散是创新通过一段时间,经由特定的渠道,在某一社会团体的成员中传播的过程。扩散是一个特殊类型的传播。扩散研究是指对社会进程中创新(新的观念、实践、事物等)成果是怎样为人知晓并在社会系统中得到推广的研究。

创新扩散理论的集大成者是美国著名学者罗杰斯(E. M. Rogers),他提出了五阶段的创新扩散模式。该模式对扩散中不同传播渠道的效果、影响扩散过程的因素、创新采用者的特点、扩散网络的特征等进行了系统的归纳和概括。后人对罗杰斯的研究从多方面进行了批评和补充,比如J.米格代尔认为罗杰斯对社会环境研究不够、特切尼等人提出创新扩散过程中存在沟通效果偏见、惠肯宁等人针对创新采用过程提出四阶段模型等等。

S型曲线是创新和讯息扩散的常规模式,它不仅显示了创新和讯息扩散的总体形态和速度,而且表明了一系列影响创新和讯息扩散的因素:其一,戏剧性强和意义重大的讯息传播速度快,范围广,反之则相反。其二,传媒界所重视的讯息,传媒就会大规模和重复报道。因此,这些讯息也就传得快,而且广。但是,重复过多就会导致讯息传播递减的结果。其三,人际传播在讯息扩散中起了积极作用。传媒和从传媒与他人那儿获得信息的人,共同构成讯息扩"散之链"。这一成果将"二级传播"扩展为"多级传播"概念。其四,受众的教育程度、社会角色、年龄、个性特点是重要因素。J型曲线模式,可以说是对 S 型曲线模式的补充和发展。随着获知信息的人数下降,人际传播的作用随之减弱,而信源的作用就上升;但是,在讯息仅为很少数人知道的传播案例里(诸如学术动态),人际传播的作用再次增大。

7.发展传播学

作为传播学的主要分支领域之一,发展传播学兴起于 20 世纪 50 年代末,以美国学者勒纳在 1958 年出版的《传统社会的消失:中东的现代化》为标志。随后这一理论受到学界的广泛关注,1982 年获得"国际传播协会"的承认,发展传播与跨文化传播成为该协会的 8 个研究专题小组之一。1987 年 7 月 20 日至 8 月 1 日,在美国夏威夷的东西方中心召开的关于传播与社会变迁的讨论会上,美国著名传播学者罗杰斯就"新时期的传播"这一议题发表专题演讲,总结了发展传播学的形成历程。

发展传播学的研究大致有两个层次:理论框架研究和实证研究。前者是建立基本的理论假设和宏观视角,关注传播对于社会发展是否具有推动作用,以及发生作用的机制是什么;后者是具体考察传播和社会发展之间的关系,多表现为专题性的研究,例如性别与传播、健康传播、国际发展传播项目的实施成效、新传播技术在发展中国家的运用、传播与传统文化、发展传播中的公众参与、乡村地区的传播等。

三、战后新闻与大众传播学术研究的特点

第一,以大学为基地的新闻与大众传播学术研究中心的建立、发展和

完善。二战以前,新闻与大众传播学的一些有影响的研究中心都集中在美国的东部城市。战后,美国的研究基地在地域上扩大了,出现了从原来的芝加哥、哥伦比亚、耶鲁和麻省理工大学向威斯康星、明尼苏达、伊利诺伊和斯坦福等中西部的大学扩展的趋势。众多的研究者、学者们同时也是新闻与大众传播院系的教师,通过教学和研究把他们自己的理念、研究成果传递给学生。

第二,战后新闻与大众传播学术研究项目随着社会环境的变化而不断变化。战前和战时的研究项目大都是为战争服务的,而战后进入了和平环境,国家的主要工作中心转移了,受其影响大众传播学术研究所关注的重点也相应地发生了变化。新闻与大众传播学研究不同于一般的自然科学研究,自然科学研究与自然环境变化联系更加紧密些,而传播研究则受社会环境的影响更为明显;这样新闻与大众传播研究的成果应该说也只是在相对时期起作用,所以更加需要研究者不断地进行后续研究,以充实、补充早期的研究成果。因此,我们也就不难理解为什么研究者就大众传播一种理论成果不断地深入研究,不断地补充丰富前人的研究成果。

战后新闻与大众传播研究的对象大都与普通人的生活紧密相关,例如儿童与电视的研究、媒介传播对总统选举进程的影响等等。虽然这些问题都不属于新闻与大众传播学科最基本的问题,但是不可否认研究这些问题是非常有意义的。

第三,从研究对象来看,战后新闻与大众传播研究是有关传播模式的研究及其对效果研究的推动和深化。传播模式在战后特别受重视,关于媒介模式的有成就的研究主要发生于 40 年代末到 70 年代这段时间,它最初是由政治学家拉斯韦尔的"五个 W"的模式所引发,以后的研究通过数学的、心理学的、语言学的、控制论的以及社会学的方法,对之不断进行修正和补充。从数量上看,前后共出现了几十个各式各样的不同模式。其中影响比较大的有香农—韦弗的数学模式、拉扎斯菲尔德的两级传播模式、施拉姆的大众传播模式等等。而在内容上,它们重点强调的是传播过程、尤其是大众传播过程的循环性、协商性和开放性,并强调从寻求对整个大众传播过程的一般理解逐渐转向研究这些过程的各个具体方面。这对于从前的以为传播就是一种由"发送者"试图有意识地去影响"接收者"的单向过程的看法来说,无疑是前进了一大步。

战后美国传播效果研究在内容分析和受众研究方面也有新的拓展。战后的内容分析和受众研究更多地是在非军事领域中取得了成就。比起与特定的战争问题有关的内容分析和受众研究来,这些研究采取了更加谨慎的态度,力求实现真正意义上的课题转换,即从"媒介如何对付人们"转向"人们如何处置媒介"。它的直接的理论后果便是六七十年代兴起的关于媒介的使用与满足学说的更加复杂的研究。

第三节　专业协会与主要学术刊物:新闻与大众传播教育的学术交流平台

在新闻与大众传播教育发展的过程中,相关的专业协会成为教育界内外沟通的重要纽带。专业协会与学术期刊为教育界提升专业水平、规范教学质量、积极发展科研构建了良好的学术交流平台;教育者与专业协会、期刊关系密切,依靠这些学术交流平台来推动教育的不断发展,同时这些协会、期刊也为教育者提供了交流教育信息、提高学术养成的场所。例如,当时的威斯康星大学新闻学院教授凯西(Ralph Casey)在 1935——1945 年之间担任《新闻学季刊》的编辑,1955 年当选 AASDJ 的主席,还被美国报纸编辑人协会(ASNE)授予了杰出成员奖。时任密歇根州立大学新闻学院院长希伯特(Fred Siebert)于 1966 年担任了美国新闻教育协会(AEJ)的会长。时任明尼苏达新闻学院院长的纳夫奇格(Ralph Nafziger)于 1967— 1973 年间担任美国新闻教育协会(AEJ)的执行秘书。

当前美国的新闻与大众传播教育的专业协会中以下列协会和机构最为著名,影响最为广泛。

1. 美国新闻与大众传播教育协会(AEJMC)

美国新闻与大众传播教育协会于 1912 年创办于芝加哥,目前会员超过 3500 个,主要是美国国内的新闻与大众传播教育者,也有一些新闻传播业界人士和学生,以及美国以外的一些新闻与大众传播教育者。该协会设有多个工作委员会,其中常务委员会由 9 个成员组成,主要负责协会的日常运行。委员会按照新闻与大众传播研究的不同领域或者研究方向设置分会,目前下设有 17 个分会,其中包括:广告分会、传播技术与政策分会、传播理论与方法分会、历史分会、大众传播与社会分会、广播电视新闻学分会、国际传播分会、公共关系分会等等。同时,协会还设有 10 个特别兴趣小组,包括研究生教育、实习与就业、宗教与媒体、大众传播学等,还有专门关注妇女和少数民族的两个委员会。该协会一般在每年 8 月份召开年会,讨论当前新闻与大众传播领域教学、科研、公共服务中的热点问题——涵盖非常广阔的范围如报纸新闻、广播电视新闻学、媒介管理、广告、公关等。美国新闻与大众传播教育协会推动了新闻与大众传播教育的发展,拓展了传播研究的领域,鼓励多元化的教学模式和教学内容。

美国新闻与大众传播教育协会出版众多的学术刊物,如《新闻与大众传播学季刊》(Journalism and Mass Communication Quarterly)、《新闻与大众传播教育者》(Journalism and Mass Communication Educator)、《新闻与大众传播文摘》(Journalism and Mass Communication Abstracts)、《新闻与大众传播集萃》(Journalism and Mass Communication Monographs)、《新闻与大众传播目录》(Journalism and Mass Communication Directory)等等。

2. 美国新闻与大众传播学院学会(ASJMC)

美国新闻与大众传播学院学会同美国新闻与大众传播教育协会一样,也是为了促进新闻与大众传播教育更好地发展的非营利性的组织。该学会目前有 190 个左右成员,主要是来自于美国和加拿大新闻与大众传播院系。该学会是新闻与大众传播院系的院长、主任和负责人的联合组织。

这一学会所做的主要工作有：(1)培养、鼓励、支持新闻与大众传播院系在教学和管理过程中执行更高的标准和进行更加有效的实践。(2)与新闻与大众传播教育的其他组织一道，促进新闻与大众传播教育在当前的民主社会中得到更广泛的公众理解。(3)支持和参与美国新闻与大众传播教育认证委员会的工作。美国新闻与大众传播学院学会出版发行的刊物有四种：(1)简讯，一年三期，(2)主题论文合集，一年二次，(3)年度薪资报告(只有电子版)，(4)如果有需要的话增加出版学会特刊。

3. 新闻教育协会(JEA)

新闻教育协会创办于 1924 年。成员包括从事新闻传播教育的教师，其中包括退休的教师和教学管理人员。该协会出版《传播：今日新闻教育》(Communication：Journalism Education Today)，比较侧重对实践方面话题的探讨，近年来较多关注美国高中的新闻教育。这个协会的主要日常工作是出版一些新闻传播方面的书籍、咨询工作以及出售一些打折的书籍等等。

4. 国际传播协会(ICA)

国际传播协会成立于 1950 年，是一个有巨大影响力的国际传播学术界专家协会，会员超过 3100 人，其中三分之二是大学、研究机构的学者，此外还有一些政府、传播界、法律界的专家等。该会的宗旨在于商讨有关传播的所有问题，所有的活动注重在推动对于传播理论、程序以及技巧的系统研究。该协会下设 17 个分会，包括信息系统、人际传播、大众传播、政治传播、组织传播、健康传播、公共关系、传播与科技、女性学者、传播法律与政策、视觉传播、传播哲学等分会。该协会出版的刊物有《人类传播研究》、《传播年鉴》、《传播理论》、《传播期刊》等等。

5. 波特机构(Poynter Institute)

波特机构于 1975 年由《匹兹堡时报》的董事会主席尼尔森·波特创办，长期以来致力于对媒体工作者和管理者的培养。波特教育机构一贯秉承以培养最出色的业界从业人员为理念,鼓励学员在今后的工作中发挥自己的才智、对工作有高度的自信心、清楚在民主社会中新闻传播事业的责任和使命。

波特机构通过各种类型的研讨会和讲座的形式来实现机构的宗旨。该机构注重个人的参与,常常采取手把手的教学方式,让学生通过讨论、案例分析、转换角色等方法参与学习;机构的老师包括知名的业界人士和高校教师,他们抽出一两周的时间为学员进行短期教学。同时该机构也和众多新闻与大众传播院系合作,在高校中设立了许多短期培训项目。

6.梅纳德新闻教育机构(Maynard Institute for Journalism)

梅纳德新闻教育机构的发展中,它不仅培养了新闻编辑人才,也培养了新闻管理人才。它注重社区新闻报道,帮助媒体更好地反映了解的情况,增进了媒体和公众之间的交流。

创办人梅纳德诞生于布鲁克林的一个非洲移民家庭。早在读高中的时候,他就立志于以后成为一名新闻记者,他尤其感兴趣于一些法律事务的报道。少年时成为了一名《布鲁克林周报》的记者,同时他也为约克哥赛特报工作。1966年,他在哈佛大学获得了一项纽曼奖学金,加入了《华盛顿邮报》。这时他开始引起了公众的注意。在1976年的时候,他创办了这家机构。1979年梅纳德成为了《奥克兰论坛报》的编辑,4年以后,他买下了那份报纸。在他经营这家报纸的过程中,他得到了许多经济观察家的赞赏。但他主要还是以自己所创办的机构中能够容纳多种多样的种族人员而受人称道。

梅纳德新闻教育机构的十分关注少数族裔参与媒体工作和培养跨文化跨媒介的管理者。20世纪80年代,数百人参加了在梅纳德新闻机构加州大学伯克利分校进行的夏季的短期培训项目。自1980年以来,大约有200名少数种族记者通过了为期6个星期的编辑课程的训练。从1985年以来,这其中的一个新的项目(MTC)在西北大学建成,这个项目是为培养新闻中的管理人才的。从这个项目毕业出去的学生大多很优秀,有些去了媒介担任管理人员,有的成为了出众的编辑、管理人员、出版商等等。

    1990年,梅纳德新闻教育机构为工作15年以上的少数族裔的记者们举办了一个夏天的培训项目。这个培训项目的目的是能为所有类型的记者们都提供一个学习的环境。在教学过程中,他们重在通过传授给学生一些新的方法和技巧,例如多媒体报道,多媒体编辑和数字化出版等。这个机构还促进了一些黑人担任要职,并且鼓励那些黑人记者发挥自己的才华和表达自己的兴趣。

第四节　研究者采用的研究方法

    从数量上来讲,在美国从事新闻与大众传播研究的研究者中采用定量研究方法的居多。美国从事新闻与大众传播研究的主要有两部分人,一部分是在新闻与传播学院从事教学的教师,主要是拥有博士学位的教师;另一部分是在读的研究生,主要是博士研究生。美国新闻与大众传播学术界一直倡导多种研究方法,在其博士项目的必修课程中一般都包含定性和定量研究方法课程。博士生修完这两门必修课后,再根据自己的兴趣和实际情况选择研究领域和所采用的研究方法。定量研究在美国占主导地位的一个原因是,美国同新闻与传播学教育和研究有关的一些刊物所发表论文的要求相关,例如新闻与大众传播教育学会(AEJMC)的《新闻与大众传播季刊》(Journalism & Mass Communication Quarterly),广播教育学会(BEA)的《广播与电子媒介学刊》(Journal of Broadcasting and Electronic Media),以及国际传播学会(ICA)的《传播学学刊》(Journal of Communication)。这些刊物都明确规定,所有刊载的论文都必须是依据第一手资料和数据的原创性研究,除了对重要理论问题有突破性创见的论文和研究综述,一般不会刊载没有第一手资料和数据、只包含论述的思辨性论文。据学者对近年来发表在包括上述三大主流学术期刊以及其他期刊上刊登的论文的统计,约有 65%的文章采用定量研究方法。[1] 如果去除其中有关新闻与大众传播历史研究和法律研究方面的论文,采用定性研究方法的论文更是少之又少了。同时,美国众多的研究型大学在评定终身教职时也比较看重在这些刊物上发表的论文。当然,在一些主流刊物上发表的文章多采用定量研究方法并不代表只有定量研究可以做出高水平的研究。每年在美国召开数量众多的新闻与大众传播学术会议上,期间提交的采用定性研究方法做研究的论文也不在少数。论文的质量高低不在于采用了什么样的研究方法,而在于它有没有独创性的贡献。

美国的新闻与大众传播研究方法是以实证主义为主流的。实证主义方法不太重视本体论和知识论,往往把看问题、看世界的方法论(methodology)简化成为研究技术(methods),以为这就是检验真理的惟一或最后的标准。例如在美国的研究方法中多以调查法和实验法为主,这两种方法都需要进行计量统计。

当然,近年来研究方法随着学术研究的意义、过程、和理论认知的变迁,有了很明显的发展。最明显的改变是由以定量方法为主要取向,转化为近年来的方法多元取向。传播学者也逐渐发展出一些属于传播学科自己的研究方法:量化的传播学研究方法与主要的社会科学研究方法差别不大,包括了实验方法与调查法;质化的传播学研究方法以修辞批评为主。修辞批评有历史批评法、新亚里士多德批评法、女性主义批评法、幻想主题批评法、比喻批评法、戏剧批评法、叙事批评法与类型批评法等等。至于内容分析、民族志法、互动交谈分析,与叙事言说等方法,则可以根据研究的需求,可量化亦可质化。

新闻与大众传播学研究方法方面显示出以下几个趋势:第一,科学与人文方法的汇流。传播学者已逐渐发现质化、量化研究方法并非是完全

---

[1] Cooper R., Potter W. J. & Dupagne M., A status report on methods used in mass communication research, *Journalism & Mass Communication Educator*, 48(4), 1994, p.54.

对立的,因为同一研究内同时使用质化、量化方法相互印证,常常更能体现传播行为的丰富性。第二,传播学者渐趋使用大众传播学独创之研究方法。70 年代之后,越来越多的学者偏爱诠释型模的相关方法,来勾勒传播内涵的意义与行动。第三,在研究场域的选择方面,学者也渐渐以自然研究法取代依赖严格环境限制的实验方法。第四,在研究设计方面,横断法不再是惟一的方法,有些学者已采用纵贯法的研究。最后,在测量分析方面,为了进一步了解传播本身的复杂性,多变量分析法的使用也在大量增加。

第五节　社会机构对新闻与大众传播教学和科研的资助

社会机构的资助将新闻与大众传播院系的教育资源和社会力量结合起来,为培养未来的从业人员和为当前从业人员继续教育培训提供了良好的平台。

1. 奈特基金会(Knight Foundation)

奈特基金会成立于 1950 年 12 月,创办人是约翰·奈特和詹姆斯·奈特兄弟两人。这个基金会资助的主要对象就是新闻事业与新闻教育。自从建立以来,基金会已经累计为新闻事业的发展和维护新闻自由捐资达到 3 亿美元。1986 年以来,美国的新闻教育得到了该基金会数额巨大的捐赠,它在一些知名大学如哥伦比亚、哈佛、马里兰、麻省理工、密歇根、南加州大学、加州大学伯克利分校、斯坦福等大学中设立了奈特奖学金。在奈特基金会的资助下,美国新闻与大众传播界的学者还出版发表了众多有关美国新闻业与新闻与大众传播教育的研究成果:2002 年的《新闻教育中的少数族裔学生研究:入学、学习与毕业》、《21 世纪的美国记者》、《第一修正案的将来》等等。

2. 自由论坛(The Freedom Forum)

自由论坛建立于 1991 年,前身是 1935 年成立的甘奈特媒介研究中心。该组织自称是"献身全人类新闻自由、言论自由和精神自由的超党派的国际机构"①。目前自由论坛同甘奈特集团不存在附属关系,它依靠各方面的捐赠维持运作。

自由论坛于 1988 年(当时名为甘奈特媒介研究中心)在南达卡大学设立了纽哈斯新闻学者计划,建立了纽哈斯媒介中心。纽哈斯是《今日美国》的创办人,也是自由论坛的创办者;同时他也是南达卡他人和南达卡大学 1950 年的毕业生。自由论坛在南达卡大学的项目主要是关注新闻教育,尤其是美国印第安人的新闻教育。自由论坛主要是在南达卡大学的项目有两种方式:一是每年的美国印第安人新闻学学习(American Indian Journalism Institute),二是资助召开当地的美国报纸研讨会。美国印第安人新闻学学习是一个每年七月份为期三个星期的类似于夏令营的活动,它资助 25 位年轻的大学一年级学生参加《新闻学理论与实践》课程的学习;自由论坛资助他们的学费、生活费和住宿费,学生成功地完成学习后可以取得南达卡大学四个学分和 500 美元的奖学金。

第六节 新闻与大众传播教育与学术研究的互动

一、学术研究推动新闻与大众传播教育不断发展

首先,大规模地进行学术研究提高了新闻学与大众传播学在大学中的学术地位。

在美国,最有名望的大学往往是私立的、历史悠久的大学,这些大学

---

① 见 http://www.freedomforum.org/templates/document.asp? documentID=4020。

对新的学术领域或者是学科的接受是十分缓慢的。他们往往不愿意冒新的学术风险而危及他们已有的学术声望。在新闻学和传播学发展进入大学领域的过程中同样也面临着学术理论薄弱,难以被有名望的大学接受的情况。

以大众传播学为例,二战后大众传播教育正式登上了美国大学的舞台,美国大学对大众传播学的接受过程是非常缓慢的。起初,大众传播学出现在新闻院系内部,使这些院系的教学和科研逐步增加了些许学术的色彩。传播学首先是在中西部大学的新闻院系扎根,例如威斯康星、明尼苏达、伊利诺伊大学等等,之后才向老牌的常春藤名校如斯坦福大学扩散。中西部大学的新闻学院绝大部分的管理者都是"老爸"布莱尔的弟子,他们按照布莱尔倡导的模式进行教学和科研。1955 年,施拉姆迁移到斯坦福大学,在那里开设博士生课程、进行大规模的学术研究对美国大学接受传播学来说是一件非常关键的事情。

为了提升新闻与大众传播学在大学中的地位,许多知名学者作出了自己的努力。以施拉姆为例,他"很少提到已经身处传播学领域的那些传播学学者,他更愿意通过声称当前社会科学或者行为科学研究中的那些受人尊敬的人物实际上是他的同事的途径来赋予传播学以合法性"[①]。这也是施拉姆为什么构建出传播学有 4 个奠基人的看法,它意味着传播学出身名门。施拉姆把他所处的那个年代的杰出学者融合在了一起,他把与这些权威学者的关系作为通向其他学科知识桥梁,用作建构一个新领域以及为其争取学术地位的工具。

另外一个提高声望的途径是新闻与大众传播院系依托院系设立了众多的传播学研究机构,以缓解在大学中新闻学院因新闻职业训练的性质被其他学科领域看不起的尴尬境地。1944 年 R. 凯西和 R. O. 纳夫奇格在明尼苏达大学新闻学院建立"研究处",这是美国新闻学院的第一个传

---

①Rogers, Everett M & Steven H. Chaffee , Communication and journalism from 'Daddy' Bleyer to Wilbur Schramm—A palimpsest, *Journalism Monographs*, December, 1994, p. 148.

播研究机构;W.施拉姆 1946 年在衣阿华大学创建"受众研究局";施拉姆 1947 年在伊利诺伊大学建立"传播研究所";1949 年纳夫奇格到威斯康星大学工作,创办"大众传播研究中心";C.布什 1955 年在斯坦福大学组建了"传播研究所",这个研究所在 1957 年以后由施拉姆领导;1956 年 P.J.多伊奇曼在密歇根州立大学建立"传播研究中心"。此外各新闻与大众传播院系培养大量的博士对提升新闻与大众传播院系的学术地位也有着积极的意义;一方面充实从事学术科研的人员,另一方面提升了师资层次。

第二,丰富了教学内容和教学方法,同时也促进了教师自身素养的提高。

学术研究的不断发展也促使美国的新闻与大众传播院系,在教学中不断地更新内容和教学手段。传统的新闻与大众传播研究中主要关注的焦点就是社会责任、新闻自由、媒介效果、受众研究等,现在的新闻与大众传播研究中结合哲学、经济学、社会理论、文化研究、文艺批评理论等理论逐渐开拓了众多新的研究视角。与此同时,诸如公众、社群与媒体、大众传播与消费者、大众传播与身份认同、媒介与政治行为等课程已广泛地出现在各院系的课程设置里。

大规模进行学术研究使得教师更加注重自身学术素养的提高,他们通过参加各种类型的学术研讨会、学习班、讲座、承担各种科研项目以及到实务界去实践,再加上广泛地参加教学实践不断地充实自己。

第三,激发了众多学生对学术研究的兴趣。

以议程设置理论的研究为例,在 90 年代初,唐纳德·肖和麦库姆斯又重新回到这个领域,研究媒介议程设置的功能,提出议程融合(agenda melding)理论。这时,他们的研究团队主要有麦库姆斯、肖和大卫·韦弗。韦弗是肖和麦库姆斯的学生,他和麦库姆斯有长期的合作,博士论文是肖教授指导的;在这两位老师的影响下也激发了对议程设置理论研究的兴趣。韦弗本人也成为了知名的传播学者,出版了大约 15 本学术著作。同时还有另外一个研究团队关注议程设置理论,像查尔斯(Charles McKenzie)、布拉德利·汉姆(Bradley Hamm)等人组成的团队,大部分是肖的学生。年轻的学者不断把研究向前推进，加入许多新的思路，他们在逐渐地更新着议程设置理论：韦弗和麦库姆斯提出了"导向需要"（need for orientation），肖的博士生俞炬在一篇研究美国媒体报道与民意的论文中提出媒体报道中的感情色彩也会影响公众对政治人物或事件的感情。这些人中间不乏已经成名的学者和优秀的教师，按照肖和麦库姆斯的谱系，他们已经形成了一股强有力的学术影响力，影响到了威斯康星、明尼苏达、斯坦福等大学。

二、新闻与大众传播教育为学术研究的开展提供了有力支持

第一，培养出了众多研究型人才致力于今后的学术研究。众多知名的研究者本身就是新闻与大众传播院系的教师，他们言传身教，在学生中间培养出了一批研究型人才。而这些学生也可以利用大学资源、图书馆等资料，选修其他学科的课程等方式，为今后投身到新闻与大众传播学术研究中打下了坚实的基础。

在施拉姆到达斯坦福大学之前，那里已经建立起了新闻传播系和一个传播研究所。传播研究所的主要目的就是培养博士生和对大众媒体的问题进行研究。施拉姆培养的一些追随者在学术研究领域也作出了重大贡献，例如麦库姆斯在研究媒介议程设置理论方面，佩斯利在研究知识效用方面，罗伯特在分析电视对儿童的效果方面，霍尼卡和梅奥在发展传播学方面等都提出了自己独创性的见解。

施拉姆在斯坦福培养了新一代的致力于传播理论和传播研究的博士，这些博士毕业后到其他学院从事教学、科研和管理工作。施拉姆在斯坦福培养了大批的博士，这些学者中的许多人很快跃居新闻传播学领域的领导地位：多伊齐曼后来加入到密歇根州立大学传播学院，创建了密歇根州立大学传播研究中心；丹尼尔森在北卡罗莱纳大学，后来转到得克萨斯大学；莱尔在加利福尼亚洛杉矶分校，后来创办了东西方传播研究所；查菲在威斯康星大学；这些人一段时期担任了所在新闻传播院系的院长

或者主任,成为当时新闻传播学界的教学科研的中坚力量,同时也培养了下一代的新闻传播人才。从施拉姆的传播观出发,斯坦福的大众传播博士们影响了美国众多的新闻与大众传播院系,他们试图以对人类信息交流的客观理解方面为大众传播研究寻求新的研究路径。

第二,学术研究可以借助大学人力、设备、资金等资源更好地开展,促进了教师、管理者、政府相关机构以及社会团体的沟通。

在二战以前和战时传播学者进行学术研究的环境是十分艰苦的,研究经费筹集相当艰难。以拉扎斯菲尔德在 1940 年开始有关美国总统选举的伊利县的项目研究为例,当时计划研究经费为 10 万美元。他手边当时还有洛克菲乐基金会资助给哥伦比亚"广播研究室"基金中剩下的 1.5 万美元,他将该项目的研究结果的初版重印权卖给了《生活》杂志,得到了 1 万美元。之后他从收音机制造商那里得到了 1 万美元,交换条件是他在调查项目中加入听众最喜欢什么牌号的收音机的问题;但是,资金还是不够,他又和冰箱制造商协商将听众喜欢什么牌号的冰箱的问题也放进了研究调查。

战后,新闻与大众传播院系在大学里建立起来,绝大多数学者也在这些院系中谋取了教职,进行学术研究的环境也逐渐好转了。大学院系往往会有联邦政府、州政府、社会机构以及校友等等的固定的资金资助来源;而那些需要做科研项目的机构和单位往往也愿意找大学院系里的研究机构来做。例如,从 1947 年到 1955 年,伊利诺伊大学传播研究所每年从学校得到 20 万到 30 万美元;此外,在外来资助的研究项目上,每年引入约 50 万美元,包括一个大型的美国空军为各种军事问题提供社会科学的咨询、来自"国立心理卫生研究所"的基金用于有关大众媒介对人的心理健康影响的研究、一笔来自于美国国务院的基金用于评估当时的美国新闻署的运行情况等等。这些资金维持了研究所的教学科研,同时也为研究所培养的博士生提供了从事传播研究的机会。

以著名的奈特基金会为例,该基金会在 2005 年共捐赠 43 笔,总计金额 25,922,667 美元。其中一半多款项直接捐给了美国各大学的新闻与大众传播院系用于发展新闻与传播教育和研究,另外的一些捐赠给一些与新闻与大众传播教育相关的协会和机构,实际上同样也间接地用于发展新闻与传播教育和研究。

2005 年受捐赠的大学名单和捐款用途①

受捐赠方	金额(美元)	用　　途
密歇根州立大学	2200000	拓展赖特环境新闻中心
密苏里大学	2280000	建立关注记者中心
宾西法尼亚州立大学	1500000	运动新闻与社会赖特委员会建设
Ball 州立大学	850000	关注第一修正案与媒体以及高中学生媒体
哥伦比亚大学	450000	资助 Hechinger 机构媒体与教育计划
哥伦比亚大学	225000	Knight－Bagehot 的运作,加强新闻教育
哈佛大学	200000	新闻院系负责人学术研究培训
Marshall 大学研究协会	166667	培训记者
耶鲁大学	150000	第一修正案与法律赖特委员会建设
西部肯塔基大学	100000	美国媒体摄影工作者协会网上教学建设
堪萨斯大学研究中心	200000	社区新闻研究与教学
宾西法尼亚州立大学	225000	奈特学者计划
哈佛大学	280000	尼曼奖学金拉美计划
加州伯克利大学	1500000	协调四所新闻学院 21 世纪计划
旧金山州立大学	160000	帮助学生进行多媒体写作的公众与政治网站建设
西北大学	150000	西北大学媒介管理中心网络建设
密苏里大学	1700000	国家信息自由协会建设

第三,新闻与大众传播院系为学者间开展学术交流、组织学术交流活动搭建了良好的平台。

新闻与大众传播院系往往通过举办学术会议、开办学术研究机构、出版学术专著等方式为学者学术交流创造机会。例如,1948 年 1 月,施拉

①见 http://www.knightfdn.org/annual/2005/grants－jou.asp。

姆在伊利诺伊大学召开了一次为期 3 天的会议,会议的目的就是探讨传播学未来的方向以及为新成立的伊利诺伊大学传播研究所开设的博士课程出谋划策。新生的伊利诺伊大学传播研究所为当时传播学学者提供了一个探讨学科发展的机会,与会学者包括霍夫兰、拉扎斯菲尔德、纳夫奇格、赛伯特、凯西等等,会议论文后来结集出版《现代社会的传播》,这本书也成为了当时教育界的热门教科书。1949 年纳夫奇格创建了威斯康星大学的"大众传播研究中心"。布什 1955 年在斯坦福大学组建了"传播研究所"。1956 年多伊奇曼在密歇根州立大学建立"传播研究中心"。

美国新闻与大众传播院系组织开展学术交流的方式之一是院系间特别是几所优秀的新闻与大众传播院系间互相交换他们的优秀的博士毕业生作为师资力量。在 20 世纪 50 年代以后,斯坦福、威斯康星、明尼苏达、伊利诺伊、密歇根州立大学的新闻与传播院系保持着紧密的联系。丹尼尔森在斯坦福大学获得博士学位,成为威斯康星大学的助理教授;卡特则从威斯康星大学毕业成为了斯坦福大学的助理教授;坦纳鲍姆在伊利诺伊大学取得博士学位,又在威斯康星大学谋得了教职;麦克莱恩在威斯康星大学获得博士学位,从 1957 年开始在密歇根州立大学开始博士生课程的教学,而同时与他一起承担这些课程的教师伯洛和库马塔是伊利诺大学毕业的、多伊奇曼是斯坦福大学毕业的。

第四,大学院系给予教师进行学术研究起码的合理合法性保障。研究者首先在大学里获得了教职,大学为他提供了工资和生活环境,起码不需要他把科研作为谋生的手段,使得研究者能够有一个平和的心态。

第七节　本章小结

战后美国新闻与大众传播教育与学术研究主要受到实用主义和永恒主义等教育哲学的影响。学术研究在社会责任理论、议程设置理论、使用与满足、发展传播学等方面取得了重大进展;研究方法以定量研究为主,同时吸纳其他人文、社会科学研究方法;其学术交流平台以众多的专业协会和学术期刊为主;教学科研得到了众多社会机构的资助。

战后美国新闻与大众传播学术研究及时地反映了其教育的发展动态和潮流,促进了教育实践的发展,推动教育制度的完善,担当了教育信息交流平台的作用。新闻与大众传播教育为其学术研究培养了一大批人才,为学术研究提供了一定的设备、场所和经费。

我们应该充分认识到新闻与大众传播学术研究与教育两者相辅相成的作用,鼓励跟新闻与大众传播教育现实和新闻传播实践联系紧密的研究项目,同时支持把对新闻与大众传播教育有益的学术研究成果应用到教学中。

第五章 当前美国新闻学与大众 传播学的学科发展

第一节 美国新闻学与大众传播学的学科分类

美国的学科专业目录(Classification of Instructional Program,简称CIP)是由美国教育部的下设机构国家教育统计中心(National Center for Education Statistics,简称 NCES)制定的,最早于 1985 年颁布、经过1990 年和 2000 年两次修订,形成 2002 年的最终版本(CIP－2000)。该专业目录广泛地被政府机构、高等院校所接受,用于指导教育规划、合理地配置教育资源等方面。

在 CIP－2000 的学科目录中,整个科学领域被划分为 60 个学科群;"传播、新闻及其他相关专业"是 60 个学科群之一,属于职业型学科。①而人文、社会科学和理学以及其他一些交叉学科则被归为学术型学科。美国大学中的院系设置与 CIP 专业目录也在大方向是基本一致的,例如人文、社会科学和力学等基础学科往往合在一起构成文理学院,而新闻传播学、法学、医学等等往往设立单独的院系,也就是美国大学里通常所说的职业学院。

美国的学科专业目录只是一个引导性的文件,对美国大学的学科专

---

① 参见 http://nces.ed.gov/pubs2002/cip2000/。

业设置有着积极的指导作用,但它并不具有强制执行性。美国大学在学科专业设置、名称的确定等方面学校和学院拥有很大的自主权。因此,美国新闻与大众传播学教育院系名称五花八门,比如有"传播研究"、"大众传播"、"新闻"、"言语"、"言语传播"、"传播艺术"、"传播科学"、"信息科学"、"广播"、"电影"、"电信"、"媒介教育"等等。即使使用的是相同的名称,比如"新闻学院"或"大众传播学院",其内涵也可能千差万别。从院系设置和归属上也可以看出各个大学的传播院系因为历史和文化的原因定位不尽相同,例如衣阿华大学有两个不同的传播院系,一个是偏大众传播的"新闻与大众传播学院",一个是偏修辞学的"传播研究系",但两者都属于文理学院;亚利桑那州立大学也分别设有一个"沃尔特·克朗凯特(Walter Cronkite)新闻与大众传播学院"和"休·当斯(Hugh Downs)人类传播学院",前者是独立的学院,后者隶属文理学院。在美国的 CIP—2000 的学科目录中,"传播、新闻及其相关专业"除了涵盖传统的新闻学和传播学以外,还纳入了公关、广告和新媒体技术等内容,并且用"其他相关专业"为新兴的交叉学科保留了空间。

第二节 新闻学与大众传播学的学科关系

一、大众传播学学科合法性的建构与施拉姆的贡献

处理好新闻学与大众传播学的关系对提升这两个学科的学科地位是十分有益的。从新闻学与大众传播学的发展历程来看,新闻学和大众传播学究竟应该是什么样的逻辑关系也充满了争议。有关新闻学和大众传播学的关系有两种观点:包含和各自发展。主张包含说的也分为两种情况:一种认为大众传播学是从新闻学内发轫的,应该包含在新闻学中间,

美国的新闻教育在 19 世纪就已经在大学里出现了,而大众传播则是 20 世纪 40 年代开始在新闻院系设立大众传播教育机构;另外一种认为大众传播学涵盖的范围更广,新闻学也应该包含其中。主张各自独立发展的则强调两门学科发展轨迹的不同,认为新闻学与大众传播学发展的现状并不是由于学科起源相同,而相当大的原因是施拉姆等学者的主观努力造成的;他们努力将植根于社会科学传统的大众传播学与植根于职业教育的新闻学联系在一起。

学科历史的编纂,是学科认同和合法性建构的重要手段。关于大众传播学的学科史,美国学者 James Carey 作过一段语气尖锐却精辟的论述:"大众传播研究史是最近兴起的一个文学派别,尽管只是屈居二流地位:它是一个自觉的创作(现在则是一个无休止的再创作),将累积起来的文字碎片加以筛选、梳理和重新排列,从而构成一段连贯的叙事。这段叙事最终服务于多重目的:主要是使 20 世纪的新发明——大众媒介——聚焦、正当化和合法化。同时也为有关机构的专业教学和研究指明方向并赋予其以学术地位。但它很难说是一部清白的历史,因为它的产生源自一个政治目的:培植忠诚、化解争端、引导公共政策、迷惑反对者,并使建制合法化。简言之,涌现出来的这一部历史只是 20 世纪社会、政治和意识形态斗争中的一段小插曲"[①]。

排列学科奠基人无疑是建立学科血统的一个最简单方法。在大众传播学史的学科历史建构中,社会学家拉扎斯菲尔德(Lazarsfeld)、政治学家拉斯韦尔(Lasswell)、心理学家勒温(Lewin)和霍夫兰(Hovland)被奉为一门新兴经验学科——传播学的四大奠基人。追溯起来,传播学四大奠基人(founding fathers)的提法,起初倒不是出自创始人施拉姆之口,它是传播学领域的另一位重量级人物、内容分析方法学家贝雷尔森(Berel-

---

①James W. Carey. "The Chicago School and Mass Communication Research" in Everette E. Dennis, Ellen Wartella(Ed.), *American Communication Research: The Remembered History*, Lawrence Erlbaum Associates, 1996, p. 21—22.

son）在 1959 年对这个学术领域表达不乐观态度的一个副产品。事实上，贝雷尔森没有直接言明"奠基人"这个词（原话是"四个大人物"，即 four major figures），但他在叙述中确实以不容置疑的语气把这四位社会科学家推到了学科元老的地位上。① 施拉姆虽不同意贝雷尔森所下的大众传播学领域正在枯萎的悲观结论，但他似乎全盘接受了贝氏的某些论述前提，并明确用"奠基人"一词对"大人物"加以认可和强调，甚至于"在以后的几十年中，他在自己的作品中将有关四个奠基人的神话推广开来"②。除了个别细微的变动，四大奠基人的说法在大众传播学主流著作和主流学者中十分流行。1977 年，卡茨在英国广播公司（BBC）发表演说时就平静地宣称，"传播研究……无疑是一门美国的学问（science）。这门学问在拉扎斯菲尔德、拉斯韦尔和霍夫兰等奠基人的领导下，差不多有二十多年繁荣的历史"③。

关于传播思想的悠久历史，施拉姆本人并非缺乏清醒的认识。他承认，有关传播的最优秀的思想早在两千年前就已经留下了文字记载，以他的智慧，也并非不知道 20 世纪初欧洲人以及美国芝加哥学派对传播研究所作的贡献，但是，他立刻话锋一转，"虽然这样，从 1930 年代末到 1950 年代末，我们通常谈论的四位学者在这个领域里是如此举足轻重，以致于他们往往被视作'四大奠基人'，于是，当我们描述现代传播学的历史时，通常从他们开始说起"④。至于查尔斯·库利、罗伯特·帕克这些 19 世纪末和 20 世纪初对传播研究深感兴趣的芝加哥学派学者为何入不了施拉姆的"法眼"，他本人对此的解释是，"对他们大多数人来说，传播只是第

①观点参见 Bernard Berelson, "The state of communication research", *Public Opinion Quarterly*, 23 (1), Spring 1959, p1—6.

②罗杰斯著，殷晓蓉译：《传播学史：一种传记式的方法》，上海译文出版社 2001 年版，第 4 页。

③Kurt Lang, "The European Communication Research：TheRoots", in Everette E. Dennis, Ellen Wartella(Ed. *American Remembered History*, Lawrence Erlbaum Associates, 1996, p. 1

④Wilbur Schramm, "The Unique Perspective of Communication", *Journal of Communication*, Spring 1983, p. 8.

二位的兴趣，仅仅是对他们自己主体学科的解释说明而已，而且，他们当中没有一个人用现代社会科学的定量方法来研究传播"①。这个解释中的前一句话，明显不是最重要的原因，甚至可以说是借口和幌子，其实"四大奠基人"又何尝不是把传播作为第二位的兴趣呢？拉斯韦尔从来没有和任何一个传播研究所有过深层的联系，勒温的研究主要集中在小团体领域，事实上并不是大众传播研究。拉扎斯菲尔德甚至曾亲口说过，他对大众传播毫无兴趣可言，他一度涉身于这个领域为的是把它当作实现成为一个方法学家理想的跳板。②

当时对大众传播研究的贡献绝大部分来自于社会学、政治学、心理学、人类学等行为科学。大众传播研究尽管属于实用型研究，但从一开始就带有很强的理论色彩，有很长一段时间与本科教育相脱节。因此，与其他学科的教育由本科到硕士再到博士的发展路线不同的是，大众传播教育是从博士教育阶段开始起步的。

大众传播研究与以基础实务教育为取向的职业性新闻学院并没有多少必然的联系，至今仍有人觉得，大众传播学与新闻学的距离，并不比与社会学、心理学等行为科学之间的距离来得近。但是大众传播学在美国高等教育中的建制化最初却是通过与新闻学院的嫁接实现的，这也由此成为大众传播学教育的主导模式之一。

早期的新闻院系是以本科教育最为重要，研究生教育和理论研究都出现得较晚。由于其脱胎于英语学院，隶属于人文学科，因而采用的多半是定性的研究方法。在二战后美国大学向研究型大学转型、研究生教育逐渐受到重视的过程中，新闻院系面临着一个学科合法性的问题。于是，

---

① Wilbur Schramm, Steven H. Chaffee and Everett M. Rogers (eds.), *The Beginnings of Communication Study in America : A Personal Memoir*, Thousand Oaks, CA : Sage Publications, 1997, p14.

② Timothy Richard Glander, *Origins of Mass Communications Research During the American Cold War : Educational Effects and Contemporary Implications*, Lawrence ErlbaumAssociates, 2000, p106.

嫁接上当时显赫一时的社会科学的大众传播学,就自然而然地成为其提升学科地位的有力途径之一。

　　大众传播学在美国高等教育中的建制化最初却是通过与新闻学院的嫁接实现的。从今天来看,新闻学院能够成为大众传播教育的滥觞,一方面是因缘机会,另一方面也是当时新闻教育自身发展的时势所趋。1943年,施拉姆率先在衣阿华大学新闻学院创立了大众传播方面的博士课程,大众传播教育的萌芽出现了。1947年,他在伊利诺伊大学建立了传播研究所,该研究所迅速成为大众传播学博士生教育的领头机构。施拉姆的博士学位是英语系获得的,他本人很难被社会学、心理学或是政治学这些系接受为教师,加之他由于偶然的机会进入衣阿华大学新闻学院担任院长,于是在这样的特殊情况下,新闻学院便成了大众传播教育的发源地。如果说施拉姆选择新闻学院多少有点迫不得已,新闻学院则是主动迎接了大众传播教育的到来。然而,大众传播教育和新闻教育并非毫无联系,大众传播取向的新闻教育最早可以追溯到威斯康星大学的布莱尔那里。作为一个中西部的进步主义者,布莱尔的教育观与施拉姆并非完全相同,他更多关注的是新闻教育如何促进美国的民主,但他在新闻教育改革方面和施拉姆的传播学观有某种相通之处。他强调研究的重要性,认为新闻是一门实用性的社会科学,应该有自己独立的知识体系,如果新闻只是职业教育的话,就不可能在一所研究性大学里生存。他的学生凯西(Ralph Casey)、纳夫奇格(Ralph Nafziger)、布什(Chilton Bush)等后来不少成为中西部州立大学新闻学院的领导者,他们借鉴施拉姆在新闻学院创立大众传播教育的模式,与施拉姆一起共同推动了新闻和大众传播教育的发展。

二、新闻学与大众传播学的差异性

　　当前,新闻学、大众传播学的界限是越来越模糊。现实的大众传播业涵盖的范围十分广泛,包括印刷媒介、广播、电视、网络、手机短信和其他新型传播等等。传统的"新闻理论"学理色彩不够浓厚。大众传播学被引入新闻教学领域以后,许多传播学的理论假设和研究方法不知不觉地成为新闻理论研究的一部分。大众传播学的量化研究方法也逐渐为新闻学研究所接受。与传播活动相关的其他学科的研究成果,例如社会学、社会心理学、文化人类学、法学、经济学等等,越来越多地被运用到新闻理论的研究中。

1.研究对象或研究领域的异同

研究对象的不同主要体现在两方面,首先是媒介范围的异同,第二是媒介内容的异同。在媒介范围方面,新闻学研究的是新闻媒介,主要是报纸、广播、电视,杂志、互联网;传播学研究的主要是大众传播媒介,不但包括报纸、广播、电视、杂志、互联网,同时也涵盖电影、图书以及各种各样的新媒介。媒介内容方面,新闻学主要侧重围绕采访、写作、摄制、编辑、出版等新闻工作展开。而大众传播学并不是一般地描述这些信息类型,而是从传播过程切入,是要研究这些不同信息类型的传播活动所共有的传播规律,这是大众传播学主要的研究对象;另外是要研究这些不同信息类型的传播过程所赖以进行的社会生产机制,以及传播过程中所产生的各种社会问题。

长期以来,很多人认为大众传播学重视理论研究,而新闻学重视实务研究,或者说"新闻学偏于'术'研究,传播学则偏于'学'的研究"。其实,这样的理解并不准确。其实,大众传播学也包含偏重实务的应用领域,例如公共关系与广告。

2.新闻学和大众传播学在学术取向上也有区别

传统上,新闻学是为了培养为公共利益服务的媒体人才而产生的,因此,新闻学研究与教育方面注重职业技能、专业理念或专业精神的培养,也就是注重人文理想、人文精神的灌输与养成。新闻学具有明显的人文学科的倾向。

这里,必须注意大众传播学的经验学派与批判学派之间的根本性分歧。经验学派,是科学实验主义传统在社会科学和人文科学领域的表现形式,主要是从经验事实出发、采用定量研究方法,侧重于传播效果的研究。经验学派主要采用社会调查、心理实验和统计分析方法,侧重于研究媒体在改变和引导人们的价值观念和思想意识及行为、传递信息、动员社会、形成舆论、改善和增强传媒之商业作用、影响社会制度和文化、传播创新和文明等方面的效果问题。而传播学批判学派往往将传播尤其是大众传播视为整个社会结构中的组成部分,着眼于从社会学、政治经济学乃至哲学的角度综合探讨传播与社会的关系,着重研究传播现象的阶级性、历史性与社会性,尤其重视对大众传播体制、媒介文化工业、媒介与权力等根本问题的批判性考察和深层分析,追求的是价值理性而不是工具理性,具有鲜明的人文取向。然而,尽管大众传播学批判学派与新闻学都具有人文取向,但两者的学术立场仍然有差异:大众传播学的批判学派是以批判的方式来表达对人文理想的坚持,而新闻学仅仅是强调要正面倡导人文理想。可谓精神相通但是关注的层面不一样。

3.新闻学和大众传播学所侧重的研究方法也不同

新闻学主要是运用归纳与演绎这些最基本的逻辑推理方法来开展研究,关注的重点是业务操作,即新闻的采、写、编、评,以及节目的摄影摄像与制作。美国大众传播学一贯强调运用社会调查、心理实验、统计内容分析等科学性方法来研究传播效果,通过量化与统计的过程来求得实证性的结论,对传播实践作出准确的事实判断,作为改进传播活动的依据。

针对新闻学与大众传播学的这种错综复杂的关系,新闻传播教育界有一种融合发展的观点。这种融合无非有两种途径。要么是大众传播学融入新闻学;要么是新闻学融入大众传播学。

大众传播学融入新闻学,很显然是不可能的。因为,从学科体系来说,传播学是研究人类一切信息传播行为与现象的,而新闻学研究的范围要小一些。确实,传统的新闻学与新闻教育表现出职业训练的色彩较浓,理论色彩淡薄。大众传播学中关于传播者的研究、关于媒介的研究、关于受众的理论、关于传播效果的研究等,大大拓展了传统新闻学的关照视野、提高了传统新闻学的理论高度、丰富了传统新闻学的理论观点。传统新闻学的研究方法也十分有限,主要是内容研究法等;而传播学中有关抽样调查法、内容分析法、受众调查等科学研究方法,大大增强了传统新闻学的科学研究手段。

新闻学融入大众传播学也不可行。新闻学是一门实践性非常强的学科。即使我们现在已经进入到了信息时代、网络传播时代、多媒体融合的时代,像新闻采访、新闻报道、新闻写作、新闻编辑等基本职业训练仍是新闻教育必不可少的课程,像新闻工作者的职业道德、行业规范等基本专业素质教育仍是新闻教育特有的内容。这些带有专业训练的课程不可能由大众传播学的课程来取代。

大众传播学可以用实践以及一些新概念、新理论、新观点去充实、丰富传统的新闻学与新闻教育,却不能完全取代新闻学与新闻教育。例如,新闻教育处理好以下方面的工作是非常重要的:如何让学生不仅掌握进行文字新闻报道与写作的技能,而且要掌握视频报道、音频报道和网络报道的技能;如何让学生不仅掌握常规的新闻编辑的本领,而且要熟练掌握电脑的各种操作系统、办公软件的应用和电脑硬件的维护;如何正确认识和准确把握当今媒体工作者普遍感觉捉摸不定、复杂多变的受众等。另外,大众传播学还涉及许多与新闻学关系不大的专业领域,如广告、公共关系等,从这个角度来说,大众传播学是不可能、也没必要与新闻学融合的。

未来的大众传播学有可能发展成为各个专业和学科、甚至基础教育必修的公共基础课程。笔者认为我们可以把它称做基础传播学,其主要内容将涉及传播的基本概念、基本理论和基本规律等,人们如何正确地认识、运用大众传播媒介等。

第三节　美国新闻学与大众传播学学科发展的现状

一、当前面临的困境

当前美国新闻学与大众传播学的困境具体表现在几个方面:学科定位的危机、教育机构的危机与学术研究的困惑。

第一,学科定位不明确直接表现在学科的名称方面。新闻学与大众传播学的名称长期都不能固定统一下来。"新闻学"的学科名称是"Journalism"这个词,然而这个词又可以指新闻事业、新闻;而"传播学"的学科名称就更加不确定了,有人造出"communicology"这样一个词用以强调学科的学术性;还有的把它称为是 communication science,最常见的就是直接用"mass communication"指代"大众传播"。

第二,美国的新闻与大众传播教育经过了多年的发展,在世纪之交却因经费短缺而面临前所未有的困难,有些院系因此被迫取消、缩减、改组和合并。近年来,密歇根大学取消了部分新闻学专业;俄亥俄州立大学合并了新闻学和传播学教育的课程,实质上是减少了新闻学的课程;马里兰大学分阶段取消了它的广告专业,并且把公共关系专业从新闻学院抽出。即使院系没有被撤消或者是改组,新闻与大众传播院系的教学与科研人员,往往也需要面对学科在大学里地位比较低以及学科的正当性受到怀疑的局面。美国大学的教育行政系统往往也认为新闻与大众传播学科是边缘学科,没有其他学科重要;无论是在财政预算的分配、教育行政的配合、课程的规划、人员的聘任与升迁以及院系实验设备的配备等方面,新闻与大众传播教育者都不能占据有利的位置。

第三,美国新闻学与大众传播学在学术研究方面的缺陷也常常受到批评。研究的主要缺陷表现在以下方面:首先,美国的大众传播研究方法单一,研究方法过于偏重于计量统计方法;研究领域集中,研究重点往往放在传播效果、传播的功能和传播模式方面,忽略了文化认同、个体的差异、社会环境差异、历史的重要影响等方面。其次,在新闻学研究倾向于大众传播学以后,研究者没有从人文主义的角度解释新闻学所面临的问题。再次,研究缺乏成熟的系统理论。美国主流传播研究至今在系统的理论模型建构上依然没有取得成功;当然,这也是世界新闻与大众传播研究面临的问题之一。

美国的主流大众传播学研究采取的实证方法是客观研究途径在认识论层面的表现。实证论的科学也就是哈贝马斯认为的"经验性——分析性的科学"。[1] 实证论者提供由计量方法验证出的技术知识,以满足人们的需要。这种类型的知识建立在经验统一的知识基础之上,再加以合理性的假设,重视技术影响因素,小心求证其因果关系。大众传播研究开展的初期,深受芝加哥学派重视文化社会环境因素传统的影响,但是后来却逐渐转移了研究重心。美国主流大众传播研究往往是在行为科学研究的影响下,重视从因果关系推断理论和规则。因此在美国的研究中传播理论常常被设定为一系列相关的命题,研究者用各种方法去验证这些命题,最后用得出的结论去解释、预测甚至是操控一些新闻传播现象。长期以来,实证研究方法受到的主要批评是:实证论使得研究者局限在狭小的范围中,结合使用统计方法,寻求各个变量之间的联系。这个过程中间本身就暗含了一个基本的假设,就是研究对象之间肯定是有关联的,而且是受到这些变量的影响;同时各个变量的影响还是可以分成部分来看的。当然,这样的批评忽略了研究者在理论基础和政治社会立场上的差异。

大众传播融入了不同领域的理论与研究方法,既属于社会科学又属人文科学,这种混合的现象造成了大众传播学的两个主要特色:内容庞杂

---

[1] Habermas, J.: *On the logic of the social science*, (trans.) Nicholsen, S. W. & Stark, J. A., London: Basil Blackwell, 1988, p. 13.

和方法多样。从正面来看,这体现了大众传播学的多样性和包容性。然而这恰恰也显示了大众传播学的缺点。因为它的包容性,诸如人类学、社会学、心理学、教育学等学科亦同时把"传播"作为它们研究的一个对象,结果其他学科难以承认大众传播学可以成为一个独立领域的事实。在长期发展过程中,新闻学与大众传播学在方法和领域不断扩张,兼容并蓄学科的统一性和学术前提的合法性受到不容忽视的内在质疑,由于与其他学科之间纠缠不清,反而面临着传播学学科的认同危机。

学术界也不断地重新审视传播理论研究的范式,针对社会的基本模式、媒介组织的特殊形式、媒介内容的陈述、受众的观念以及喜好等等建构新的研究取向;例如有学者认为大众传播理论基本上也是以媒介或者以社会为中心,以唯物论或者文化论为基础,两条不同的轴线分割出媒介文化论、媒介唯物论、社会文化论以及社会唯物论四个不同的研究方向。① 在过去的几年中,美国新闻与大众传播学术界对学科合法性问题的反思,已经跳出了相关学科的融合与竞争、传播与大众传播的血缘关系,理论与实务的分量,定性研究和定量研究的相容与否的问题,直接向学科的本质挑战。

二、困境的本质

当前美国新闻学与大众传播学遇到的困境是在世界新闻与大众传播教育发展过程中的典型代表。新闻与大众传播学的学术不确定性是很多国家新闻与大众传播教育普遍存在的问题。

每一学科都有内在的学术不确定性,只是新闻学与大众传播学历史短浅,加上是交叉学科,又带有实用性,所以它的定位问题比别的学科更加突出。仔细研究新闻学与大众传播学科所面临的困境,我们可以发现

---

① Denis McQuail: *Mass communication theory* (4th edition), London: SAGE Publications, 2000, p. 6.

这中间其实存在着两种认识：一是认为新闻学与大众传播学是存在的学科，所以最主要的问题应是探讨如何认识与塑造学科的学术内涵；二是对学科主体的本身有所质疑，认为它们并不能成为独立的学科，否则其知识内涵为什么会如此发散？对学科的界定同样模糊，所以自然没有所谓的学科本质可被认识。这样一来，如果学科的存在性都受到怀疑，就更加谈不上学科的正当性了。

从哲学的角度来看，这两种观点的出发点是不同的，属于本体论与认识论的差异。认为新闻学与大众传播学是各自独立学科的观点是从本体论出发，先确立学科的存在，质疑当今新闻学与传播学存在的正当性问题；通过对传播模型的探索和新闻传播核心理论的研究等方面来探讨学科的正当性。而不承认它们是独立学科的观点则是从认识论出发的，认为没有确凿的证据证明学科的确实存在，否定其存在的正当性。本体论与认识论两个出发点其实是有联系的，本体的确立需要通过认识的行为才能完成，而认识的行为又需要有存在的本体才能被具体地实行。本体论是研究存在本质的哲学，而认识论是探索认识行为的哲学。究竟是先确定了存在本质再研究其认识行为，还是通过认识行为确定其存在本质；这一问题长期以来就是哲学研究中的基本问题。新闻与大众传播学的正当性问题恰恰进入了本体论与认识论两者之间循环辩证的怪圈里。

新闻学在大学中的学术地位长期处于非主流的地位，很多新闻与大众传播教育者认为早期新闻教育过分重视实用性、忽视学术研究，特别是在大众传播学日趋成熟后，许多教育者开展了大量的学术研究，想借此改变新闻与大众传播学在大学里的尴尬境地。学者们在学术研究中大量地引入了社会学、心理学、组织学、管理学等学科的理论和方法。这种泛化的研究在某种程度上也干扰了新闻与大众传播学的研究与教学的科学化和有序化，过多地借用其他学科的理论和方法也阻碍了新闻与大众传播学自身的发展。因此，这种过多过泛的研究，实际上也在一定程度上影响到新闻与大众传播学学科在大学中的学术地位的提升。

新闻学和传播学学科历史比较短，而且又借用了许多其他学科的东西；同时新闻传播学又重视实用，与社会实际联系紧密。我们的学科最初教师都是新闻记者，而不像其他很多学科一开始就有很多学术界的人士参与。因此，在美国20世纪90年代大学因为经费不足，各个大学删减院系的时候最先考虑的是哪一个院系学术性最差，所以诸如语言研究、新闻与大众传播、语艺传播等都遭遇了强烈的危机。

新闻与大众传播教育的正当性不只是来自于教育系统的内部建构，它必须也必然来自于教育之外。这就是说，相应的社会环节的表现，同样会影响教育正当性的有无及高低。即便新闻与大众传播教育界的表现能够使其在大学中或在社会中取得更有利的位置；但与此同时，现实生活中大众传媒的表现总是不如人意的话，则其学科的正当性也难以提升。传媒表现越不理想，教育的正当性就更加受到质疑。而新闻与大众传播院系也不可能在自行限制缩减教育规模或者改革教学模式后，挽救其滑落的正当性。新闻与大众传播教育者重视媒介素养教育，并使之与业界和大众媒介的发展紧密相连的话，是有助于提升学科地位的。

第四节　学科发展的建议

学科的建设包含两个方面的重要内容：一是学科专业框架的建设。通过科学地设置专业方向，提高所培养人才对于业界市场需求的适应精度；二是学科组织框架建设，通过建造覆盖学科核心知识体系的组织框架，形成专业子系统之间的能量交换机制，以提高所培养人才对于业界市场需求的适应宽度。

具体来说，一个学科能够持续地健康发展必须做到以下几个方面：一是提高专业学科自身发展的自由度。将专业学科放置在具有高度自由的结构空间，使其能够从学科发展的整体环境、专业教育的系统目标这些宏观角度设定其自身的位置和任务,从而建造起不断完善自身功能的良性运行机制。二是提高课程更新和课程组合的灵活度。以保证整个专业学科系统能够针对业界对人才的需求变化,及时有效地调整教学的内容和方法。三是提高各个专业学科之间的交融性。针对业界对复合性人才需求的日益加强,保证整个学科系统实现更大程度的资源共享,促进学科专业知识的交融。

要实现新闻学和大众传播学的良性发展,笔者提出以下建议:

1.放弃以媒介类别划分的教育取向

长期以来新闻与大众传播教育形成了以媒介类别划分的教学和研究取向。在当前新科技日益发展的冲击下已经不能适合形势的需要了。要打破这种以媒介特质分裂学科发展的趋势,新闻与大众传播学有必要在学科设立上趋向整合。近年来提倡放弃以媒介为类别的研究与教学取向的呼声此起彼落,无论是以报导、劝服、创意,取代传统的传播科系的分类;或是以概念的方式划分课程与研究领域的区分方式,例如信息差距、新闻自由、大众文化、后殖民主义等等,都有助于我们思考当前媒介研究与教学的发展。

2.确立多样化的教学和研究模式

新闻与大众传播教学与研究重心除了延续社会科学的研究传统外,更要能够反映社会环境的变迁,从人文学科中汲取更多养分,强化学科的学理基础,并且丰富新闻与大众传播学科的整体内涵,朝着更多样的方向发展。

新闻学学科中应当既包括专业技能、人文社会科学的通识知识,也包括职业道德、伦理、社会责任等。大众传播学学科体系的构建也必须注重学科内部的层次的多样性。作为传播学来说,其最上层的内容应该是有关传播的哲学研究如有关信息、符号和话语等问题的研究;然后是有关大众传播的一般规律的研究例如议程设置、沉默的螺旋、第三人效应理论等;再次是有关传播的分支学科的研究,如科技传播、文化传播、政治传播等。

3.学术与实务并重

新闻学与大众传播学既是基础性学科,又是应用性学科。没有基础理论,就不能支撑起学科的架构;没有实际应用,学科就会失去对于社会现实的指导意义。新闻与大众传播学的这一属性,可以从两个方面加以说明。第一,从学科的产生、发展来看,是基础理论和实际应用相结合的发展过程。就学科的学术渊源而言,它们从政治学、社会学、心理学、语言学等学科吸取了理论营养,催生了自身核心理论精华;就其产生方式而言,它们在社会实际的应用中逐步地完成了学科的建构。可以这样说,目前大众传播学的一些经典理论,例如两级传播理论、使用与满足理论、议题设置理论、沉默的螺旋理论、知沟理论和涵化理论等等,与现实社会结合十分紧密。第二,研究者也是以理论和实际应用的交叉点作为研究新闻传播现象的出发点的。

过多地注重新闻学与大众传播学的学术理论,忽视其实际应用,会对学科的发展造成重大的损害。因为新闻大众传播学研究的对象是现实社会中的现象,而这些现象本身是动态发展的。如果把基础理论和实际应用割裂开来,无疑会使学科变成无源之水、无本之木,成为高高在上的空中楼阁。过多地注重其实用技能方面的内容,新闻与大众传播教育就会变成一种专门的技能教育,缺乏学术性,这与大学的学术本质也是不相符合的。

4.承担媒介素养教育的责任

新闻与大众传播院系进行媒介素养教育的内容包括:首先要让大众了解到有关媒介的一些基本知识,例如,大众传媒有哪些特征、属性,有什么功能、作用,媒介传播有哪些基本规则、规律等等。掌握了这些知识,有助于大众识别媒介,根据自己的需要有目的地选择媒介、选择传播的内容及形式;知道在什么情况下选择什么样的媒介能获得最有效的信息;知道在什么样的媒体上能获得自己所需要的有益的传播内容和自己乐于接受的有效的传播方式;知道怎样才能减少接受媒介传播过程中的盲目性和被动性;知道怎样才能抵制有害的传播内容及传播方式。其次帮助大众学习借助媒介来行使自己参与国家和社会事务的权利。另外,帮助大众确立媒介批评和监督的自觉意识。

面向大众的媒介教育主要在于普及媒介知识,培养公众掌握和运用媒介的能力。新闻与大众传播院系可以面向其他院系的学生开设选修课程和课外讲座,向非新闻与大众传播专业的学生普及媒介知识以及进行师资培训。高校新闻与大众传播院系组织有关专家、教授编写媒介素养方面的普及性教材。

5.呼唤团队精神

新闻与大众传播教育界必须通过团队合作,才能够进一步争取学术的认同,提高学科在大学中的地位。长期以来,新闻与大众传播教育界的教师和学者已经习惯了个人式的教学和科研,但是随着新科技的发展和新闻与大众传播学科经费不稳定状况,一方面要求教师学者们在教学科研上登上一个新台阶,另一方面他们得到的各方面的资源是有限的,所以必须考虑到协作进行教学和科研工作。团体研究、跨领域、跨校之间的合作都有可能促成更好的教学效果和新的研究成果。

6.不同类型的大学可以依据自身特点来设置新闻与传播院系

(1)向综合性大学转型的工科大学。一般这类院校都设有人文社会科学方面的学院,同时也设置有传播学应用学科如医学、管理学、美术、新闻等。我们建议这类大学在医学院中设置一个传播科学与沟通障碍系,在人文社科类学院中设置一个传播研究系;或者直接设置新闻传播学院。(2)传统文科大学。它们一般设置多个传播学基础学科学术单位,同时相对来说传播学应用学科学术单位比较少。对于这种情况,我们建议两种方案,一种是直接设立传播学院,一种是在相关应用学科学院类设置相关的传播学方向,如在新闻学院内设置大众传播研究系,在艺术学院类设置视觉传播研究系等。(3)传统综合性大学。综合性大学中文、外语、社会学、心理学等传播学基础学科设置齐全,而管理学、新闻学、艺术学、公共卫生、教育学等传播学应用学科也比较齐全。对于这类大学,我们建议将传播学科学术单位直接设置为独立学术单位,同时在其他相关院系中考虑设置营销传播、大众传播、公共卫生传播、教育沟通的一些硕士学位方向,由两个院系合作培养。(4)艺术类专业院校。它们最需要发展传播学科。因为传播学科的创建与发展不仅能有效地支持上述学科的发展,还能促进其整体学术水平的提高,我们建议这些大学在学校之下直接设置独立的新闻传播院系,集中于发展与其学科密切相关的传播学学科方向如视觉传播等。(5)医科大学。传播科学和沟通障碍系是美国大学设置最多的传播学分支学科学术单位,设置在文理学院或健康学院内。

第五节　本章小结

当前,美国的新闻学与大众传播学在学科发展中面临着许多问题,例如学科定位不清晰、教育机构不稳定、学术研究受到质疑等等。这种困境的出现既与新闻学、大众传播学学科本身的不确定性相关,又与学科相关的新闻传播实务界的发展紧密相连。

提升新闻学与大众传播学的学科地位首先应该处理好新闻学和大众传播学之间的关系。新闻学与大众传播学有着深厚的历史渊源,他们彼此的研究对象、研究领域、研究方法相互融合、彼此影响;因此,强行将他们划分区别开是不科学的,也是不必要的,找到一种能够适合两者共同发展的路径是提升学科地位的关键。新闻与大众传播学这种与多学科相关联的属性也让它有可能成为联系各学科间的纽带,他们的发展势必推动整个人文社会科学的向前发展。

促进新闻学与大众传播学的学科发展应该尽可能地开阔视野,采取多方面的措施,例如:在教学与学术研究中摒弃以媒介类别划分的取向,协调学术与实务的比例、主动承担起公众媒介素养教育的责任等等。

第六章 媒介融合与新闻和大众传播教育

媒介融合的趋势是伴随着传播技术的不断发展出现的。一方面,随着卫星技术、数字化技术和网络技术的进步,以及这些技术在广电、通信领域的全方位渗透与应用,传统媒介的界限渐渐模糊,新媒体形式层出不穷,媒介终端可实现功能逐步强大。另一方面,社会经济及文化潮流的发展与进步引发社会阶层的"碎片化",并由此延伸到市场的"碎片化"和受众的"碎片化",大众时代过渡为分众时代,媒介受众由以往的单向阅听人的角色转变为需要为其量身订制娱乐、资讯服务的用户。媒介与消费者的互动更加充分,传媒产业正以日益丰富的信息娱乐元素满足消费者的需求。

媒介融合是新闻传播业的一个渐进的发展过程,它整合或利用处于单一所有权或混合所有权之下的纸质媒体、电子媒体、数字媒体,以增加新闻和信息平台的数量,并使稀缺的媒体资源得到最优配置。在规模经济和范围经济的作用下,这些融合的媒介形式以及被重新包装的媒介内容,将提供给受众更大的信息量,从而实现领先竞争对手、获得盈利、提供优质新闻的目的,并最终在数字时代的媒体竞争中保持优势地位。媒介融合的过程中在一定程度的消解了过去各种媒介的不对称关系,消解了原有媒介制度中的一些限制。媒介融合应该具备以下特点:(1)以丰富的多媒体形式来表达信息,具备灵活的传播方式;(2)个性化的内容,让受众有较大的选择权。(3)传者与受众之间有较高的互动性。

第一节　媒介融合对新闻传播业的影响

一、宏观层面

媒介融合对新闻传播业的影响是多方面的。简而言之,可以归纳为宏观和微观两个层面。宏观上,媒介融合的发展促使整个媒介生态系统的变化。微观上,媒介融合对新闻业务形态、媒介规制、媒介经营管理、传者与受众的关系、受众的生活方式、受众政治民主的实现等方面都有着一定程度的影响。

宏观上看,媒介融合的发展带来了整个媒介生态系统的改变。媒介生态系统的基本构成要素是媒介系统、社会系统和人群,以及这三者之间的相互关系和相互作用。在媒介融合的传播过程中,随着媒介与个体之间的互动交流方式不断多样,受众生态环境发生了改变;媒介系统与社会系统之间的互动关系不断丰富,引发了媒介规制与政策环境的调整;媒介与媒介之间的相互竞争越来越复杂,带来媒介的行业生态环境的重新建构;媒介不断推动政治民主进程的深入,提高了公众的政治参与程度,反映了公众的公共利益。媒介融合的过程是一个不断发展和变化的过程,变得移动化和虚拟化、多样化。媒介变了,媒介与社会、受众之间的相互关系和相互作用方式也将发生变化。媒介生态系统的变化进而会影响到媒介的工作方式和受众的接受方式。媒介生态系统变化也会导致社会生态系统的一系列变化。

"媒介生态"一词最早由加拿大媒介理论家和哲学家马歇尔·麦克卢汉在 20 世纪 60 年代提出的。在英文中,媒介生态(Media Ecology)主要是指传播与技术的历史文化涵义。美国威廉帕特森大学大众传播系林文刚博士就提倡从这一角度研究媒介生态。[1] 虽然对于媒介生态学的研究存在着不同的研究路向，并没有形成一个具有内在一致性的学科范式，但是北美多伦多学派和纽约学派的观点，无疑是研究媒介生态最重要的研究路径。麦克卢汉有关媒介与技术的研究成果，例如冷媒介与热媒介的划分，媒介是人的延伸的观点，是媒介生态学过去、现在和未来发展的重要路标。麦克卢汉在 1977 年的一次演讲中，把媒介生态的意义看作是安排各种媒介，彼此扶持，使他们不会相互抵消。从这个角度来看，他所指的"媒介生态"，大体上是指不同媒介之间的兼容、互补与共存。清华大学的尹鸿教授认为"媒介生态学关注的则是与人的生存相关的动态变化的媒介环境，媒介对人的作用、作用过程方式，特别是人类如何限制、控制、修整对媒介的使用，以维护、保持一种健康的平衡的媒介环境，使人与媒介、媒介与人之间保持一种和谐互动的良性关系"[2]。

互联网、无线通信、数字视频等技术的发展为媒介融合提供了技术保障。多媒体技术、虚拟现实等正重新定义着媒体经验，它们将媒体文本、图片（像）、声音的叙述结构转变为一种非线形和互为渗透的超文本传播。虽然完全意义上的媒介融合的时代还没有真正到来，但是我们可以描绘出未来媒介融合的场景：传媒机构的数字化传播内容管理体系的创建和广泛使用，可以相对容易地将各种数字形式传送到不同的传播平台，例如，电视将具备更多计算机的特点，从而与网络相连，既可接收和储存数字化内容，也可以让观众与荧屏上广告之类的内容互动。现在，移动电话已经有了摄像、录音、收看电视节目、收发电子邮件等功能。可以说，媒体科技的融合是新闻传播其他领域融合的基础。媒介融合这种与传播技术发展紧密联系的新闻形态势必带来媒介生态环境的各方面的变化。

媒介融合的发展带给媒介生态环境最显著的变化是泛传播平台与泛

---

① 参见支庭荣著：《大众传播生态学》，浙江大学出版社 2004 年版，第 4 页。

② 尹鸿：《被忽略的生态环境——谈文化媒介生态意识》，《电视研究》，1996 年第 5 期，第 38 页。

传播终端的逐渐形成。对受众来说，媒介融合的出现给他们带来了更大的选择权，点播新闻、付费观看电影、教育节目等都可以逐步实现。受众不仅可以选择看到、读到还是听到新闻内容，而且也可以选择何时何地接收信息。他们有机会选择不同选项的媒介和不同的媒介内容，也可以参与到与传者或者其他受众相互交流看法的过程中。现实的世界被可见的地理维度所限制，而生活在现实世界中的受众却可以享受媒介世界带来的快乐。创建于 2000 年的 Ohmynews 网站，如今已在世界上名声大噪。韩国的这家新闻网站区别于普通新闻媒体有两点：一是记者身份不同，他们依靠的是大量的公众记者，网站 80％的新闻由这些公众记者采写。二是新闻来源不同，这个网站的新闻更多地来源于这些公众身边的所见、所闻、所想，而不同于传统新闻媒体较多依靠政府与企业的新闻发布会以及重大新闻事件。而 Ohmynews 网站带来的影响则是全球性的，之后日本、美国等国家陆续出现了多个类似的大量采用公众记者的媒体。普通人越来越多地参与到新闻生产中来，积极地在信息收集、编辑和发布中发挥主体性。

传播生态指的是情境中的传播过程。传播生态有三个维度：（1）一种信息技术，（2）一个传播范式，（3）一个传播行为。[①] 从传播范式来看，在媒介融合的传播过程中，"信息发布——吸引注意力——产生规模效应"的传统传播曲线已经不再广泛存在，传播的过程、作用与性质已经发生了革命性的变化，个体、小群体在传播中的主动性不断提高，以前那种媒介利用掌握在手中的传播技术而取得绝对话语权力的大众传播模式，在媒介逐渐融合的过程中在不断地消解，而依靠新的传播技术特别是数字技术支撑的双向甚至是多向的传播模式正在形成。同时，在媒介融合的传播中，单一的传统媒介必定转变为多元混合的经营业态，而且不仅在信息传播的领域出现跨文本、跨媒体、跨传播流程的组合，还会在信息传播的

---

①戴维·阿什德著，邵志择译，《媒介生态学——控制的文化范式》，华夏出版社 2003 年版，第 8 页。

组织维护与开发利用上，也会出现多元混合的局面。

二、微观层面

1.新闻业务形态多样化

媒介融合利用多媒体技术将文字、声音、图片、图像和 Flash 集于一体，因此在视觉传达上将更加丰富、形象生动；新闻产品的视觉传达设计的表现手段更加多样，表现范围也得到了更大的扩展。传统的新闻传播业务是以单一的媒介形态为基础的，所运用的技术手段也相对有限，如报纸新闻局限于文本和图片传播，电视新闻主要以图像和声音传播为主。如果操作得当，媒介融合完全可以创造优质新闻，使报纸上有富含可读性的深度报道、电视上有令人惊叹的画面、网络上有更丰富的信息。媒介从业人员能够更有效地进行工作，他们降低了成本，提高了工作效率。以电子报纸为例，它与以前的报纸的网络版不同，以前的报纸网站只是单纯的把报纸内容移植到网站上。新一代的电子报纸不仅是复制了印刷媒体的内容，还融入了多媒体的功能，令新闻不再是平面而是立体的了。读者可以随意检索信息，链接到相关网页上。对新闻的深层报道和分析，受众可以从文字中去查阅；对新闻事件的动态变化，受众可以借助图像进行直观了解；对于深奥难懂的科技新闻等，受众还可以通过 Flash 等计算机模拟使其通俗易懂。这样，受众能够根据自己的需要选择接收新闻的方式，新闻传递方式更加人性化和便捷化，降低了接受新闻的费力程度。

媒介融合使大众信息和媒介载体的关系发生了根本的变化，信息与信息载体之间的一些常规联系模式被改变，信息对载体的依赖性越来越小，选择性越来越大，原本以文字表现的大众信息必须与纸质或类纸质媒介相连的必然性被打破。信息和媒介的这种关系变化也使业务分割界限被突破。媒介融合一定程度上消解了传统媒体（如电视、广播、报纸等）之间的边界，一定程度上消解了社群之间、产业之间甚至是国家之间的边界,一定程度上消解信息传播者与接收者之间的边界。信息终端与其他终端产品的融合整合将成为一种必然趋势,未来将出现更多兼容互通性极强的多功能一体化设备。

美国佛罗里达州坦帕市(Tampa)"媒体综合集团"(Media General)的经典案例真正意义上迈出了全球新闻传播界关于媒介融合的跨时代步伐。继坦帕市(Tampa)"媒体综合集团"成功进行媒介融合尝试之后,不少传媒集团纷纷进行资源的整合。《纽约时报》在报社平面媒体那层楼开办了一个电视台,从新闻编辑室向外播放新闻,让整天忙于本行的平面媒体记者尝试跨媒体运作;BBC的电视台网站,广播电台和电视文字广播等相互交叉工作;甘奈特集团的《今日美国》报的主要新闻以新闻片形式供应给该集团在全美拥有的两家电视台;新加坡"新加坡报业控股"发动《联合早报》牵头另外两家集团的华文报纸负责制作电视新闻给开设华语和英语两个电视频道。以坦帕新闻中心每天新闻业务工作流程为例:该新闻中心下的各家媒体拥有各自独立的人员、办公区域和运作机制,但同时又设置"多媒体新闻总编辑"来负责策划、组织、协调各媒体的新闻采访活动。首先电视台的总编和各部门的负责人要召开编前会,多媒体新闻总编辑也参加,安排好电视台在这一天的新闻采访活动,并讨论哪些新闻可以与报纸、网站进行融合;然后多媒体新闻总编辑召开报纸编前会,向报纸总编提出当日"融合"新闻的内容,然后进行讨论;报纸总编也会向多媒体总编辑提供他们认为用电视新闻形式报道更为合适的消息。下午多媒体新闻总编辑还会再召开一次报纸与网站的编前会,向网站负责人提供可供融合的新闻。若有重大突发新闻,多媒体新闻总编辑会及时将消息通报给报纸、电视和网站这三家媒体,并制定统一计划,协调其采访活动,力求让三家媒体在采访中将各自的优势发挥到极致,同时又做到互补不足。总之,媒介融合要求媒体将所拥有的媒介整合在一起,依靠统一的规划与协调,提高新闻业务流程的效率与通畅性。

媒介融合往往改变传统新闻的线形叙事结构,媒介新技术的发展使新闻叙事形式的融合成为可能。数字编辑影响了新闻的日常剪辑工作，形成了文字、照片、声音、录像、动画和图表等多形态的新闻叙事方式。例如在一些体育比赛转播中在电视屏幕上插入本来并不存在的商业标志。

业务形态的整合，不意味着报道过程与作品的单一化。媒介融合时代的新闻报道会在更高层次上形成一个大的报道体系，报道不再是单落点、单形态、单平台的，而是将在多平台上进行多落点、多形态地传播。报纸、广播、电视与网络是这个报道体系的共同组成部分。而要构建这样一个大的报道体系，生产流程的细化更是必要的。我们所习惯的各种传媒样式，例如纸质的报纸、电视机上呈现的电视节目，都还可以存在。但是，它们所依赖的发行或传播渠道可能会发生一次根本变革，那就是数字网络将取代现有渠道。而在接收终端上，人们仍然可以有多样化的选择，偏好报纸阅读习惯的人，可以将网络中传输的内容打印出来，电子报纸的出现实际上为此做了一定的铺垫；而偏好电视的人，则可以用电视机来观看最终内容。但是，可以期待的是，未来一定还会有更多的信息接收终端出现。

媒介融合一定程度上改变了传统新闻中对有关新闻信息的一次性简单发布，它使庞大的信息数据库成为受众获取信息的资源，使信息资源进行了多次的循环开发和利用，使整个媒体的信息整合能力提升，同时也提高了信息的使用率。

媒介融合不是要淘汰某种媒介，而是要开拓新的需要。各种媒介均有自己的特点，一种媒介要轻易完全取代另种媒介是不可能的。多种媒介共同构成复合的媒介环境。媒介变得多样化、多频道化。一般说来，这种媒介融合产生的新传播功能通常大于或优于单一媒介的功能，而且它导致各种媒介和传播方式之间的界限越来越模糊。

2. 传者与受众：你中有我，我中有你

传统意义上的传播者是指传播行为的引发者，即以发出讯息的方式主动作用于他人的人。在传播社会中，传播者既可以是个人也可以是群

体或组织。① 对媒体的直接消费者也就是广大受众来说,接触到的媒体越来越多、信息越来越庞杂,他们迫切需要更加专业化的信息提供,正在从大众媒体的"大众"逐渐变为"小众";对媒体的间接消费者也就是广告主来说,随着产品供给趋于饱和、企业间竞争不断加剧,企业越来越强调市场的占有率,强调产品信息准确到达目标客户并产生积极影响,而媒介融合恰恰符合了这些需求。

融合媒介的交互式发展意味着在新闻信息传递过程中传者和受众角色的不确定性。媒介融合中丰富的传播渠道使得传者的外延扩大,传者与受众的交流越来越多,界限也在渐渐地模糊。新闻的信源和信息接受者可以达到一定程度的双向交流,甚至是多向交流。这样也为受众提供了更多参与传播过程、发表对新闻事件看法的机会。某电视台在播出新闻时,将最后几条新闻的播出选择权交给观众,通过观众对于几条新闻标题的短信投票,决定播什么、不播什么。这种选择权某种程度的开放,不但造成了受众的参与,而且由于受众的参与和"悬念"效应,有效地提升人们对于最后播出的那些新闻和资讯的关注强势,使原本头条新闻受关注、其后新闻的关注度渐次下降的规律发生了逆转。

媒介融合的出现可以把各种媒体集中在一个操作平台上提取多种媒体的优势,集中采集后,再根据受众对新闻内容和形式的不同爱好,进行分类加工,分流受众的消费兴趣和能力,制成不同类型的产品供他们选择,有效地避免传统媒体的同质化现象,最后将信息以不同的传播方式传播到特定的受众群体中,新闻变得越来越个人化,越来越具有服务性,最大限度地满足了受众的个性化需要。一些新的媒介技术例如网络搜索技术的不断发展和 RSS(新闻聚合)等软件的应用,更加速了传播向个性化的方向发展。例如一个新闻事件,可以先用最快的速度和最简洁的语言从互联网或无线短信中发出,以满足那部分生活节奏快而只需了解事实

---

① 郭庆光:《传播学教程》,中国人民大学出版社 1999 年版,第 57—58 页。

梗概的年轻人和上班族；然后将载有对新闻事件及相关背景详细介绍的报道见诸报端，这也许是时间较为充裕而对事件的经过有浓厚兴趣的中老年读者的最好选择；而制成生动直观的电视节目向观众娓娓道来，可能是家庭妇女和孩子们的所爱。

面对媒介融合，传者需要从"术业有专攻"转变为"复合全能型人才"。传者在生产媒介产品的过程中，要适应多岗位、多职能的工作。在媒介融合的环境中，从业人员仅仅熟悉如何单方面的工作是远远不够的。文字记者要为不同媒体写同一个发生的事件，但形式和重点必须不同，很多情况下，这些记者同时要面对摄像机进行现场报道。对于摄影、摄像记者来说，即使是视频图像越来越受欢迎，但同样要学会如何说故事。而编辑要同时懂得印刷图形、移动图形和动态图形的影视网站的制作等等。

媒介融合的发展带动了传受双方的互动环境发生变化。在传统媒体时代媒体公关部门控制传受双方的信息源和传播范围，在了解受众的意见时，通过"编读往来"、"观众信箱"或者"你点我播"等手段实现。媒体可以根据受众的意见在一定时间内进行传播内容和方式的调整。今后的传受互动环境中，时间、空间的对受众和媒体的限制越来越小。那些热点信息会在网络媒体、博客、个人专栏、即时通讯工具等的协同传播下，传播量以几何级数增长。我们很难预料到，这种媒体外延的扩大到底会产生怎样的效果。

媒介融合的出现刺激了多样化的传播渠道产生。单个传播渠道的传播效应相应减弱，多种传播渠道共同作用才是更为有效的媒介手段。媒介融合将其传播范围投射到各种媒体上，以获取渠道资源交叉共享和效益共赢。互联网和电子新兴技术载体的研制，也给媒介融合带来了技术上的保证，实现基于媒介集团组织与流程的再造和基于新介质载体的媒介融合。例如，上文提到的媒介融合先驱《坦帕论坛报》，在其第二页顶部有一个固定的栏目，以介绍其所属媒体综合集团旗下的，WFLA－TV电视8频道、网站和报纸自身当天的重要新闻及电视播出时间或报纸页码等,目的是引导读者用最快的时间在几家不同媒体上找到自己想看的新闻。每种媒体每天都会为其他各家媒体做"广告",告诉受众他们还能从哪里了解到更多的信息。各种媒体分享新闻线索新闻资源、合作进行新闻报道、合作开设新闻栏目、报纸新闻报导在网络上延伸扩展、报纸新闻改造成网络形式发布、报纸选载博客、报纸利用网络征集线索收集信息等各种传播渠道的扩充发展。可以说子媒体不仅是自身媒介内容的包装者、发布者与推广者,更是成为同一集团下其他子媒体的宣传窗口,利用各自的优势传播技术,拓展传媒集团的信息传播途径,强化信息传输渠道的多元化。

新的数字工具的发展进一步加强了媒体与受众的联系,使媒体可以获得更多普通受众的信息经验,而普通受众也有可能充分利用价格低廉的便携设备和互联网,特别是博客的迅速发布和传播条件来从事新闻生产。事实上,一些研究机构也注意了这种变化,从 1993 年以来,马里兰大学新闻学院的 J—Lab 中心即资助了 120 个小规模实验计划,帮助小型新闻机构利用新媒介技术来创造新的参与公共生活的方式,并鼓励和培训公民积极从事新闻实践。2004 年,在赖特基金会 100 万美元的资助下,该中心发起了一项名为"新声音"的计划,每年每次投入 12000 到 17000 美元的种子基金来帮助建立新型的自我维持的社区媒介,并计划在两年内资助设立 20 个地方性的本土新闻项目。

3. 媒介融合影响着新闻传播业的组织结构

媒介融合不仅创造了优质新闻并且创造了可产生更优新闻的动态机制。媒介的不断融合正在重新定义着媒介产业组织的数量和性质。当不同领域的领导者认识到了媒介、通信、计算机等领域融合的必要时,他们便成为了这股融合浪潮的重要推动者。以前报业、广播、电视、娱乐产业、计算机通信产业等等完全隶属于不同的组织,随着其所有权、交叉业务等方面不断整合。电话公司和报业出版商携手,有线电视公司与娱乐产业公司合作,计算机软件公司与广播电视公司结盟都成为了可能。一些公司因为互补的人才和资源走到了一起,建立起从契约协议到跨公司资源共享等一系列融合形式;以前的竞争对手现在也可以互通有无、共享资源。例如,微软公司和全国广播公司(NBC)合作推出了24小时的滚动新闻服务 MSNBC,用户可以通过有线电视或者互联网获取这些新闻资源。微软公司还与 Pointcast 公司合作进行互联网的运营,他们把路透社、纽约时报等提供的新闻免费传递给互联网用户,通过网络广告获得收入。

在媒介融合时代,新闻或其他信息生产与发布的技术更为多样、复杂,习惯于传统媒体生产流程的任何单一机构,也许都不足以承载多媒体内容生产的完整架构。这样,新闻编辑部门、广告代理机构在内的媒介组织必须重新思考其组织结构。整个传媒业的机构需要在一个新的层次上进行融合、重组,每一小机构都是作为一个大机构中的一分子,完成自己所擅长的某一个"部件"或某一环节。在媒介融合时代,新闻或其他信息生产与发布的技术更为多样、复杂,习惯于传统媒体生产流程的任何单一机构,也许都不足以承载多媒体内容生产的完整架构。这样,新闻编辑部门、广告代理机构在内的媒介组织必须重新思考其组织结构。整个传媒业的机构需要在一个新的层次上进行融合、重组,每一小机构都是作为一个大机构中的一分子,完成自己所擅长的某一个"部件"或某一环节。

4. 媒介融合改变公众的生活方式

媒介融合带给人们新的生活方式。媒介融合促使新的人际间和社会群体传播模式的形成,继而引发社会结构和社会状态的改变。随着媒体在种类和数量不断增加的过程,其传播功能与创造意义的功能逐渐合一。媒介与受众的关系也由原来的影响和被影响者的关系,更倾向于转化为一种服务者与消费者的关系。

媒介融合的传播过程中人与媒体的关系相当复杂,媒体与人之间不是线形的、封闭式的关系,而是一种非线性、非直接因果式、多元式的关系。媒介融合的发展让人们的文化消费更加大众化、平民化。现在成千上万的人在通过各种媒介工作、形成社会关系、建立新身份并发展新文化。人们通过自己使用媒介的经验以及对他人使用媒介的观察,了解到媒介行为将带来哪些结果。人们希望能够从媒介上学习新的东西、消遣和增进社会交往;同时人们也希望能尽量避免媒介带来的一些负面效应。文本在媒介融合中不是二元对立的存在;符号的意义也有不确定的特征,这些符号在不断的区分和延续中产生了新的意义;意义的转达不是指向一个中心,也不是直线型的,而是散发型的。在不断融合的媒介世界中,人是由多种话语和文化所构建的。

受众的媒体习惯也在媒体融合环境下发生改变,乘车途中、等候时、电梯间产生了系列时间碎片和空间碎片,引发了人们对碎片媒体的需求。手机、楼宇电视以及户外广告等提供非实时、片段化内容的媒体刚好满足受众此类需求。候机厅,公交车,随处可见人们正全神贯注地对着小小的手机屏幕,处于信息空闲的乘客可能会把地铁把手上的小字也看个仔仔细细。受众也会藉此产生一定的媒体依赖,如在办公时间长期接触网络的白领族,在家期间也会习惯性地把媒体娱乐方式锁定到网络。再比如在面对诸如吸毒、家庭暴力、AIDS 以及各种其他精神的或身体的疾病时,受众在向媒体求助时,往往会选择等比传统媒体更为安全和隐匿的新型传播渠道来咨询这些难以启齿的问题,传者和受众都避免了面对面的尴尬。

以媒介融合为表征形式之一的媒介融合全面地参与到了个体与社会的媒介化建构当中,并逐渐成为推动媒介化社会建构的动力之一。媒介化社会的一个重要特征,就是媒介影响力对社会的全方位渗透。在真实世界之外,媒介营造出一个虚拟的媒介世界。人们通过媒介来获取对于世界的认知,甚至依据从媒介获取的经验来指导现实生活。著名的娱乐视频网站 Youtube 上五花八门的内容,有新闻,有笑话,有娱乐节目,这些节目来自世界各地,内容无所不包,而且这些节目是免费的,你很难界定,他们是来自于 CNN 还是 BBC,还是一个 8 岁孩子的 DV 作品。

媒介融合在某种程度上体现了传播形式的"回归",即从大众传播回到了类似原始人际传播的状态。它们的出现打破了以往传统信息传播形式的界限,既可以实现面对面传播,又可以实现点对点传播,它们既是大众传播工具,又可以用来进行点对点的人际传播。媒介融合有着既标准化又能够满足个体的个性化要求的特点,它不仅方便人们的交流,更允许人们一对一地以多种方式交流。因此,它们不仅促进了全球化,同时也促进了媒介的个性化,为生产、传播和消费有个性的文化内容提供了更大的空间。

从技术角度说,媒介融合的诞生不是淘汰已有的媒体,而是开拓、满足了新的需要,为大众传媒的生存提供了更为广阔的生存空间。从大众传播发展的历史来看,媒介融合对传统媒体更具有包容性,各类媒体都有各自的特点,一种媒体要轻易取代另一种媒体是不太可能的;它们各自有各自的用处,完全可以共存互补。从专业角度说,媒介融合出现以后,媒介作为新闻信息发布专业机构的特点更为突出。因此,传统媒体要想适者生存,必须建立一种积极的态势,向智能型新闻机构转化。融合是一种渐进的趋势,它不可能在一夜之间完成。融合也许不是终极目标,而只是一个环节或一个途径。

第二节　媒介融合趋势下的新闻与大众传播教育

媒介融合的趋势对新闻传播工作者提出了更高的要求。媒介融合后需要两类新型人才:一是能够在多媒体集团中进行整合传播策划的高层次管理人才;二是能够运用多种技术工具的全能型记者编辑。第一类管理人才不同于传统媒体的管理者,他必须是精通各类媒介的专家,知道技术发展为新闻传播所提供的可能性,知道如何运用这些技术使新闻内容得到更好的表现。因此,懂新闻传播、懂技术、懂管理而且擅长策划,是这种人才的必备素质。第二类人才的主要特点是技术全面。如美国媒介综合集团所融合的媒介都是同处一地的地方媒体,派往异地采访的记者都是多面手,他们能够同时为报纸写文字稿件、为电视拍摄新闻节目、为网站写稿。

目前美国有一大批新闻与大众传播院系、新闻媒体和媒介组织正在进行这类培训,很多文字记者在学摄像技术,报纸编辑在学音频视频编辑和图表制作等。美国的一些著名新闻与大众传播院系已经开设了"融合新闻"专业。

2005 年 9 月,美国密苏里大学新闻学院开设了媒介融合专业。对于开设该专业的原因,该院分管教学的副院长 Brian S Brooks 教授解释说:"我们看到在美国对记者编辑的需求有了变化,需要培训一些技能融合的记者编辑。我去了堪萨斯一家重要报纸,他们说希望招聘到能报道 SU-PERBOWL 体育盛会和美式足球的记者,给报纸写个故事,再给网络写个不同的故事,还能为网络做一些视频、音频的节目。他们的要求可以同电视台相比了。我们从没有训练过这样的学生,现在需要培养跨媒体的记者了。我们要开设一个将各种媒体融合在一起的新方向来培养这样的人才"[1]。

笔者认为,未来的媒介融合教育发展可能是多方面的:其一,大众传播和人际传播领域相互融合,形成新的大传播的模式;其二,缩减以往划分过细的专业类课程,形成普遍性的媒介课程体系,或者说是一种广泛核心课程,其中会更多地融入广告和公关类的课程。无论如何,融合会引领一种大传播教育趋势的出现。例如反映在课程设置上,未来的新闻传播教育的课程安排更多会出现那些整合类型的课程,比如说一门媒介写作有可能代替原有的报纸新闻写作、广播电视新闻写作、广告文案写作、公关写作等课程。

在媒介融合的形势下,学科架构、师资队伍、课程体系、教学平台作为

---

[1] 参见蔡雯:《整合相关学科资源 调整人才培养模式——对美国新闻教育改革的调查及思考》,《中国记者》,2005 年第 7 期,第 80 页。

构成新闻教育的四大基础元素,仍然是决定新闻与大众传播教育质量的核心要素。

目前,新闻传播学科在大学本科阶段设定的专业方向,基本上是在网络数字化信息技术全方位进入新闻传播领域之前设定的。传统的专业知识界限和专业技能界限都将被更大程度地突破。因此,学科的组织架构需要适应媒介融合的趋势,以保证各个专业都具有更强的开放性与兼容性。

在媒介融合的趋势下,新闻教育机构的教师队伍普遍面临知识重构、能力再造的任务。以往拥有不同专业背景的新闻学科教师,都需要突破自己的专业局限,需要建立跨媒体、跨学科、跨文化的思维观,在这一前提下,调整自己的知识结构。新闻教育事业需要的教师队伍,既需要精通新闻传播专业的知识,也需要拥有跨学科背景知识;既需要了解专业的理论体系,也需要掌握实务工作的方法;既需要了解人类的经典文明知识,也需要洞察前沿学科的发展;既需要深刻理解和把握各个国家的国情与传统,也需要清晰地了解世界的前沿动态与趋向。

在网络数字技术环境中,教学平台的建设已经不仅是传统概念中的实验平台和实习平台的建设,而是包括日常教学平台建设在内的多种专业功能、多种使用目标的融合性教学平台的构建。这种多功能、跨媒体、可融合的教学平台是未来新闻教育依托的设施基础。

面对媒介融合的趋势,应引入与主流新闻机构和前沿科技企业携手共建的机制,通过这样的合作建设,将前沿技术、前沿趋势、高端项目、高端人才引入教学与科研领域,为实验设备的更新、为课程体系的改革、为科研工作的活跃开辟新的渠道。新闻传播院系应尝试进一步打破课堂教学平台与实验教学平台的界限,让更多的实务课程的日常教学,在仿真的媒体环境中进行,提高学生的实战能力。

媒体工作的专业实践是培养学生实务工作能力的重要环节。在今天的媒体环境中,学生的专业实习受到各种各样的不利因素的影响,致使学生专业实习的稳定性、持续性、专业性都受到制约。如何建立稳定的实践教学基地？如何把专业实践贯穿于学生学习的全过程？如何建立对学生专业实习的有效指导机制？如何把课堂教学与专业实践的过程有机地结合起来？这是目前困扰新闻传播院系的普遍性问题。

笔者认为，我们可以通过以下途径为学生创造专业实习的良好环境：首先新闻传播院系可以和主流媒体结成战略合作伙伴关系，将一些媒体作为学生的固定实习基地，和媒体联手培养学生的实践能力；二是教育机构着手建设具有媒介融合功能的校园数字化学生媒体实习平台，让学生尽可能全面体验实务工作的完整过程。目标中的"融合性平台"系统的融合性体现在两方面：一是教学、实验、实习的融合；二是多种媒体技术平台的融合。每一门课程的教学或实践成为大系统中的一个单元，各个单元之间可以实现资源的共享、流程的衔接，从而为培养媒介融合时代的新闻专业人才提供充分的条件。

我们可以向学生介绍所有形式的媒体，同时要求每个学生就一种传统媒体发展自己的专长。这应该是在媒体转型时期比较合适的过渡性教育方法。现在要预测融合媒介什么时候能够成为整个新闻界的主流，所有新闻传播专业的学生都必须被训练成融合媒介记者还为时过早。学生们受到融合新闻的教育是非常必要的，例如报纸方向的学生要学会制作报纸的网站，或者学习为电台制作广播节目；广播电视专业的学生也可以学习制作网页，也可以学习为报纸和互联网写作新闻。此外，我们也必须根据变化中的媒体环境来设置新闻传播专业的基础课程，比如新闻写作课程要从原来的狭义上的报纸写作扩大到多种媒体的写作。

在急剧变化的媒体融合的趋势下，构成新闻教育的三大课程体系中，较之理论新闻学和历史新闻学，实务新闻学的课程体系处于课程改革的最前端。今天的实务新闻学课程体系改革，既需要充实和改造传统课程，也需要创建新的课程；而且必须要在各类专业课程之间的架设沟通的基础平台。网络数字信息技术是构筑这一平台的基础要素，也是新闻实务课程体系建造需要借助的基础技术工具。

为了适应媒介融合新形势的需要,还应开设一些课程如新媒体概论、电脑编辑、网络传播等,在讲授网络媒体的发展、网络传播对大众传播、社会及文化等各个方面的影响、网络新闻资源的检索及网络新闻的采写、编辑等内容的同时,组织学生开展相关讨论,并对各新闻网站进行比较,多方面培养学生利用网络采集、处理和管理信息的能力。同时由于网络广告伴随着网络的蓬勃发展日益受到消费者、媒介人士及网络业的普遍关注,也成为网络传播研究的重点,因此很有必要再开设一门"网络广告"课程,让学生接触这种新型广告,掌握网络广告的制作技巧。

新闻传播教育是一种基于专业技能训练的通识教育,与一般的专业教育相比具有如下的特点:首先,新闻传播教育必须和新闻实践紧密结合,没有经过实践环节的新闻知识和技巧不能形成现实、有效的新闻技能;其次,新闻传播教育必须综合培养学生多方面的知识和技能,只有"T"型人才才能胜任激烈的竞争;最后,新闻传播教育必须将正规学校教育与职业培训、短期教育和终身教育相结合,才能满足新闻实践不断发展、不断更新的需要。正因为新闻传播教育具有上述特点,传统新闻传播教育面临着一系列困境:第一,培养规格化"人才"的传统新闻传播教育观念与现代新闻实践需要个性化"人才"之间的冲突;第二,传统窄口径的专业教育体制与新闻实践呼唤新闻通才之间的矛盾;第三,讲授知识的传统教学模式对新闻实践需要创新型人才的背离。

第三节　媒介融合教育与数字化技术的应用

一、数字化技术应用的意义

今天,数字化技术几乎影响到社会的各个领域,媒介融合教育也不例外。

首先,运用数字化技术,才能使传统的教学设备、教学工具、教学方法升级换代,有效地提高教学效率和教学效果;其次,数字化技术与大众传播媒介的发展联系异常紧密,传播媒介的数字化是世界传媒的发展趋势,在当今的数字化时代,不能有效地掌握和运用数字化技术,就不能更好地进行新闻传播工作;再次,数字化技术的广泛使用和长足发展必然带来媒介融合教育领域的深刻变革,其中影响最为深远的是教育观念和教育方式的变革。

目前,在数字化技术的影响下,建构主义认知理论是一种被普遍认可的教育理论。建构主义认为,知识不是通过教师传授得到的,而是学习者在一定的情境即社会文化背景下,借助其他人(包括教师和学习伙伴)或者其他手段的帮助,利用必要的学习资料,通过意义建构的方式而获得的。"情境"、"协作"、"会话"和"意义建构"是学习环境中的四大要素。在建构主义学习环境下,教学设计不仅要考虑教学目标和教学过程,还要考虑创设有利于学生建构意义的情境,并把情境创设看作教学设计的最重要的环节之一。协作发生在学习过程的始终,协作对学习资料的搜集与分析、假设的提出与验证、学习成果的评价直至意义的最终建构都占有十分重要的地位。对话是协作过程中不可缺少的环节,学习小组成员之间必须通过对话来商讨如何完成规定的学习任务。此外,协作学习过程也是本身就是对话过程,在此过程中,每个学习者的思维成果为整个学习群体所共享,因此,对话是达到意义建构的重要手段之一。在学习过程中帮助学生建构意义,就是要帮助学生对当前学习内容所反映的事物的性质、规律以及该事物与其他事物之间的内在联系达到较深刻的理解。在这个过程中,获得知识的多少关键取决于学习者根据自身经验去建构有关知识的意义的能力,而不仅仅局限于学习者记忆和背诵教师讲授内容的能力。

对媒介融合教育而言,上述学习环境中的四大要素显得更为重要。数字化技术带来了远程传播、超媒体、网络传播、双向互动、虚拟现实等新型教育技术,这些技术使建构主义学习的四大要素能够更加方便、更加完美地实现,从而为提高媒介融合教育的质量奠定了坚定的物质基础。数字化技术在媒介融合教育中的运用,必将引起教育观念和教学方式的转变:学生由被动学习转变为在教师的指导下积极的、主动的参与式学习;由注重知识的传授转变为注重能力的培养;由简单的单向灌输转变为有学生积极参与的双向互动式教学模式;由抽象的理论讲授转变为理论和实践相结合的情景教学模式。

二、在媒介融合教育中如何发挥数字化技术的作用

将数字化技术应用于媒介融合教育领域,必将引起媒介融合教育环境、教育资源以及教育方式的变革,逐步形成媒介融合教育的数字化教育环境、数字化教育资源和数字化教育方式,从而促进新闻教育的深度改革,实现媒介融合教育质的突破。数字化在媒介融合教育中的应用可以归纳为以下几个方面。

1.使用多媒体教学

数字技术在媒介融合教育中的运用首先体现在多媒体教学上。与电子多媒体教学相比,数字多媒体教学是基于计算机技术的有机系统教学,具有以下两个鲜明的特点:第一,各种媒体之间彼此不是孤立的,而是存在有机联系,使用起来没有转换的操作延时,媒体之间是真正的无缝衔接;第二,媒体呈现的信息不是简单线性的关系,而是根据学生认知的特点,运用网状结构进行信息整合;第三,教学双方不是简单的主从关系,而是以学生作为认知的主体,充分发挥教师主导作用的新型教学关系。

根据这些特点,实行数字多媒体教学,制作数字多媒体课件。制作数字多媒体课件,应该针对新闻专业教学特点,运用建构主义认知学习理论,对新闻知识和技能进行恰当地解构,然后运用数字多媒体进行重构。使用数字多媒体课件进行教学,不仅可以使教学信息的呈现方式多元化,激发学生参与学习的兴趣,而且可以突破传统媒体的"线性"限制,使新闻知识和技能能够通过"立体、网状"和"交互"式的模式生动形象地传递给

学生,进而营造一定的情景,为学生自主理解、分析,自主建构自己的知识结构和能力体系打下坚实的基础。也就是说,通过形成一定的数字教学环境,能极大地增加课堂教学容量,有效地提高教学的效率和质量。

2.进行网络交互式教学

如果说基于数字多媒体课件的数字多媒体教学还是对传统课堂教学的一种改造,那么网络交互式教学则是媒介融合教育的根本性改变。所谓网络交互式教学,是指以多媒体计算机和网络通讯等现代信息技术为基础,在数字化学习环境下,教学双方双向互动地利用数字化学习资源,进行数字化教与学的一种教学模式。在目前的教学环境下,网络交互式教学可以作为课堂教学的一种补充,与课堂教学相互配合、相得益彰。传统的媒介教育实行作坊式教学,即实行师傅带徒弟的模式进行技能培训,以切实提高学生的新闻职业技能。但是,在现有的教学体制下,一名教师很难有时间和精力对数十人甚至上百人的班级进行手把手的教学。网络交互式学习可以将教师的这种角色进行不同的时空分解,也可以利用学生的角色扮演等方式来缓解这种矛盾,从而使新闻职业技能的教育目标能最大限度地落到实处。

目前,很多新闻院系的教师开始使用电子邮件、BBS公告栏、在线论坛、个人博客、文件传输、远程登陆以及QQ群等形式结合数字化教学资源对学生进行数字交互式教学的有益尝试,取得了不错的教学效果。

3.设置网络选修课程

目前各类新闻院校的课程设置体系大致相同,一般包括公共基础必修课、专业基础必修课、专业必修课、公共选修课和专业选修课等几个类别,内容涉及思想教育、自然科学、人文社会科学、影视艺术、新闻传播等。但是,由于受教学资源和追求办学效率的限制,无论学校是否实行学分制,真正可供学生自主选择的课程并不多。

将一些非专业基础课程设计成网络课程,无疑可以大大增加选修课程的数量。如果师资力量欠缺,或者害怕本院系选修人数少而影响课程效率,可以实行多个学校院系联合设置课程,这样既可以提高办学效率,大大增加网络选修课的数量,还可以实现院校间的优势互补,充分发挥优势教学资源的效益。配合网络课程的设置,要求将传统划分过细的专业课程进行必要的整合,减少交叉浪费。譬如,将新闻写作基础、消息写作、解说词写作、新闻评论写作、新闻高级写作技巧、广播电视写作等众多涉及写作的课程集合在1—2门核心课程中,利用上述数字多媒体课件配合网络互动式教学,从而提高课程的有效容量和教学效率。这样,必修课程的减少就为学生赢得了相对较多的自由支配时间,让众多网络课程的设置真正发挥作用。更为重要的是,这样做可以使学分制名副其实,使学生能够根据自身的兴趣和特点自主地选择课程、学习课程,从而增强他们学习的主动性、积极性和创造性。

4.构建数字化虚拟实习环境

从总体上说,目前媒介融合教育最大的问题是理论和实践的严重脱节。原因是多方面的,主要表现在设备短缺、具有丰富实践经验的师资缺乏、实习模式存在问题等。有些新闻院校开办广电专业,学生到毕业也没有进过专业演播室、没有使用过电视摄像机,其所谓的实践能力自不必说。在我国的大多数新闻院校中,真正有多年媒体实践经验的老师所占比例很少,很难想像一个没有采访经历的老师如何给学生传授实用有效的采访技能;同样,一个从来没有制作过电视节目的老师如何现场指导学生进行合理的镜头调度和画面剪辑?而且,新闻领域是一个日新月异的领域,很多规则和技巧在不太长的时间内就会过时,即使原先有过媒体从业经历的教师,如何保持自己的知识和技能的更新也是一个问题。

理想的新闻传播实习应该是学习一段理论就实习一段,在实践中遇到问题再回到学校来解决,然后再实践,如此循环往复,直至掌握全部所需的新闻技能。目前的集中实习模式在很大程度上是一种延时、单向的实习,很多理论在学过很长一段时间后才接触实践,学生的学习兴趣已经慢慢减弱,而且在实习中遇到的问题也没有机会重回学校获得解决,只好在实践中去摸索,集中实习的效果大打折扣。问题还不仅如此,众多新闻院校统一的集中实习使媒体资源显得相对稀缺,从而导致相当一部分新闻专业的学生没有得到真正专业锻炼的机会。

数字化虚拟实习基地的建设可以有效地实现教学与实践的互动。新闻院校可以针对自身的专业特点和教学资源的现状,适当设立包含部分或全部媒体形式的数字化实习园地。所谓数字化实习环境,是指运用数字信息技术来模拟新闻媒体的运行过程,让学生切实感受媒体运转机制,从而获得新闻业务锻炼的一种数字化的局域媒体系统。相对传统媒体实习基地而言,建立数字化实习园地,所需资金较少,单次运行成本低廉,一般新闻院校都能够建立,而且能够保持常态运转。譬如,要在一个广电新闻专业点建立一整套传统的电子化的广电制作设备,至少需要几百万元的资金投入,而一整套能够满足一个专业所有学生同时实习的低端数字化制作设备,只要投入几十万元资金就可以了。同样,校园报纸如果使用传统的纸媒介,如周报,每年的制版、印刷费用不菲,但是,如果运用数字化网络制作、传播,其单期的制作费用几乎可以不计。而且,由于数字化实习基地建立在学校里,学生可以根据课程的进度随时随地实习,最大限度地减少了理论运用于实践的迟延时间,也最大限度地保护了学生将理论运用于实践的积极性和创造性。与传统实习相比,数字化实习基地还有一个显著的优点,那就是配合学生的实习过程,可以建立一个与实践教学相配套的网络交互式学习平台,以提高实习的质量和效率。教师也可以在数字化实习基地得到实践技能的养成和提高,反过来增强指导学生实践的能力。数字化实习基地里的校园局域媒体,经过一段时间的运行,条件成熟的还可以在一定程度上转化为社会媒体,比如为社会提供可以公开播出的电视节目等。从某种意义上说,这种理论与实践相结合的模式是对媒介融合教育、新闻研究、新闻实践一体化的有效尝试。

三、数字化应用中应该注意的问题

数字化本身只是一种技术,将其应用于媒介融合教育中或者说媒介融合教育的数字化,是在教育技术更新换代的基础上,伴随着包括教育观念、教学模式、培养目标、教学内容和课程体系在内的整个媒介融合教育系统的改革和突破。显然这是一个长期的过程,在此过程中,应注意以下几个问题:

首先,不能为了使用技术而使用技术。媒介融合教育的数字化不是信息载体的简单转换,不是传统讲义的电子版、声像版,也不是传统课堂的"网络搬家",而是要转变教学方式,真正根据教学对象的接受特点实现教学信息的最佳数字多媒体组合。否则,为了数字化而数字化,将信息载体"一转了之",不能有效地提高教学效果,甚至还会因为信息的过度传输和人际交流的减少而带来教学质量的下降。

第二,在教学过程中必须注意人际传播的重要作用。媒介融合教育的数字化强调学生的主体学习地位,但是不能削弱教师的引导作用,特别是面对面的人际参与、交流和引导的作用。随着网络技术的发展,直接的人际交流机会越来越少,在一定程度上影响着人的性格和素养构成,媒介融合教育也不例外。因此,在网络课程的教学过程中,或在运用网络进行交互式教学的过程中,要使教学双方适时、适量地进行直接的面对面的交流,帮助学生形成完善的性格和健全的素养结构。同时,适度的人际交流有助于建立良好的师生关系,营造良好的教学氛围,提高教学效果。

第三,尽量避免网络的负面影响。通过网络传播的信息良莠不齐,不正确地使用网络有可能导致网络"毒瘾"、网络犯罪等不良后果。强化学生的网络素养,使他们不仅能够正确使用网络搜寻数字化教学资源,进而自主建构自己的知识和能力体系,而且能够自觉抵制网络上的不良诱惑。把网络的负面影响控制在最低限度。

第四节　本章小结

媒介的融合,不仅仅是媒介内容的融合,更是媒介形态、结构、技术、功能、流程乃至传播方式的融合。在数字技术与网络传播推动下,在不改变介质属性的前下,在保持原有的媒介优势的同时,媒介之间互相借鉴传播方式,从而实现媒介功能的融合和相互渗透。由此看来,传播新技术为传统媒体改变自我、寻求新发展提供了机遇。

面对媒介融合的趋势,作为构成新闻与大众传播教育四大基础元素的学科架构、师资队伍、课程体系和教学平台,需要在新的教育目标之下重新建构。建设具有自完善、自我调整、可融合的学科架构,建设拥有跨学科知识、跨文化思维、跨媒体技能的师资队伍,建设宽口径、厚基础、跨媒体的课程体系,建设多功能、跨媒体、可扩展的教学平台是媒介融合时代新闻与传播教育的发展方向。

数字化技术给传统新闻与大众传播教育带来了极大冲击,改变了固有模式,新的教育模式正逐步形成。在这一模式中,教师的角色不再以知识的传播者和呈现者为主,而是从"教"变为"导";学生由原来的被动接受者转变为主动参与者,成为知识的探究者和意义建构的主体。

在各种传播技术不断更新、媒介日趋融合的趋势下,我们要深入研究媒介融合给新闻与大众传播教育带来的新问题、新变化和新机遇。要善于运用新技术改进新闻传播教学,提高教学质量,促进新闻与传播教育的变革和发展。要创造条件帮助学生尽可能掌握新媒体、新技术,增强他们融合各种新的传播技能,适应新的传播环境需要的能力。

结　语

第一节　对战后美国新闻与大众传播教育的评价

综观战后美国新闻与大众传播教育的发展过程,笔者认为美国战后新闻与大众传播教育有如下的发展特征和演进规律,给世界新闻与大众传播教育留下了诸多的宝贵经验。

就学科地位而言,新闻学与大众传播学在美国高等教育体系中已经建立起比较成熟的学科。

就文化意义而言,战后美国的新闻与大众传播教育在提高公众"媒介素养"方面做出了巨大的贡献。美国的新闻与大众传播教育在高等院校中的不断发展,在一定程度和范围上影响了公众对大众媒介的关注,提高了公众认识媒介、利用媒介的能力。

就教育模式而言,美国新闻与大众传播教育是世界新闻与大众传播教育的典型代表之一。美国新闻与大众传播教育从最初重视人文学科基础和专业技能训练的传统模式,逐渐发展出以人文社会科学为主要基础、以跨学科、多层次为主的教育模式。美国新闻与大众传播教育重视通识教育,既强调语言、文学、历史、哲学、艺术等人文学科课程,又注重社会科学的基础课程,如社会学研究方法、统计学等方法类课程,将大众传媒置于社会政治、经济、法律等大背景之中加以研究,重视传媒与社会变迁的关系。

战后美国新闻传播教育界与业界的关系呈现出一种发展的、开放的态势。教育者通过教学向学生传递理论知识、实践技能;同时积极地进行学术研究,发表研究成果,进行学术交流。美国的新闻与传播院系相当一部分是把为业界培养从业人员作为教学目标的,大学中开设了许多的培养实践技能的课程,为学生提供了大量的实习的机会,让学生在正式走上工作岗位之前就积累了一定的实践经验,这样他们到业界工作时更容易上手。在培养未来的业界从业人员和教育者的过程中,教育者将学术与实务结合起来。教育者绝大多数都有在新闻传播实务界的从业经历,他们的教学、科研也是同实践需要紧密相连的。业界通过对教育界的经济资助、为学生提供实习机会以及部分从业人员担任大学新闻与大众传播院系的教师等方式与教育界进行互动。教育界与业界虽然在一些问题上看法不太一致,但也就是这种争论在某种程度上推动了双方不断思考自身的不足,在动态中协调双方的关系。

从学术研究成果来看,战后美国的新闻与大众传播的学术研究主要集中在传播模式、传播效果等方面。传播模式在第二次世界大战以后受到特别的重视,以至于"50 年代证明是模式建立的鼎盛时期"[①]。可以说,关于媒介模式的有成就的研究主要发生于从 40 年代末到 70 年代这段时间,它最初由政治学家拉斯韦尔的"五个询问"的模式所引发,以后的研究通过数学的、心理学的、语言学的、控制论的以及社会学的方法,对之不断进行修正和补充。从数量上看,前后共出现几十个各式各样的不同模式。其中影响比较大的有香农—韦弗的数学模式、拉扎斯菲尔德的两级传播模式、施拉姆的大众传播模式等等。而在内容上,它们重点强调的是传播过程、尤其是大众传播过程的循环性、协商性和开放性,并强调从寻求对整个大众传播过程的一般理解逐渐转向研究这个过程的各个具体方面。战后的传播效果研究使反对媒介强效果论的观念逐步变得明确起来,并

---

①D. 麦奎尔,S. 温德尔:《大众传播模式论》,上海译文出版社 1987 年版,第 8 页。

出现了从各个方面对之进行比较具体的分析的尝试,从而在研究方法、所关注的问题领域以及相关的结论方面发生了演变。战后初期出现了"有限效果论",20 世纪 60 年代以后,研究者们发现不能够忽视受众在传播过程中的主动性,"使用与满足论"继而诞生。80 年代中期以来,以社会理论为主流的效果模式,更加关注在广泛社会背景下的媒介对于社会价值观念、生活方式和思维方式影响的问题。

战后美国新闻与大众传播教育与学术研究之间存在着良好的互动关系。美国新闻与大众传播教育的发展为战后美国新闻与大众传播学术研究提供了广阔的学术交流空间,创造了多种多样的学术交流途径,输送了大批的学术人才。

第二节　美国经验对世界新闻与大众传播教育的启示

美国模式对世界新闻与大众传播教育的经验主要可以归纳为以下方面:

新闻与传播院系应该配合业界,主动承担起为业界人士进行继续教育的责任。新闻与传播院系在承担继续教育方面普遍存在以下几个问题。首先,这样的项目并没有被各个大学列入正式的教学任务,教师的工作量不便核算、时间也不好协调。其次,这些课程和业界的职业资格晋升评审关联甚少,业界人士也不重视。再次,公众普遍有重视文凭的心理,这种没有学位和毕业证书的推广教育和继续教育对从业人员吸引力不大。那么在今后的新闻与传播教育中,大学除了承担专业教学和科研任务以外,也应当配合社会的需要和传播科技和理论的不断发展,针对业界的从业人员,尤其是那些非新闻与传播专业毕业的从业人员,或者是需要进修某一特定领域技能和知识的从业人员,提供非学位教育的继续教育。

同时，调整教师工作量的核算方式，将继续教育和推广教育这样的非学位教育的工作纳入大学的教学任务中。教育界和业界也需要相互合作，将这种非学位教育与业界人员的职业资格评审和晋升联系起来，建立起有系统的职业资格制度，引起从业人员的重视。

新闻与传播教育可以拓展为公民素养教育的一部分。新闻与传播在今天对公众日常生活的影响非常深远，新闻传播类的课程也有必要经过简化，推广到高中或者初中，成为生活常识课或者是文化教育的一部分；或者像美国一样，成为高中学生的选修科目，有兴趣的学生可以选修。这些科目可以是一些新闻、传播概论性的课程，也可以是针对某以媒体或者是某一主题的入门介绍性课程。媒介素养教育应该是公民教育的一种，目的在于培养公众对媒体的应用和批判的能力，同时也可以让公众掌握如何避免或者预防受到不健康的媒体内容的伤害。

美国新闻与大众传播教育评估委员会的评估模式的积极作用是很明显的。把业界对人才的需求及工作的标准通过评估传递给大学专业院系，使新闻与大众传播教育的基本内容和学生的质量达到一定的标准，使教育界形成普遍比较认可的标准，进而也保证了毕业生的起码专业能力；保证了人文教育和通识教育在美国新闻与大众传播教育中的实施。与此同时，这种评估模式也引发了很多争议，学术研究水平很难从这些评估标准中看出来。如果一味地效仿这种美国式的评估也未必适合各国的文化和国情；所以建议建立一种新闻与大众传播教育的自我评估的机制。院系每隔一段时间主动公布自己的教学与科研情况，尤其是预定目标的实施情况，由公众来评判其得失。评估内容在课程方面可以包括基础知识、通识教育、专业技能三类科目的情况，此外还要包括教师和学生的基本情况以及近年来毕业生的去向、科研情况、院系的硬件设施等等。

新闻与大众传播教育中的一些课程可以拓展为大学教育中的通识课程。大学生如果学习和了解一些有关媒介和传播的基础性知识，对于他们了解社会、更好地适应社会、完成公民的社会化是非常有好处的。而且,新闻传播类的课程成为大学的通识课程也可以强化学科在大学和社会中的地位。

新闻与大众传播教育不是单纯的技能训练。当然,新闻与大众传播教育肯定要教授学生一定的技能,这样他们才能够适应以后的工作,学会如何去采访、如何去写作、如何编辑、如何摄影、如何制作节目等等。但学生学习技能的根本目的并不在于会使用这些技术,教育的终极目标应该是让学生学会善于利用手中的媒体,实现社会和历史赋予他们的责任和使命。

新闻与大众传播教育不是孤立的教育。现代社会是高速向前发展的社会,而新闻传播工作者必须有良好的人文素养、广博的社会科学和自然科学知识。美国大学中所倡导的通识教育也正是基于这样的出发点,希望培养出来的人才不局限于新闻传播的专业知识和技术,而能够更加深远地延伸。与此同时,伴随着科技的日新月异和社会的不断向前发展,新闻与大众传播教育只有及时修正、及时补充,才能适应社会的发展和时代的变迁。

新闻与大众传播教育不是速成的教育。接受新闻与大众传播教育不仅仅是大学本科或者研究生阶段就能够一次性完成的教育;大学毕业生进入业界以后,如果不充电、不进修,很快就会落伍的。众多的新闻与大众传播院系也应该承担从业人员继续教育和终身教育的责任。

第三节　余论:21世纪世界新闻与大众传播教育应处理好的三种关系

21世纪新闻与大众传播学教育需要处理好以下三种关系,即理论与实务、包容与认同、全球化与本土化。

理论与实务之争是新闻与大众传播教育自建立以来就已存在的问

题。新闻与大众传播学教育从一开始被批评为专门训练色彩太浓。以美国为例,美国大学的新闻与大众传播学虽然专业设置很广泛,课程内容丰富,但因学生毕业后就业的考虑,大多数本科和硕士阶段的教育表现出相当明显的实务取向。这样的教育模式使得学生毕业后比较容易找到工作,但是这些工作往往地位比较低而且待遇也不高。缺乏理论性课程的支撑,毕业生在创造力与批判思考能力往往有所欠缺,那么就会制约到学生在工作岗位中潜力的发挥,那么职务升迁速度和工作能力势必受到影响。实务课程是区分新闻与大众传播学与其他学科的一个标志。实务课程最大的目的在培养学生利用媒介来表达自己的能力,并且增加学生找工作时的竞争力,同时赋予大众传播教育一种专业的形象,这对于吸引学生、争取资源和自我肯定皆有帮助。要解决理论与实务之争,关键是在两者之间找到一个适当的平衡。

从包容与认同的拉锯关系到新闻与大众传播学教育内涵的问题。新闻与大众传播学科内容和方法的庞杂性,是其他学科不能相比的。其包容体现在整合心理学、社会学、人类学、政治学、经济学、与哲学等学系研究的领域与方法。但这种广泛的包容性不可避免地造成新闻与大众传播学自我认同的困难。因此,处理好新闻与大众传播教育中包容与认同的关系就非常重要了。

全球化是一种社会变化的过程。全球化的辩证动态发展过程,它不仅显示全球文化的多元特性,而且鼓励人们寻求个人的文化认同。全球化产生了一种文化混合的状态。这股潮流不仅把本土与外在世界紧密联系在一起,而且要求人们使用新的思考与组织模式。表面上,整个世界变得越来越同质化,工具的使用和文化的表征渐趋一致。但实质上,民族或者个体却也表现出了前所未有的影响力。换句话说,全球化的速度越快,本土化的呼声越高。以中国的新闻与大众传播教育为例,包括中国香港、中国台湾地区在内,由于有系统的本土化传播学理论与模式尚未建立,课程的安排与选定和美国模式十分相似。一些教科书也使用原文著作或翻译版本。如何本土化华人社会的新闻与大众传播学教育，将是教育者和研究者的重大的责任之一。新闻与大众传播学教育合适的定位应该在哪里？本土化和本土化应该怎样平衡？这些都是亟待各国新闻与大众传播教育界解决的问题。

参 考 文 献

论 文 类

英文论文

［1］ AASDJ committee recommends accrediting procedure revisions (1973)，*Journalism Educator*，28(1).

［2］ Accreditation issues debated at 1983 AEJMC convention (1984)，*Journalism Educator*，38(4).

［3］ AEJMC(1989)，Challenges &opportunities in journalism & mass communication education，*Journalism Educator*，44(1).

［4］ AEJMC Journalism and Mass Communication Education：2001 and beyond，March 2001.

［5］ AEJMC Ph. D. report (2005)，Status report：Ph. D. education in mass communication，Members of the Ph. D. Task Force，July 2005.

［6］ Associated Press Managing Editors Association (1982)，1990— Journalism education in the next decade：19 big questions and a host of answers，A report of the APME Journalism Education

Commottee, San Diego, CA: Author.

[7] American Society of Newspaper Editors Committee on Education for Journalism(1990) , Journalism education: facing up to the challenge of change.

[8] Becker, L. B. (1989) , Enrollment growth exceeds national university averages, *Journalism Educator*, 44(4).

[9] Becker , L. B. & Engleman, T. E. (1988) , Class of 1987 describes salaries, satisfaction found in first jobs, *Journalism Educator*, 43 (3).

[10] Becker, L. B. ; Kosicki, G. M. ; Lowrey, W. ; Prine, J. ; Punathambeker, A. (2000) , Undergrad enrollments level off, graduate education declines, *Journalism & Mass Communication Educator*, 55(3). ·

[11] Birkhead, D. (1985) , Changing the relationship between journalism and time, *Journalism Educator*, 40(3).

[12] Blanchard, R. O. (1991) , Opportunities offered by the triple revolution, *ASJMC* Insights, Summer1991.

[13] Blanchard, R. O. &Christ, W. G. (1985) , In search of the unit core: commonalities in curricula, *Journalism Educator*, 40(3).

[14] Brandon, W. (2002) , Experiential learning: A new research path to the study of journalism education, *Journalism & Mass Communication Educator*, 57(1).

[15] Brinkman, D. (1985) , Quality must be emphasized in 21st century education, *Journalism Educator*, 40(3).

[16] Bronstein,C. & Vaughn, S. (1998) , Willard G. Bleyer and the relevance of journalism education, *Journalism& Mass Communication Monographs*, Jun1998, Iss. 166.

[17] Carter R. F. (1995), Of the essential contributions of mass communication programs, *Journalism Educator*, 49(4).

[18] Cole, R. R. (1985), Much better than yesterday, and still brighter tomorrow, *Journalism Educator*, 40(3).

[19] Cohen. J. (2001), Symposium: journalism and mass communications education at the crossroads, *Journalism & Mass Communication Educator*, 56(3).

[20] Cohen, J. (2002), Editor's note: Is Columbia university's professional schools reform more than a distant dream, *Journalism & Mass Communication Educator*, 57(3).

[21] Dennis, E. E., & Defleur, M. L. (1991), A linchpin concept: Media studies and the rest of the curriculum, *Journalism Educator*, 46(2).

[22] Dennis, E. E., (1986), Commentaries on journlism education, The Freedom Forum Media Studies Center, New York, June, 1986.

[23] Dianne, L. (1994), Joseph Pulitzer and the large mass communication class, *Journalism Educator*, 48(4).

[24] Dickson, T., The liberal arts and J/MC education, *ASJMC Insights*, Summer1992.

[25] Dickson, T., 1993−94 report of the AEJMC Curriculum Task Force, report presented at the annual convention of the Association for Education in Journalism and Mass Communication, 1994b, August 11.

[26] Dickson, T. & Brandon, W. (2000), The gap between educators and professional journalists, *Journalism & Mass Communication Educator*, 55(3).

[27] Drechsel R. E. (1993), Why Wisconsin opted out of the reaccreditation process, *Journalism & Mass Communication Educator*, 47 (4).

[28] Fedler F. , Count T. , Carey A. & Santana M. C. (1998), Faculty degrees, experience and research vary with specialty, Journalism & Mass Communication Educator, 53(1).

[29] Gaddis, W. (1981), Editors, Educators agrees on many key j—education issues, *Journalism Educator*, 36(2).

[30] Giles, R. H. (1990), Journalism education: facing up to the challenge, American Society of Newspaper Editors Committee on Education for Journalism, April 1990.

[31] Gans, H. J. (2004), Journalism, journalism education and democracy, *Journalism & Mass Communication Educator*, 59(1).

[32] Harrison, S. L. (1989), Public relations writing need multi—media approach, *Journalism Educator*, 44(4).

[33] Highton, J. (1989), "Green eyeshade" professors still live uncomfortably with "Chi—squares", *Journalism Educator*, 44(2).

[34] Hu, Y. F. (2002), A literature review of computers and pedagogy for journalism and mass communication education, *Journalism & Mass Communication Educator*, 57(4).

[35] Hudson, J. C. (1989), Expected grades correlate with evaluation of teaching, *Journalism Educator*, 44(2).

[36] Lester, P. (1989), Computer aids instruction in photojournalism ethics, Journalism Educator, 44(2).

[37] Mangan, K. S. : Plan would change journalism education, *The chronicle higher education*, Jun 3, 2005, 51(39).

[38] Medsger, B. : Winds of change: challengers confronting journal-

ism education, Arlington, VA: Freedom Forum, 1996.

[39] Mencher, M. : Reconstructing the curriculum for service to the nation, *ASJMC Insights*, Summer1992.

[40] Mullins, E. : Task force report on liberal arts and sciences in journalism /mass communication, *ASJMC Insights*, 1987a October.

[41] Newsom, D. A. (1985), Journalism& mass communication as an academic discipline, *Journalism Educator*, 40(3).

[42] Parisley P. (1992), Critical studies, the liberal arts and journalism education, *Journalism Educator*, 46(4).

[43] Pease E. C. (1992), Defining communication's role and identity in the 1990s: promise and opportunties for journalism and communication studies, *ASJMC Insights*, Summer.

[44] Peterson, P. V. (1988), Journalism and mass communication enrollment leveled off in '87, *Journalism Educator*, 43(1).

[45] Project on the Future of Journalism Education(1984): Planning for curricular change: a report of the project on the future of journalism and mass communication education, Eugene: University of Oregon.

[46] Reed, B. S. & Grusin, E. K. (1989), Adjuncts teach skills courses but lack role in department, *Journalism Educator*, 44(2).

[47] Roberts, N. L. (1988), Course combines history, literature and journalism, *Journalism Educator*, 43(1).

[48] Rogers, E. M. & Chaffee, S. H. (1993), The past and the future of communication study: Convergence or divergence? *Journal of Communication*, 43(4).

[49] Rogers, E. M. & Chaffee, S. H. (1994), Communication and journalism from "Daddy" Bleyer to Wilbur Schramm: a palimpsest,

Journalism Monogrphs, Dec, Iss. 148.

[50] Rotzoll，K. (1985)，Future advertising education：Ideas on a tentative discipline，*Journalism Educator*，40(3).

[51] Schweitzer，J. C. ：Faculty research expectation varies among university，*Journalism Educator*，Summer1989，Vol. 44，Iss. 2.

[52] Sohn，A. & Bratcher，M. (1988)，Setting the agenda for media management courses，*Journalism Educator*，43(1).

[53] Steiner，L. (1994)，Career guidance books assess the value of journalism education，*Journalism Educator*，49(1).

[54] Stone G. (1982)，Professional experience gap between PhDs，non－PHDs narrows，*Journalism Educator*，37(1).

[55] Stuart，E. W. & Dickey，E. (1989)，Faculty salaries increase，but still lag behind overall average，*Journalism Educator*，44(1).

[56] Tankard，J. W. JR. (1988)，Wilbur Schramm：definer if a field，*Journalism Educator*，43(3).

[57] Teeter，D. (1985)，Liberal education is the key to defending our liberties，*Journalism Educator*，40(3).

[58] Van O. R. (1991)，Stone throwing solves no problems，*ASJMC Insight*，Fall.

[59] Weaver，D. & Wilholt，G. C. (1988)，A profile of JMC educators：traits，attitudes and values，*Journalism Educator*，43(3).

[60] Weinbergs，S. ：Requiring all journalism professors to have doctorates is wrong headed，*The chronicle higher education*，1991，May 29.

[61] What makes a great journalism school，(1995)，*American Journalism Review*，A Special Report on Journalism Education. ，May.

中文论文

[62] 威廉·G.克莱斯特,泰瑞·汉尼斯张咏编译《2000 年:新闻与大众传播教育的使命与目标——一份来自美国新闻教育机构的报告》,《国际新闻界》,1998 年第 2 期。

[63] 李琨:《美国传播学教育由来、特性与现状》,《国际新闻界》,1998 年第 3 期。

[64] 林木:《美国新闻学教育:亚当斯教授一席谈》,《国际新闻界》,1998 年第 3 期。

[65] 单波:《反思新闻教育》,《新闻与传播研究》,1998 年第 4 期。

[66] 王怡红:《美国传播学教育初识——印地安那大学传播与文化系个案考察》,《新闻与传播研究》,1999 年第 2 期。

[67] 王怡红:《美国传播教育的发展.目标与结构》,《国际新闻界》,2000 年第 5 期。

[68] Maurine Beasley 撰,杨保军编译:《新世纪美国新闻学教育面临的挑战》,《国际新闻界》,2001 年第 5 期。

[69] 陈嬿如:《美国的传播学研究生教育》,《国际新闻界》,2002 年第 1 期。

[70] James W. Carey 撰,李昕译:《新闻教育错在哪里》,《国际新闻界》,2002 年第 3 期。

[71] 钟新:《美国:新闻学与传播学界限模糊——专访美国新闻与大众传播教育学会会长乔·福特》,《国际新闻界》,2002 年第 6 期。

[72] 蔡雯:《新闻传播人才培养模式观察与思考》,《国际新闻界》,2003 年第 1 期。

[73] 黄鹂:《美国新闻教育研究现状》,《当代传播》2003 年第 6 期。

[74] 黄鹂,吴廷俊:《美国新闻教育的职业化思想》,《现代传播》,2005 年

第 4 期。

[75] 黄鹂:《对美国新闻教育职业化的思考》,《华中科技大学学报·社会科学版》,2005 年第 2 期。

[76] 申凡 李蓓:《中美新闻教育培养目标之比较》,《现代传播》,2005 年第 5 期。

[77] 潘忠党:《解读凯利·新闻教育·新闻与传播之别》,《中国传播学评论》(第一辑),复旦大学出版社,2005 年 10 月。

博士论文

[78] 黄鹂:《论美国新闻教育的职业化》,华中科技大学,2005 年 1 月。

[79] James Andrew Lingwall, Journalism and Mass Communication: at academic crossroads in American higher education, University of Washington, June 2002.

[80] John E. Getz, Interns in the workplace: how students perceive the value of field experience in Journalism Education, University of South Dakota, August 2001.

[81] Martin A. Smith, Perceptions of quality in Journalism and Mass communications Education: A Delphi study, University of Minnesota, July 1994.

著 作 类

英文著作

[82] Altschull, J. H., *From Milton to Mcluhan: the ideas behind A-*

merican journalism，New York：Longman，1990.

[83] Blanchard，R. O. & Christ W. G. ，*Media education and the liberal arts：a blueprint for the new professionalism*，New Jersey：Lawrence Erlbaum Associates，1993.

[84] Christ W. G. ，*Assessing communication education*，New Jersey：Lawrence Erlbaum Associates，1994.

[85] David H. Weaver & G. Cleveland Wilhoit，*The American journalist in the* 1990s：*U. S. new people at the end of an era*，Mahwah，New Jersey：Lawrence Erlbaum Associates Publishers，1996.

[86] Davis Merritt，Maxwell McCombs，*The Two W's of Journalism / The Why and What of Public Affairs Reporting*，New Jersey：Lawrence Erlbaum Associates，2003.

[87] Dennis，Everette E，Ellen Wartella，*American communication research — the remembered history*，Mahwah，New Jersey：Lawrence Erlbaum Associates ，1996.

[88] Dickson，T. ，*Mass communication education in transition：preparing for the 21ˢᵗ century*，New Jersey：Lawrence Erlbaum Associates，2000.

[89] Edited by Eksterowicz，A. J. & Roberts，R. N. ，*Public journalism and political knowledge，Lanham：Rowman & Littlefield*，2000.

[90] *Edited by Frohlich，R. & Holtz — Bzcha，C. ，Journalism education in Europe and North America：an international comparison*，New Jersey：Hampton Press，2003.

[91] Glander，T. ，*Origins of mass communication research during the American Cold War：educational effects and contemporary implications*，New Jersey：Lawrence Erlbaum Associates，2000.

[92] Hachten，W. A. ，*The trouble of journalism*，New Jersey：Law-

rence Erlbaum Associates, 1998.

[93] John R. Thelin, *A history of American higher education*, Baltimore, Maryland: The Johns Hopkins University Press, 2004.

[94] Perry, D. K., *Theory and research in mass communication: contexts and consequences* (2nd edition), New Jersey: Lawrence Erlbaum Associates, 2002.

[95] Robert F. McNergney & Joanne M. McNergney, *Foundations of education: the challenge of professional practice* (4th edition), Boston: Pearson Education Inc, 2004.

[96] Rosen, J., *Getting the connections right: Public journalism and the troubles in the press*, New York: The Twentieth Century Fund Press.

[97] Edited by Sloan, W. D, *Makers of the media mind: journalism educators and their ideas*, New Jersey: Lawrence Erlbaum Associates, 1990.

[98] Shearon Lowery & Melvin L. DeFleur, *Milestones in mass communication research: media effects*, New York: Longman Inc, 1983.

[99] Edited by Unwin, D. & McAleese, R., *Encyclopaedia of educational media communications and technology*, Green Wood Press, 1978.

中文著作

[100] 朱世达著:《当代美国文化》,社会科学文献出版社,2001 年 4 月。

[101] 殷晓蓉著:《战后美国传播学的理论发展——经验主义和批判学派的视域及其比较》,复旦大学出版社,2000 年 11 月。

[102] 潘知常,林玮著:《传媒批判理论》,新华出版社,2002 年 12 月。

[103] 李希光著:《转型中的新闻学》,南方日报出版社,2005 年 5 月。

[104] 李瞻著:《世界新闻史》,台湾三民书局,1983 年 2 月。

[105] 陈昌凤著:《中美新闻教育:传承与流变》,中国广播电视出版社,
2006 年 2 月。

[106] 黄安年著:《二十世纪美国史》,河北人民出版社,1989 年 7 月。

[107] 郑贞铭著:《中外新闻传播教育》,台湾远流出版事业有限公司,
1997 年 7 月。

[108] 戴晨志编:《大众传播教育》,大众传播教育协会,1984 年 12 月。

[109] 王石番主持:《传播教育课程规划研究成果报告》,台湾政治大学新
闻系,1996 年 9 月。

[110] 陈卜知著:《美国话语:传播美国新闻与文化》,中国传媒大学出版
社,2006 年 1 月。

[111] 胡翼青著:《传播学:学科危机与范式革命》,首都师范大学出版社,
2004 年 5 月。

[112] 李彬著:《传播学引论》(增补版),新华出版社,2003 年 8 月。

[113] 袁军,龙耕等著:《传播学在中国:传播学者访谈》,北京广播学院出
版社,1999 年 12 月。

[114] 罗杰斯著,殷晓蓉译:《传播学史:一种传记式的方法》,上海译文出
版社,2001 年 12 月。

[115] 美国新闻自由委员会,展江等译:《一个自由而负责的新闻界》,中
国人民大学出版社,2004 年 8 月。

[116] J.赫伯特·阿特休尔著,黄煜,裘志康译:《权力的媒介》,华夏出版
社,1989 年 7 月。

[117] 迈克尔·埃默里,埃德温·埃默里著,展江,殷文主译:《美国新闻
史:大众媒介解释史》,新华出版社,2001 年 9 月。

[118] 丹尼尔·麦奎尔,斯文·温德尔著,祝建华,武伟译:《大众传播模

式论》,上海译文出版社,1987 年 2 月。

[119] 施拉姆著,程之行译:《大众传播的责任》,台湾远流出版事业有限
公司,1992 年 1 月。

[120] 斯坦利·J.巴伦著,刘鸿英译:《大众传播概论:媒介认知与文化》,
中国人民大学出版社,2005 年 8 月。

[121] 道格拉斯·凯尔纳著,史安斌译:《媒体奇观——当代美国和社会
文化透视》,清华大学出版社,2003 年 12 月。

[122] 丹尼尔·杰·切特罗姆著,曹静生,黄艾禾译:《传播媒介与美国人
的思想——从莫尔斯到麦克卢汉》,中国广播电视出版社,1991 年
6 月。

[123] Daniel J. Critron 著,陈世敏译:《美国大众传播思潮:from Morse
to Mcluhan》,台湾远流出版事业有限公司,1994 年。

[124] Werner J. Severin, James W. Tankard 著,郭镇之译:《传播理论:
起源、方法与应用》(第 4 版),华夏出版社,2000 年 1 月。

[125] 纳尔逊·曼弗雷德·布莱克著,许季鸿,宋蜀碧,陈凤鸣译:《美国
社会生活与思想史》(下册),商务印书馆,1997 年 11 月。

[126] 徐耀魁主编:《西方新闻理论评析》,新华出版社,1998 年 4 月。

[127] 张隆栋主编:《大众传播学总论》,中国人民大学出版社,1993 年 7 月。

[128] 童兵主编:《中西新闻比较论纲》,新华出版社,1999 年 9 月。

[129] 戴晨志编:《大众传播教育》,大众传播教育协会,1984 年 12 月。

[130] 王石番主持:《传播教育课程规划研究成果报告》,台湾政治大学新
闻系,1996 年 9 月。

[131] 郑文编著:《当代美国教育问题透视》,中山大学出版社,2002 年 12 月。

[132] 贺国庆著:《外国教育专题研究文集》,河北大学出版社,2001 年 8
月。

[133] 李其荣著:《美国文化解读——美国文化的多样性》,济南出版社,
2005 年 5 月。

附　　录

第三章中的问卷调查

Dear Sir or Madam：

I am a doctoral student at Wuhan University in China，working on my dissertation research. My dissertation topic addresses the journalism and mass communication education in the United States.

You are invited to participate in a survey about the evaluation of journalism and mass communication. You have received this survey because your knowledge and opinions on this matter are very important.

Your participation in this study is voluntary，and you may refuse to answer any question in this survey. The records of this study will be kept private and the survey involves no risk. If you agree to be in this survey，you will be asked complete the following questionnaire and some open questions. Please complete this survey as soon as possible and return it by E—mail.

If you have question about the survey or would discuss anything further，please contact me at the above phone number or E—mail address. Thank you so much!

Sincerely yours，
Sarah Zhang

Survey research questionnaires

Your background:

School (university/ college): _____

Department: _____

    For each of the following responses, circle the number on the scale of 1to 5, with 5 being highest. You can fill the number in the last black.

Importance

1	Faculty members have doctoral degrees.	1	2	3	4	5
2	Faculty members have professional experience in their teaching areas.	1	2	3	4	5
3	Students take a broad range of courses outside their majors, such as history, business and political science.	1	2	3	4	5
4	Students take a class in law and ethics.	1	2	3	4	5
5	Students take courses in writing and editing.	1	2	3	4	5
6	Students can gain practical experience at media.	1	2	3	4	5
7	Students are taught by minority and female teachers.	1	2	3	4	5
8	Students have access to a comprehensive library.	1	2	3	4	5
9	Students have opportunities to obtain internship.	1	2	3	4	5
10	Students are available to use adequate computer lab.	1	2	3	4	5
11	Faculty members can use current technology in the teaching process.	1	2	3	4	5
12	Faculty members show concern and interest for students.	1	2	3	4	5
13	Programs include courses in theory and research.	1	2	3	4	5

Open questions:

    1. Please describe any obstacles that you think hamper your teaching progress.

2. In your opinion，which skills will be the most important for student to succeed as journalist or mass communication professionals?

3. Please indicate some changes which journalism and mass communication education have experienced in the past 10 years.

4. If you could envision the shape of journalism and mass communication education in future，what would it be?

后　记

　　当我还在一摞摞地复印资料、调查数据、图表、书刊并努力寻找那份钻研的快乐时,截稿的时间却已经到了。望着那些我千辛万苦从美国、中国台湾、中国国家图书馆、武汉大学教育部文科资料中心、武汉大学新闻学院资料室以及国外的各大图书网站上搜集回来的资料,没有想象中的如释重负,心里却有一种说不出的滋味。值得欣慰的是,新闻传播教育是我现在和未来的事业,我还可以继续耕耘下去。

　　本书是在我的博士论文的基础之上修改完成的,我想这些年的研究成果也应该有一个载体让老师们、朋友们、读者们多多批评指正。我愿意将这本书当作一段研究的开始,而不是一种结束;希望随着自己学术积淀的增长,在将来的日子里,可以使这项研究更加充实和完善。

　　本书重点对战后美国新闻与传播教育进行了研究,描述了二次世界大战后美国新闻与大众传播教育的基本状况,揭示出新闻与大众传播教育的基本特点和发展演进规律,对美国战后新闻传播教育理念及教学模式变革的深入探索,对照中国当下的新闻传播教育,做了一些基础性的工作。在新闻传播教育史的建构方面,主要是解决事实判断和认识判断的问题。至于更高层次的价值判断,进行进一步的学术批判,笔者有意去做,但是由于自己的理论功底不够、思想深度有限、研究方法的局限,以及其他一些客观条件的限制,做得比较少;有些时候做了一些尝试,结果也很难令人满意,很多最后只有舍弃了。例如书中的问卷调查,本来设想是做一个对教师、学生、业界人士三方的综合调查的,但由于各种条件的限制,很遗憾地只进行了针对教师的调查。笔者认为这些是本书留下的最大遗憾,也是我今后研究中努力的方向。敬请各位专家、同仁、读者批评指正,鞭策鼓励!

本书的最终完成,我要真诚地感谢我的导师张昆教授!从 2001 年 9 月我在武汉大学第一次听张老师讲解《世界新闻史》课程到现在,已经第 9 个年头了。在老师的引领之下,我走进了新闻传播学的学术之门;在老师的悉心指导下,我顺利完成了 6 年的硕士和博士学业;9 年来,老师的谆谆教诲、耳提面命,不敢须臾或忘。今天,当年的懵懂学子,也已经站在大学的讲台上两年了。而本书的研究进路、章节架构,更是深受老师对新闻传播史研究的启发和影响,邯郸学步,可愧良多!师恩厚重,无以为报,我只能更加努力地学习和工作!

我要衷心地感谢人文社会科学院院长杨洪林教授!对于刚刚踏上工作岗位的我,能够遇上杨院长这样关心后辈的领导实在是幸福!初冬寒冷的清晨,看着杨院长发来的有关博士文库出版的短信,心里却是那么的温暖。杨院长对事业和工作那份饱满的热情也深深感染了我,工作上督励虽严却如沐春风,使得我这样的懒惰之辈也能板凳初冷、稍有积累。

感谢武汉科技学院尚钢书记、张建钢校长对博士文库出版工作的直接关怀!感谢武汉科技学院给我们这些年轻教师提供了这样一个可以与各界同仁交流学术的平台!

在本书的完成过程中,美国自由论坛的 Cindy Counter 女士为我提供了大量极具借鉴价值的研究资料,数百位美国新闻与大众传播院系的教师们参与了本书中的问卷调查;同时,本书还参考了许多国内外相关领域的研究者的研究成果,在此一并表示深深的谢意!

我还要特别感谢武汉大学教务部季至宇老师多年来兄长般的关怀!

感谢我的父母和家人一直以来默默的支持!我知道,前行的路上始终都会有你们温暖的目光。

张晓静

2008 年 12 月